Oscar scrittori del Novecento

Dino Buzzati

IL MEGLIO DEI RACCONTI

A cura di Federico Roncoroni

OSCAR MONDADORI

© 1989 Arnoldo Mondadori Editore S.p.A., Milano

I edizione Oscar narrativa febbraio 1989

ISBN 88-04-45088-6

Questo volume è stato stampato
presso Mondadori Printing S.p.A.
Stabilimento NSM - Cles (TN)
Stampato in Italia - Printed in Italy

Ristampe:

13   14   15   16   17   18   19

2005   2006   2007   2008

La prima edizione Oscar scrittori del Novecento
è stata pubblicata in concomitanza
con la sesta ristampa
di questo volume

Introduzione

Dino Buzzati scrittore di racconti

Una volta, in occasione di un'intervista, Dino Buzzati ebbe a dire che, quando scriveva, "la *sua* massima preoccupazione" era quella "di non rompere l'anima al lettore". L'affermazione, perentoria e colorita quanto basta per stupire in bocca a un uomo compassato e riservato come Buzzati, è al contempo una dichiarazione programmatica – di poetica, come si usa dire – e poiché fu pronunciata nel 1972, l'anno stesso della morte dello scrittore, un preciso bilancio autocritico. Essa si riferisce a tutta l'opera buzzatiana, ma vale in particolare per i racconti. Non per niente, in occasione di un'altra intervista, rilasciata questa volta alla fine degli anni Cinquanta, nel pieno della sua attività di autore, lo stesso Buzzati aveva dichiarato che il racconto era "la *sua* forma di espressione preferita". Richiesto di spiegare il motivo di quella preferenza, Buzzati aveva genericamente risposto che era dovuta al fatto che il racconto, come la novella, è "una struttura breve e agile". "Breve come è" aveva poi aggiunto "non fa in tempo a stancare il lettore, neanche quando è brutto, perché mal riuscito." E poco importa se a lui, Dino Buzzati, di racconti brutti capitava raramente di pubblicarne: forse di ripetitivi, ma di brutti proprio no.

Dichiarazioni personali dell'autore a parte, è fuori di dubbio che i racconti, "criticamente parlando", costituiscono, come è stato osservato, "il più felice esperimento espressivo di Buzzati". Senz'altro, tanto per cominciare, sono la parte quantitativamente più cospicua di una produzione vasta e articolata che comprende ben cinque romanzi, varie opere teatrali e numerosi testi critici, per non parlare degli scritti giornalistici. Tanta affezione di Buzzati per un genere letterario neanche troppo visitato dagli scrittori della sua generazione, per altro, è stata premiata dal successo. A non tenere conto del *Deserto dei Tartari*, i racconti sono al di là di ogni dubbio la parte più nota, presso il pubblico, di tutta l'attività letteraria buzzatiana, quella per la quale, a giudicare dai numeri, egli risulta più letto. La raccolta *La boutique del mistero*, per fare un esempio, apparsa negli Oscar Mondadori per la prima volta nel 1968, vivo ancora l'autore, nel 1988 è arrivata alla tredicesima edizione, per un totale di oltre 230.000 copie vendute. Le preferenze dei lettori, dunque, una volta tanto coincidono con quelle dell'autore.

Ma oltre a costituire, oggettivamente, la parte più cospicua e più nota dell'opera di Buzzati, i racconti sono anche i suoi testi più riusciti. Di fatto, per ridare la parola all'autore, Buzzati, accanto alla preoccupazione di *non rompere l'anima* al lettore, aveva, più positivamente, anche quella di "divertirlo" e, possibilmente, di "commuoverlo". Ma stiamo ben attenti al significato delle parole, perché a usarle è uno scrittore che delle parole conosce e sfrutta tutte le sfumature. *Divertire* il lettore, per Buzzati, non significa tanto "fargli provare piacere" quanto, etimologicamente, "distrarlo", distoglierlo dai pensieri di sempre, cioè dalla realtà della vita quotidiana: il *divertimento*, nel senso di "piacere, gratificazione, gioia", se mai, per Buzzati è una conseguenza, perché "uscir di noia" è di per sé motivo di "diletto" tra gli uomini. E *commuovere* il lettore per Buzzati significa propriamente "suscitare in lui forti emozioni", cioè portarlo a sentire le medesime cose che sente lui stesso, sedurlo, conquistarlo e indurlo a riflettere.

"Divertire" il lettore, dunque, cioè liberarlo dai pensieri usuali. Per ottenere questo scopo, Buzzati, nei suoi racconti, invita il lettore a uscire dalla quotidianità e, passando per la strada del reale, lo trasporta in un mondo fantastico, o per lo meno diverso da quello solito: lo attira nel mistero, nell'assurdo e nel paradossale che stanno appena dietro la porta del reale e spesso coesistono con il reale, solo che non sempre l'uomo riesce a capirlo. E poiché il fantastico, l'alternativo, l'assurdo e il paradossale, soprattutto quando sono sospettabili di essere molto reali, sono "luoghi" che per loro natura suscitano sempre forti emozioni, ecco che Buzzati consegue agevolmente anche l'altro suo scopo: "commuovere" il lettore.

I critici hanno cercato le fonti filosofiche e ideologiche della propensione di Buzzati all'esplorazione o, meglio, alla descrizione, tra apologhi, favole, allegorie, pseudocronache e divagazioni liriche, del mondo fantastico. E facendo il loro mestiere, essi hanno tirato fuori, spesso con intenti riduttivi dell'originalità buzzatiana, i nomi, e le ombre, di Kierkegaard, di Heidegger, di Camus, di Kafka soprattutto, e via dicendo. Ma a parte i dinieghi, spesso risentiti, dell'interessato e a parte anche l'inevitabile debito che Buzzati ha contratto con una sensibilità culturale molto diffusa tra Ottocento e Novecento, le fonti vere del bisogno di Buzzati di evadere nel fantastico sono da ricercare all'interno di Buzzati stesso. In primo luogo, esse derivano chiaramente dal suo rifiuto della realtà, sia della realtà a lui contemporanea – quella del fascismo, della guerra mondiale, della guerra civile e della guerra fredda; della ricostruzione, del boom e della recessione; del perbenismo, della volgarità e del consumismo – e, più in generale, della realtà in sé e per sé. In secondo luogo, tali fonti sono individuabili nella sua convinzione che la realtà è solo un'apparenza precaria e che la vita è solo una più o meno lunga attesa di eventi straordinari che possano immettere l'uomo nella realtà vera o, in subordine, permettergli almeno di decifrare i segni di cui la vita quotidiana è piena e che sono la riprova dell'esistenza di quella realtà vera.

Lo strumento di cui Buzzati, nei suoi racconti, si avvale per descrivere e narrare il fantastico e, quindi, per immettere il lettore nel mondo del mistero è l'"ambiguizzazione" totale, attraverso lo sviluppo dell'intreccio narrativo, della realtà, di quella realtà che al lettore pare di per sé già piuttosto instabile ed equivoca. Il procedimento è ben collaudato e nei racconti migliori è qualcosa di più di un espediente tecnico-narrativo.

Maestro nel concatenare in un intreccio plausibile una serie sempre varia di avvenimenti, di stati d'animo e di immagini, Buzzati nei suoi testi più felici prende volentieri spunto da una situazione reale. Anzi, in proposito, come è stato giustamente osservato, non c'è occasione della vita reale che prima o poi non attiri l'attenzione dello scrittore e non diventi materia di racconto. Ogni avvenimento e ogni situazione sono utili a Buzzati per dare inizio alla vicenda: dall'osservazione casuale di un certo aspetto della realtà al fatto di cronaca, dall'ultima scoperta scientifica all'evento personale e privato, e tanto meglio se l'avvenimento, la situazione o il fatto sono così scontati da risultare banali e insignificanti, nella loro quotidianità. Anche i primi sviluppi delle vicende, sviluppi impliciti nell'evento o nella situazione iniziali, sono reali. Buzzati dà tutto per vero e come vero lo descrive, con tocchi rapidi che, senza essere realistici, della realtà riproducono le linee essenziali. Poi, però, a un certo punto del racconto, l'intera vicenda narrata comincia a muoversi in una direzione inattesa, anche se non imprevedibile, che porta a un completo ribaltamento della situazione. Attraverso scarti minimi, attuati senza il ricorso ad artifici di sorta, il racconto scivola verso una dimensione che è reale e irreale nello stesso tempo e, da ultimo, la realtà rivela la sua vera faccia, che è una faccia fantastica. Non solo. Alla fine del racconto appare anche evidente che già nelle pagine precedenti sono attivi i germi dell'evento che hanno scardinato il reale e portato a galla la verità che esso adombra o nasconde. E il lettore, con angosciante ma anche liberatoria consapevolezza, scopre che i luoghi descritti nel racconto, pur senza smettere di essere quelli che sono, sono anche la copia del palcoscenico su cui si svolge la vita di tutti i giorni; il tempo della narrazione risulta un tempo senza tempo e, quindi, può anche essere il tempo del lettore; e i suoi personaggi, protagonista, comprimari e comparse, oltre che vivere la loro vita, rappresentano quella di tutti gli uomini.

In altri racconti, invece, è la realtà stessa che si accampa al centro del racconto, come unica sua materia. Il mistero, allora, nasce dalla banalità e dall'ovvietà della situazione che, poi, però, tanto banale e ovvia non deve essere se, al di là delle apparenze, vela qualcosa di talmente "strano" da rovesciare qualunque aspettativa, trasformandosi in incubo o, peggio, in un destino di morte.

In altri racconti ancora, il punto di partenza, anche se calato in un contesto reale o presentato come tale, è di per sé misterioso: un avvenimento surreale, un fatto assurdo, un brandello di sogno. In questo caso, la narrazione muove, lentamente e inesorabilmente, verso l'individuazione delle ragioni "reali" di quel mistero e, in un intreccio allucinante di rispondenze e in uno scambio continuo tra simbolo e realtà, arriva a scoprire che l'evento iniziale non è affatto surreale o assurdo, giacché si è verificato nella vita reale di un uomo qualunque.

La tipologia dei racconti di Buzzati è molto vasta e quelli che abbiamo citato sono solo gli schemi più frequenti che l'inesausta capacità di Buzzati di inventare intrecci sempre nuovi veste di panni sempre diversi. Ad ogni modo, qualunque sia lo schema narrativo del racconto e qualunque sia il processo che regola il passaggio dal reale al fantastico o dal fantastico al reale, l'arte di Buzzati sta proprio "nel far sì che nessuno dei due elementi del suo mondo concettuale e poetico — la realtà e il simbolo — prevalga mai tanto da annullare l'altro" (P. Pancrazi). Tutto ciò che accade nei suoi racconti non è né reale né fantastico: è, e deve essere, verisimile, cioè credibile.

La credibilità delle situazioni narrate da Buzzati è la diretta conseguenza della ambiguità che Buzzati sa immettere in tutte le sue storie. E proprio questa ambiguità, che riflette l'ambiguità della vita, è la causa prima del fascino che i racconti di Buzzati esercitano sul lettore. È essa, infatti, che rende i racconti polisensi, permettendo livelli di lettura diversi, sia sul piano dei significati (le situazioni, i luoghi, i tempi, i personaggi) sia sul piano del significato (reale/

allegorico; reale/metaforico; reale/magico; reale/simbolico; e vicever-sa). Ed è ancora essa, quindi, che stupisce e impaurisce, sorprende e sgomenta ("diverte" e "commuove") il lettore. Per crearla, Buzzati, che ben ne conosce l'efficacia fascinatrice, manipola abilmente gli intrecci e, soprattutto, sfrutta per i propri fini sia l'armamentario della tradizione favolistica nordica e orientale sia le superstizioni del popolino sia le simbologie codificate dalla psicanalisi sia le sue personali idiosincrasie e le sue nevrosi, e il lettore, complice più che vittima dell'affabulazione buzzatiana, si lascia progressivamente at-trarre nel gioco delle illusioni, degli accostamenti, delle interferenze, dei simboli e dei collegamenti che nutrono di ambiguità il racconto. Così, non solo si sprofonda con gusto nella lettura, ma si immedesima nella vicenda narrata con una crescente partecipazione emotiva che, pur sgomentandolo, lo distrae dal quotidiano e affina la sua sensibilità ai segni che danno un senso alla banalità del reale.

A tenere il lettore nel cerchio incantato e incantevole delle invenzioni fantastiche che Buzzati elabora per lui nei racconti contribuisce non poco anche lo stile della pagina buzzatiana: "la lingua". Lucidi e perfetti nelle loro geometriche strutture narrative, i racconti di Buzzati sono composti in una prosa semplice e essenziale, tanto piana e comprensibile quanto funzionale agli intenti dell'autore. Buzzati stesso, adducendo la sua esperienza personale di "vecchio" giornalista, ha sempre sostenuto la necessità, per chiunque, di scrivere in una lingua limpida e concreta – facile e quindi accessibile a tutti – e di utilizzare una sintassi lineare, anche se non sciatta. Uno stile semplice e concreto, poi, a suo giudizio, era addirittura indispensabile per chi, come lui, voleva scrivere racconti di tipo fantastico. Quello stile, a suo dire, era l'unico mezzo espressivo capace di rendere credibile l'incredibile. Egli sapeva bene, infatti, che il massimo della concretezza, della precisione e della materialità costituisce la strada più breve per approdare, sul piano espressivo, al massimo della genericità, dell'universalità, della precarietà, dell'ambiguità e, quindi, dell'indefinito fantastico. La disintegrazione della compattezza ogget-tiva della realtà – cose, persone, luoghi, tempo – passa, nei racconti di Buzzati, anche attraverso la precisa descrizione della realtà, cioè attraverso le parole precise e chiare. Non è forse vero, del resto, che anche la parola apparentemente più precisa e chiara quanto al significato è, proprio quanto al significato, anche ambigua, carica di sottintesi, allusiva e punto di partenza per ogni sorta di equivoco verbale e concettuale?

Alla semplicità delle loro strutture narrative, tanto semplici da meritare talvolta l'accusa di schematismo e di ripetitività, corrisponde, dunque, nei racconti di Buzzati, anche una sostanziale semplicità dello stile. Buzzati non opera mai scelte linguistiche strane, e come non si diletta di vacui sperimentalismi espressivi, così evita i cedimenti nelle forme inerti di certa letteratura di maniera. La sua pagina, perciò, è sempre perfettamente fruibile anche sul piano linguistico. Lo stesso passaggio da un piano all'altro che caratterizza i suoi racconti – dal reale al fantastico, e viceversa – e che costituisce lo snodo più difficile della narrazione, avviene sempre in modo quasi inavvertibile, sul piano della lingua come, lo si è visto, sul piano dello scarto logico.

Federico Roncoroni

Bibliografia delle opere

Narrativa e poesia

Bàrnabo delle montagne, romanzo, Treves-Treccani-Tummi-nelli, Milano-Roma 1933.

Il segreto del Bosco Vecchio, romanzo, ivi 1935; poi Garzanti, Milano 1957 in un unico volume con *Bàrnabo delle montagne*.

Il deserto dei Tartari, romanzo, Rizzoli, Milano 1940.

I sette messaggeri, racconti, Mondadori, Milano 1942

La famosa invasione degli orsi in Sicilia, libro per ragazzi illu-strato, Rizzoli, Milano 1945.

Il libro delle pipe, in collaborazione con G. Ramazzotti, Anto-nioli, Milano 1945.

Paura alla Scala, racconti, Mondadori, Milano 1949.

In quel preciso momento, note, appunti e racconti, Neri Pozza, Vicenza 1950 (edizioni ampliate: Neri Pozza, Vicenza 1955; Mondadori, Milano 1963).

Il crollo della Baliverna, racconti, Mondadori, Milano 1957.

Sessanta racconti, scelta da raccolte precedenti con inediti o ra-ri, Mondadori, Milano 1958.

Le storie dipinte, a cura di Mario Oriani e Adriano Ravegnani, All'insegna dei Re Magi, Milano 1958.

Esperimento di magia, racconti, Rebellato, Padova 1958.

Il grande ritratto, romanzo, Mondadori, Milano 1960.

Egregio Signore, siamo spiacenti di... (con illustrazioni di Sinè),

Elmo, Milano 1960; poi, con il titolo *Siamo spiacenti di...*, Mondadori, Milano 1975.

Un amore, romanzo, Mondadori, Milano 1963.

Il capitano Pic e altre poesie, Neri Pozza, Vicenza 1965.

Scusi, da che parte per Piazza del Duomo?, introduzione in versi in G. Pirelli, C. Orsi, Alfieri, Milano 1965.

Tre colpi alla porta, poema satirico, «Il Caffè», n. 5, 1965.

Il colombre, racconti, Mondadori, Milano 1966.

Presentazione a *L'opera di Bosch*, Rizzoli, Milano 1966.

Due poemetti, poesie, Neri Pozza, Vicenza 1967.

Prefazione a M.R. James, *Cuori Strappati*, Bompiani, Milano 1967.

Prefazione a W. Disney, *Vita e dollari di Paperon de' Paperoni*, Mondadori, Milano 1968.

La boutique del mistero, racconti, Mondadori, Milano 1968.

Poema a fumetti, Mondadori, Milano 1969.

Le notti difficili, racconti, Mondadori, Milano 1971.

I miracoli di Val Morel, Garzanti, Milano 1971.

Prefazione a *Tarzan delle scimmie*, Giunti, Firenze 1971.

Cronache terrestri, servizi giornalistici, a cura di Domenico Porzio, Mondadori, Milano 1972.

Congedo a ciglio asciutto da Buzzati, inediti, a cura di Guido Piovene, «Il Giornale», 30 ottobre 1974.

Romanzi e racconti, a cura di Giuliano Gramigna. Mondadori, Milano 1975.

I misteri d'Italia, Mondadori, Milano 1978.

Teatro, a cura di G. Davico Bonino, Mondadori, Milano 1980.

Dino Buzzati al Giro d'Italia, a cura di Claudio Marabini, Mondadori, Milano 1981.

Le poesie, a cura di Fernando Bandini, Neri Pozza, Vicenza 1982.

180 racconti, a cura di C. Della Corte, Mondadori, Milano 1982.

Cronache nere, a cura di Oreste del Buono, Theoria, Roma-Napoli 1984.

Il reggimento parte all'alba, con note di I. Montanelli e G. Piovene, Frassinelli, Milano 1985.

Lettere a Brambilla, a cura di Luciano Simonelli, De Agostini, Novara 1985.

Le montagne di vetro, a cura di Enrico Camanni, Vivalda, Torino 1989.

Il meglio dei racconti, a cura di Federico Roncoroni, Mondadori, Milano 1990.

Lo strano Natale di Mr. Scrooge e altre storie, a cura di Domenico Porzio, Mondadori, Milano 1990.

Bestiario, Mondadori, Milano 1991.

Il buttafuoco, Mondadori, Milano 1992.

Teatro

Piccola passeggiata, non reperito testo a stampa, Roma 1942.

La rivolta contro i poveri, I quaderni di «Film», Roma 1946.

Un caso clinico, Mondadori, Milano 1953.

Drammatica fine di un musicista, «Corriere d'Informazione», 3-4 novembre 1955.

Sola in casa, «L'Illustrazione italiana», maggio 1958.

Una ragazza arrivò, Bietti, Milano 1958.

L'orologio, testo inedito, 1959.

Le finestre, «Corriere d'Informazione», 13-14 giugno 1959.

Un verme al Ministero, «Il Dramma», aprile 1960.

Il mantello, «Il Dramma», giugno 1960.

I suggeritori, Milano, «Documento Moda 1960», 1960.

L'uomo che andò in America, «Il Dramma», giugno 1962.

La colonna infame, «Il Dramma», dicembre 1962.

Spogliarello, testo inedito, 1964.

La fine del borghese, Bietti, Milano 1968.

Questi testi sono ora raccolti in *Teatro*, a cura di G. Davico Bonino, Mondadori, Milano 1980 e in D. Buzzati, *Un caso clinico e altre commedie in atto*, Mondadori, Milano 1985.

Libretti per musica

Procedura penale, (opera buffa in un atto per la musica di Luciano Chailly, rappresentata a Como, Teatro Villa Olmo, 30 settembre 1959), Ricordi, Milano 1959.

Ferrovia sopraelevata, (racconto musicale in sei episodi per la musica di Luciano Chailly, rappresentato a Bergamo, 1° ottobre 1955), Ferriani, Milano 1960.

Il mantello, (opera lirica in un atto per la musica di Luciano Chailly, rappresentata a Firenze, Teatro della Pergola, 11 maggio 1960), Ricordi, Milano 1960.

Battono alla porta, (opera televisiva in un atto per la musica di Riccardo Malipiero; trasmessa dalla televisione, per il premio Italia 1961, nel febbraio 1962; rappresentata a Genova nel 1963), Suvini-Zerboni, Milano 1963.

Era proibito, (opera lirica in un atto per la musica di Luciano Chailly, rappresentata a Milano, Piccola Scala, nella stagione 1962-63), Ricordi, Milano 1963.

Dino Buzzati ha inoltre realizzato varie scenografie per teatri importanti; fra le altre, ricordiamo quelle per *Il mantello* di L. Chailly (Maggio Musicale Fiorentino, 1960); per *Jeu de cartes* di I. Stravinskij (Teatro alla Scala, Milano 1960); per *Era proibito* di L. Chailly (Piccola Scala, Milano 1963).

Bibliografia della critica

Studi monografici e complessivi

Renato Bertacchini, "Dino Buzzati", in *Letteratura Italiana. I contemporanei*, II, Marzorati, Milano 1963.

Fausto Gianfranceschi, *Dino Buzzati*, Borla, Torino 1967.

Yves Panafieu, *Dino Buzzati: un autoritratto*, Mondadori, Milano 1973.

Almerina Buzzati-Guido Le Noci, *Il pianeta Buzzati*, Apollinaire, Milano 1974.

Antonia Veronese Arslan, *Invito alla lettura di Buzzati*, Mursia, Milano 1974 (edizioni aggiornate: 1985, 1988).

Giuliano Gramigna, *Dino Buzzati. Romanzi e racconti*, Mondadori, Milano 1975.

Marcello Carlino, *Come leggere il "Deserto dei Tartari" di Dino Buzzati*, Mursia, Milano 1976.

AA. VV., *Cahiers Buzzati*, Laffont, Paris 1977, n. 1.

Ilaria Crotti, *Buzzati*, La Nuova Italia, Firenze 1977.

AA.VV., *Omaggio a Dino Buzzati* (Atti del Convegno di Cortina d'Ampezzo), Mondadori, Milano 1977.

AA.VV., *Cahiers Buzzati*, Laffont, Paris 1978, n. 2.

Renato Bertacchini, "Dino Buzzati", in *900*, VI, Marzorati, Milano 1979.

AA.VV., *Cahiers Buzzati*, Laffont, Paris 1979, n. 3.

Elio Gioanola, "Dino Buzzati", in *Letteratura italiana contemporanea*, II, Lucarini, Roma 1980.

AA.VV., *Il mistero in Dino Buzzati*, a cura di Romano Battaglia, Rusconi, Milano 1980.

Mario B. Mignone, *Anormalità e angoscia nella narrativa di Dino Buzzati*, Longo, Ravenna 1981.

AA.VV., *Cahiers Buzzati*, Laffont, Paris 1981, n. 4.

Alberto Frasson, *Dino Buzzati*, Del Noce, Camposampiero 1982.

AA. VV., *Cahiers Buzzati*, Laffont, Paris 1982, n. 5.

Neuro Bonifazi, *Teoria del "fantastico" e il racconto "fantastico" in Italia: Tarchetti-Pirandello-Buzzati*, Longo, Ravenna 1982.

AA.VV., *Dino Buzzati*, a cura di Alvise Fontanella (Atti del Convegno internazionale di Studio promosso dalla Fondazione Cini), Olschki, Firenze 1982.

Antonella Laganà Gion, *Dino Buzzati. Un autore da rileggere*, Corbo e Fiore, Venezia 1983.

AA.VV., *Cahiers Buzzati*, Laffont, Paris 1985, n. 6.

Luciano Simonelli, *Dino Buzzati. Lettere a Brambilla*, De Agostini, Novara 1985.

Vittorio Feltri-Bruno Rossi, *Buzzati e il Corriere*, supplemento al «Corriere della Sera», 12 giugno 1986.

Claudio Toscani, *Guida alla lettura di Buzzati*, Mondadori, Milano 1987.

Giovanna Ioli, *Dino Buzzati*, Mursia, Milano 1988.

AA.VV., *Cahiers Buzzati*, Association Internationale des Amis de Dino Buzzati, Paris 1988, n. 7.

Nella Giannetto, *Il coraggio della fantasia. Studi e ricerche intorno a Dino Buzzati*, Arcipelago Edizioni, Milano 1989.

AA.VV., *Cahiers Buzzati*, Paris, Association Internationale des Amis de Dino Buzzati, 1990, n. 8.

Giuseppe Fanelli, *Dino Buzzati. Bibliografia della critica (1933-1989)*, Quattro Venti, Urbino 1990.

Angelo Colombo, *Buzzati fra parodia e critica: sul manzonismo di "Peste motoria"*, in «Studi e problemi di critica testuale», vol. 42, aprile 1991.

AA.VV., *Dino Buzzati*, in «Margo», Bresso, 1992.

AA.VV., *Il pianeta Buzzati* (Atti del Convegno Internazionale a cura di Nella Giannetto), Mondadori, Milano 1992.

AA.VV., *Le montagne di Buzzati fra vissuto e rappresentazione* (Atti del Convegno "Montagne di Vetro, di Pietra, di Carta", promosso dal Filmfestival e dal Dipartimento di Scienze Filologiche e Storiche dell'Università degli Studi di Trento), Vivalda, Torino 1994.

Articoli o saggi di interesse generale

Elio Bartolini, *Dino Buzzati e la nuova letteratura allegorica*, «Il Mulino», n. 6, 1955.

Giuseppe Ravegnani, in *Uomini visti*, II, Mondadori, Milano 1955.

Valerio Volpini, in *Prosa e narrativa dei contemporanei*, Universale Studium, Roma 1957.

Giorgio Pullini, in *Narratori italiani del Novecento*, Liviana, Padova 1959.

Elio Filippo Accrocca, in *Ritratti su misura*, Sodalizio del Libro, Venezia 1960.

Luigi Fiorentino, in *Narratori del Novecento*, Mondadori, Milano 1960.

Francesco Grisi, in *Incontri in libreria*, Ceschina, Milano 1961.

Giorgio Pullini, in *Il romanzo italiano del dopoguerra*, Schwarz, Milano 1961.

Natalino Sapegno, in *Compendio di storia della letteratura italiana*, III, La Nuova Italia, Firenze 1962.

Ferdinando Castelli, in *Letteratura dell'inquietudine*, Massimo, Milano 1963.

Renato Barilli, in *La barriera del naturalismo*, Mursia, Milano 1964.

Sergio Torresani, *Il teatro italiano degli ultimi vent'anni* (1945-1965), Mangiarotti, Cremona 1965.

Paolo Monelli, in *Ombre cinesi. Scrittori al girarrosto*, Mondadori, Milano 1965.

Giorgio Bàrberi Squarotti, in *La narrativa italiana del dopoguerra*, Cappelli, Bologna 1965.

Francesco Grisi, in *Incontri e occasioni*, Ceschina, Milano 1965.

Michel David, in *La psicoanalisi nella cultura italiana*, Boringhieri, Torino 1966.

Giuliano Manacorda, in *Storia della letteratura italiana contemporanea* (1940-1965), Editori Riuniti, Roma 1967.

Luigi M. Personé, in *Scrittori italiani moderni e contemporanei*, Olschki, Firenze 1968.

Walter Pedullà, in *La letteratura del benessere*, Libreria Scientifica Editrice, Napoli 1968.

Ines Scaramucci, in *Studi sul Novecento*, I.P.L., Milano 1968.

Francesco Grisi-Carlo Martini, in *Incontri con i contemporanei*, Mondadori, Milano 1970.

Giorgio Pullini, in *Volti e risvolti del romanzo italiano contemporaneo*, Mursia, Milano 1971.

Cesare Garboli, *Dino delle montagne*, «Il Mondo», 21 gennaio 1972.

Carlo Bo, *Al di là del muro*, «Corriere della Sera», 29 gennaio 1972.

Lorenzo Mondo, *Dino Buzzati e la morte*, «La Stampa», 29 gennaio 1972.

Eugenio Montale (*L'artista dal cuore buono*), Indro Montanelli (*Lo stile di una vita*), Carlo Bo (*Al di là del muro*), Franco Russoli (*Nella sua pittura timori e stupori*), «Corriere della Sera», 29 gennaio 1972.

Carlo Bo, *Buzzati e il tarlo delle verità*, «Nuova Antologia», febbraio 1972.

Alberto Frasson, *Rilettura di Buzzati*, «L'osservatore politico-letterario», marzo 1972.

Giovanni Titta Rosa, in *Vita letteraria del Novecento*, III, Ceschina, Milano 1972.

Alessandro Scurani, *Un uomo che si interroga*, «Letture», n. 3, marzo 1972.

Mario Stefanile, "Il sentimento gotico di Dino Buzzati", in *Sessanta studi di varia letteratura*, Giuda, Napoli 1972.

Carlo Bo, *Il ricordo di Buzzati*, «Corriere della Sera», 4 febbraio 1973.

Gorizio Viti, in *Il romanzo italiano del Novecento*, D'Anna, Messina-Firenze 1973.

Guido Lopez, in *I verdi, i viola e gli arancione*, Mondadori, Milano 1973.

Antonia Veronese Arslan, in *Dizionario critico della letteratura italiana*, I, UTET, Torino 1973.

Indro Montanelli-Guido Piovene, «Il Giornale», 30 luglio e 30 ottobre 1974.

Luigi Pozzoli, *Dino Buzzati tra limpidità e lucidità*, «Letture», nn. 6-7, giugno-luglio 1975.

Marino Biondi, *Buzzati e i termini del discorso umano*, «Antologia Vieusseux», nn. 41-42, gennaio-giugno 1976, pp. 39-45.

Diego Dalla Gasperina, *Buzzati e Manzoni*, «Italianistica» n. 3, settembre-dicembre 1976.

Giuliano Manacorda, in *Storia della letteratura italiana tra le due guerre* (1919-1943), Editori Riuniti, Roma 1980.

Vanna Gazzola Stacchini, "Letteratura e società fra il benessere e il malessere", in *Letteratura italiana. Storia e testi. L'età presente*, I, Laterza, Bari 1980.

Elio Gioanola, "Il racconto tra il magico e il surreale", in *Letteratura italiana contemporanea*, II, Lucarini, Roma 1980.

Giuseppe Farinelli, in *Il romanzo tra le due guerre*, La Scuola, Brescia 1980.

Francesco Grisi, in *La penna e la clessidra*, Volpe, Roma 1980.

I. De Bernardi-F. Lanza-G. Barbero, in *Letteratura italiana*, III, SEI, Torino 1983.

Giacinto Spagnoletti, *La letteratura in Italia*, Spirali, Milano 1984.

François Livi, in *Scrittori e poeti italiani d'oggi*, EST, Napoli 1984.

Maria Corti, in *Viaggio nel '900*, Mondadori, Milano 1984.

Carlo de Matteis, in *Il romanzo italiano del Novecento*, La Nuova Italia, Firenze 1984.

Giulio Nascimbeni, in *La letteratura italiana. Ottocento e Novecento*, Librex, Milano 1985.

Giacinto Spagnoletti, in *La letteratura italiana del nostro secolo*, Mondadori, Milano 1985.

Luigia Abrugiati, in *Studi di letteratura contemporanea*, Carabba, Lanciano 1986.

Giorgio Pullini, *Tra esistenza e coscienza*, Mursia, Milano 1986.

Dino Conti, *Vita & colori di Dino Buzzati*, «Lingua e letteratura», V, 1987, n. 8, pp. 142-152.

Nella Giannetto, "L'archivio Buzzati di Feltre", in AA.VV., *Fantastico e immaginario*, Solfanelli, Chieti 1988.

Nella Giannetto, "Appunti alla fortuna di Buzzati nel mondo", in AA.VV., *Lingua e letteratura italiana nel mondo oggi*, XIII Congresso A.I.S.L.L.I., Perugia 1988, Olschki, Firenze 1991.

AA.VV., *Atti del Convegno su Buzzati*, a cura di Nella Giannetto, 12-15 ottobre 1989, Feltre e Belluno, Mondadori, Milano 1992.

Massimo Depaoli, *Il figlio della notte*, «Autografo», n. 23, 1991, pp. 50-67.

Nella Giannetto, *Buzzati a teatro*, «Quaderni Veneti», Ravenna 1991.

Raffaele De Grada, *Buzzati pittore*, Giorgio Mondadori e Associati, Milano 1991.

Giuseppe Marchetti-Bruno Rossi, *Si spegneva vent'anni fa Dino Buzzati, scrittore, giornalista e pittore fra i grandi del nostro secolo*, «Gazzetta di Parma», 23 gennaio 1992.

Giovanna Ioli, *Dino delle montagne*, «Il nostro tempo», 9 febbraio 1992.

Lucia Bellaspiga, *Ritorno di Dino Buzzati, autore di teatro*, «Il ragguaglio librario», n. 2, febbraio 1992.

Maria Teresa Ferrari (a cura di), *Dino Buzzati*, Società delle Belle Arti, Verona 1994 (in occasione di una retrospettiva di pittura).

Il meglio
dei racconti di
Dino Buzzati

da:

I SETTE MESSAGGERI

I sette messaggeri

Partito ad esplorare il regno di mio padre, di giorno in giorno vado allontanandomi dalla città e le notizie che mi giungono si fanno sempre più rare.

Ho cominciato il viaggio poco più che trentenne e più di otto anni sono passati, esattamente otto anni, sei mesi e quindici giorni di ininterrotto cammino. Credevo, alla partenza, che in poche settimane avrei facilmente raggiunto i confini del regno, invece ho continuato ad incontrare sempre nuove genti e paesi; e dovunque uomini che parlavano la mia stessa lingua, che dicevano di essere sudditi miei.

Penso talora che la bussola del mio geografo sia impazzita e che, credendo di procedere sempre verso il meridione, noi in realtà siamo forse andati girando su noi stessi, senza mai aumentare la distanza che ci separa dalla capitale; questo potrebbe spiegare il motivo per cui ancora non siamo giunti all'estrema frontiera.

Ma più sovente mi tormenta il dubbio che questo confine non esista, che il regno si estenda senza limite alcuno e che, per quanto io avanzi, mai potrò arrivare alla fine.

Mi misi in viaggio che avevo già più di trent'anni, troppo tardi forse. Gli amici, i familiari stessi, deridevano il mio progetto come inutile dispendio degli anni migliori della vita. Pochi in realtà dei miei fedeli acconsentirono a partire.

Sebbene spensierato – ben più di quanto sia ora! – mi preoccupai di poter comunicare, durante il viaggio, con i miei cari, e fra i cavalieri della scorta scelsi i sette migliori, che mi servissero da messaggeri.

Credevo, inconsapevole, che averne sette fosse addirittura un'esagerazione. Con l'andar del tempo mi accorsi al contrario che erano ridicolmente pochi; e sì che nessuno di essi è mai caduto malato, né è incappato nei briganti, né ha sfiancato le cavalcature. Tutti e sette mi hanno servito con una tenacia e una devozione che difficilmente riuscirò mai a ricompensare.

Per distinguerli facilmente imposi loro nomi con le iniziali alfabeticamente progressive: Alessandro, Bartolomeo, Caio, Domenico, Ettore, Federico, Gregorio.

Non uso alla lontananza dalla mia casa, vi spedii il primo, Alessandro, fin dalla sera del secondo giorno di viaggio, quando avevamo percorso già un'ottantina di leghe. La sera dopo, per assicurarmi la continuità delle comunicazioni, inviai il secondo, poi il terzo, poi il quarto, consecutivamente, fino all'ottava sera di viaggio, in cui partì Gregorio. Il primo non era ancora tornato.

Ci raggiunse la decima sera, mentre stavamo disponendo il campo per la notte, in una valle disabitata. Seppi da Alessandro che la sua rapidità era stata inferiore al previsto; avevo pensato che, procedendo isolato, in sella a un ottimo destriero, egli potesse percorrere, nel medesimo tempo, una distanza due volte la nostra; invece aveva potuto solamente una volta e mezza; in una giornata, mentre noi avanzavamo di quaranta leghe, lui ne divorava sessanta, ma non più.

Così fu degli altri. Bartolomeo, partito per la città alla terza sera di viaggio, ci raggiunse alla quindicesima; Caio, partito alla quarta, alla ventesima solo fu di ritorno. Ben presto constatai che bastava moltiplicare per cinque i giorni fin lì impiegati per sapere quando il messaggero ci avrebbe ripresi.

Allontanandoci sempre più dalla capitale, l'itinerario dei messi si faceva ogni volta più lungo. Dopo cinquanta giorni di cammino, l'intervallo fra un arrivo e l'altro dei messaggeri cominciò a spaziarsi sensibilmente; mentre prima me ne vedevo arrivare al campo uno ogni cinque giorni, questo intervallo divenne di venticinque; la voce della mia città diveniva in tal modo sempre più fioca; intere settimane passavano senza che io ne avessi alcuna notizia.

Trascorsi che furono sei mesi – già avevamo varcato i monti Fasani – l'intervallo fra un arrivo e l'altro dei messaggeri aumentò a ben quattro mesi. Essi mi recavano oramai notizie lontane; le buste mi giungevano gualcite, talora con macchie di umido per le notti trascorse all'addiaccio da chi me le portava.

Procedemmo ancora. Invano cercavo di persuadermi che le nuvole trascorrenti sopra di me fossero uguali a quelle della mia fanciullezza, che il cielo della città lontana non fosse diverso dalla cupola azzurra che mi sovrastava, che l'aria fosse la stessa, uguale il soffio del vento, identiche le voci degli uccelli. Le nuvole, il cielo, l'aria, i venti, gli uccelli, mi apparivano in verità cose nuove e diverse; e io mi sentivo straniero.

Avanti, avanti! Vagabondi incontrati per le pianure mi dicevano che i confini non erano lontani. Io incitavo i miei uomini a non posare, spegnevo gli accenti scoraggiati che si facevano sulle loro labbra. Erano già passati quattro anni dalla mia partenza; che lunga fatica. La capitale, la mia casa, mio padre, si erano fatti stranamente remoti, quasi non ci credevo. Ben venti mesi di silenzio e di solitudine intercorrevano ora fra le successive comparse dei messaggeri. Mi portavano curiose lettere ingiallite dal tempo, e in esse trovavo nomi dimenticati, modi di dire a me insoliti, sentimenti che non riuscivo a capire. Il mattino successivo, dopo una sola notte di riposo, mentre noi ci rimettevamo in cammino, il messo partiva nella direzione opposta, recando alla città le lettere che da parecchio tempo io avevo apprestate.

Ma otto anni e mezzo sono trascorsi. Stasera cenavo da solo nella mia tenda quando è entrato Domenico, che riusciva ancora a sorridere benché stravolto dalla fatica. Da quasi sette anni non lo rivedevo. Per tutto questo periodo lunghissimo egli non aveva fatto che correre, attraverso praterie, boschi e deserti, cambiando chissà quante volte cavalcatura, per portarmi quel pacco di buste che finora non ho avuto voglia di aprire. Egli è già andato a dormire e ripartirà domani stesso all'alba.

Ripartirà per l'ultima volta. Sul taccuino ho calcolato che, se tutto andrà bene, io continuando il cammino come ho fatto finora e lui il suo, non potrò rivedere Domenico che fra trentaquattro anni. Io allora ne avrò settantadue. Ma comincio a sentirmi stanco ed è probabile che la morte mi coglierà prima. Così non lo potrò mai più rivedere.

Fra trentaquattro anni (prima anzi, molto prima) Domenico scorgerà inaspettatamente i fuochi del mio accampamento e si domanderà perché mai nel frattempo io abbia fatto così poco cammino. Come stasera, il buon messaggero entrerà nella mia tenda con le lettere ingiallite dagli anni, cariche di assurde notizie di un tempo già sepolto; ma si fermerà sulla soglia, vedendomi immobile disteso sul giaciglio, due soldati ai fianchi con le torce, morto.

Eppure va', Domenico, e non dirmi che sono crudele! Porta il mio ultimo saluto alla città dove io sono nato. Tu sei il superstite legame con il mondo che un tempo fu anche mio. I più recenti messaggi mi hanno fatto sapere che molte cose sono cambiate, che mio padre è morto, che la Corona è passata a mio fratello maggiore, che mi considerano perduto, che hanno costruito alti palazzi di pietra là dove prima erano le querce sotto cui andavo solitamente a giocare. Ma è pur sempre la mia vecchia patria.

Tu sei l'ultimo legame con loro, Domenico. Il quinto messaggero, Ettore, che mi raggiungerà, Dio volendo, fra un anno e otto mesi, non potrà ripartire perché non farebbe più in tempo a tornare. Dopo di te il silenzio, o Domenico, a meno che finalmente io non trovi i sospirati confini. Ma quanto più procedo, più vado convincendomi che non esiste frontiera.

Non esiste, io sospetto, frontiera, almeno nel senso che noi siamo abituati a pensare. Non ci sono muraglie di separazione, né valli divisorie, né montagne che chiudano il passo. Probabilmente varcherò il limite senza accorgermene neppure, e continuerò ad andare avanti, ignaro.

Per questo io intendo che Ettore e gli altri messi dopo di lui, quando mi avranno nuovamente raggiunto, non riprendano più la via della capitale ma partano innanzi a precedermi, affinché io possa sapere in antecedenza ciò che mi attende.

Un'ansia inconsueta da qualche tempo si accende in me alla sera, e non è più rimpianto delle gioie lasciate, come accadeva nei primi tempi del viaggio; piuttosto è l'impazienza di conoscere le terre ignote a cui mi dirigo.

Vado notando – e non l'ho confidato finora a nessuno – vado notando come di giorno in giorno, man mano che avanzo verso l'improbabile mèta, nel cielo irraggi una luce insolita quale mai mi è apparsa, neppure nei sogni; e come le piante, i monti, i fiumi che attraversiamo, sembrino fatti di una essenza diversa da quella nostrana e l'aria rechi presagi che non so dire.

Una speranza nuova mi trarrà domattina ancora più avanti, verso quelle montagne inesplorate che le ombre della notte stanno occultando. Ancora una volta io leverò il campo, mentre Domenico scomparirà all'orizzonte dalla parte opposta, per recare alla città lontanissima l'inutile mio messaggio.

L'assalto al Grande Convoglio

Arrestato in una via del paese e condannato soltanto per contrabbando – poiché non lo avevano riconosciuto – Gaspare Planetta, il capo brigante, rimase tre anni in prigione.

Ne venne fuori cambiato. La malattia lo aveva consunto, gli era cresciuta la barba, sembrava piuttosto un vecchietto che il famoso capo brigante, il miglior schioppo conosciuto, che non sapeva sbagliare un colpo.

Allora, con le sue robe in un sacco, si mise in cammino per Monte Fumo, che era stato il suo regno, dove erano rimasti i compagni.

Era una domenica di giugno quando si addentrò per la valle in fondo alla quale c'era la loro casa. I sentieri del bosco non erano mutati: qua una radice affiorante, là un caratteristico sasso ch'egli ricordava bene. Tutto come prima.

Siccome era festa, i briganti si erano riuniti alla casa. Avvicinandosi, Planetta udì voci e risate. Contrariamente all'uso dei suoi tempi, la porta era chiusa.

Batté due tre volte. Dentro si fece silenzio. Poi domandarono: «Chi è?».

«Vengo dalla città» egli rispose «vengo da parte di Planetta.»

Voleva fare una sorpresa, ma invece quando gli aprirono e gli si fecero incontro, Gaspare Planetta si accorse subito che non l'avevano riconosciuto. Solo il vecchio cane della compagnia, lo scheletrico Tromba, gli saltò addosso con guaiti di gioia.

Da principio i suoi vecchi compagni, Cosimo, Marco, Felpa ed anche tre quattro facce nuove gli si strinsero attorno, chiedendo notizie di Planetta. Lui raccontò di avere conosciuto il capo brigante in prigione; disse che Planetta sarebbe stato liberato fra un mese e intanto aveva mandato lui lassù per sapere come andavano le cose.

Dopo poco però i briganti si disinteressarono del nuovo venuto e trovarono pretesti per lasciarlo. Solo Cosimo rimase a parlare con lui, pur non riconoscendolo.

«E al suo ritorno cosa intende fare?» chiedeva accennando al vecchio capo in carcere.

«Cosa intende fare?» fece Planetta «forse che non può tornare qui?»

«Ah, sì, sì, io non dico niente. Pensavo per lui, pensavo. Le cose qui sono cambiate. E lui vorrà comandare ancora, si capisce, ma non so...»

«Non sai che cosa?»

«Non so se Andrea sarà disposto... farà certo delle questioni... per me torni pure, anzi, noi due siamo sempre andati d'accordo...»

Gaspare Planetta seppe così che il nuovo capo era Andrea, uno dei suoi compagni di una volta, quello che anzi pareva allora il più bestia.

In quel momento si spalancò la porta, lasciando entrare proprio Andrea, che si fermò in mezzo alla stanza. Planetta ricordava uno spilungone apatico. Adesso gli stava davanti un pezzo formidabile di brigante, con una faccia dura e un paio di splendidi baffi.

Quando seppe del nuovo venuto, che anch'egli non riconobbe: «Ah, così?» disse a proposito di Planetta «ma come mai non è riuscito a fuggire? Non deve essere poi così difficile. Marco anche lui l'hanno messo dentro, ma non ci è rimasto che sei giorni. Anche Stella ci ha messo poco a fuggire. Proprio lui, che era il capo, proprio lui, non ha fatto una bella figura».

«Non è più come una volta, così per dire» fece Planetta con un furbesco sorriso. «Ci sono molte guardie adesso, le inferriate le hanno cambiate, non ci lasciavano mai soli. E poi lui s'è ammalato.»

Così disse; ma intanto capiva di essere rimasto tagliato fuori, capiva che un capo brigante non può lasciarsi imprigionare, tanto meno restar dentro tre anni come un disgraziato qualunque, capiva di essere vecchio, che per lui non c'era più posto, che il suo tempo era tramontato.

«Mi ha detto» riprese con voce stanca lui di solito gioviale e sereno «Planetta mi ha detto che ha lasciato qui il suo cavallo, un cavallo bianco, diceva, che si chiama Polàk, mi pare, e ha un gonfio sotto un ginocchio.»

«Aveva, vuoi dire aveva» fece Andrea arrogante, cominciando a sospettare che fosse proprio Planetta presente. «Se il cavallo è morto la colpa non sarà nostra...»

«Mi ha detto» continuò calmo Planetta «che aveva lasciato qui degli abiti, una lanterna, un orologio.» E sorrideva intanto sottilmente e si avvicinava alla finestra perché tutti lo potessero veder bene.

E tutti infatti lo videro bene, riconobbero in quel magro vecchietto ciò che rimaneva del loro capo, del famoso Gaspare Planetta, del migliore schioppo conosciuto, che non sapeva sbagliare un colpo.

Eppure nessuno fiatò. Anche Cosimo non osò dir nulla. Tutti finsero di non averlo riconosciuto, perché era presente Andrea, il nuovo capo, di cui avevano paura. Ed Andrea aveva fatto finta di niente.

«Le sue robe nessuno le ha toccate» disse Andrea «devono essere là in un cassetto. Degli abiti non so niente. Probabilmente li ha adoperati qualcun altro.»

«Mi ha detto» continuò imperturbabile Planetta, questa volta senza più sorridere «mi ha detto che ha lasciato qui il suo fucile, il suo schioppo di precisione.»

«Il suo fucile è sempre qui» fece Andrea «e potrà venire a riprenderselo.»

«Mi diceva» proseguì Planetta «mi diceva sempre: chissà come me lo adoperano, il mio fucile, chissà che ferravecchio troverò al mio ritorno. Ci teneva tanto al suo fucile.»

«L'ho adoperato io qualche volta» ammise Andrea con un leggero tono di sfida «ma non credo per questo di averlo mangiato.»

Gaspare Planetta sedette su una panca. Si sentiva addosso la sua solita febbre, non grande cosa, ma abbastanza da fare la testa pesante.

«Dimmi» fece rivolto ad Andrea «me lo potresti far vedere?»

«Avanti» rispose Andrea, facendo segno a uno dei briganti nuovi che Planetta non conosceva «avanti, va' di là a prenderlo.»

Fu portato a Planetta lo schioppo. Egli lo osservò minutamente con aria preoccupata e via via parve rasserenarsi. Accarezzò con le mani la canna.

«Bene» disse dopo una lunga pausa «e mi ha detto anche che aveva lasciato qui delle munizioni. Mi ricordo anzi precisamente: polvere, sei misure, e ottantacinque palle.»

«Avanti» fece Andrea con aria seccata «avanti, andategliele a prendere. E poi c'è qualcosa d'altro?»

«Poi c'è questo» disse Planetta con la massima calma, alzandosi dalla panca, avvicinandosi ad Andrea e staccandogli dalla cintura un lungo pugnale inguainato. «C'è ancora questo» confermò «il suo coltello da caccia.» E tornò a sedere.

Seguì un lungo pesante silenzio. Finalmente fu Andrea che disse:

«Be', buonasera» disse, per fare capire a Planetta che se ne poteva ormai andare.

Gaspare Planetta alzò gli occhi, misurando la potente corporatura di Andrea. Avrebbe mai potuto sfidarlo, patito e stanco come si sentiva? Perciò si alzò lentamente, aspettò che gli dessero anche le altre sue cose, mise tutto nel sacco, si gettò lo schioppo sulle spalle.

«Allora buonasera, signori» disse avviandosi alla porta.

I briganti rimasero muti, immobili per lo stupore, perché mai avrebbero immaginato che Gaspare Planetta, il famoso capo brigante, potesse andarsene così, lasciandosi mortificare a quel modo. Solo Cosimo trovò un po' di voce, una voce stranamente fioca.

«Addio Planetta!» esclamò, lasciando da parte ogni finzione. «Addio, buona fortuna!»

Planetta si allontanò per il bosco, in mezzo alle ombre della sera, fischiettando una allegra arietta.

Così fu di Planetta, ora non più capo brigante, bensì soltanto Gaspare Planetta fu Severino, di anni 48, senza fissa dimora. Però una dimora l'aveva, un suo baracchino sul Monte Fumo, metà di legno e metà di sassi, nel mezzo delle boscaglie, dove una volta si rifugiava quando c'erano troppe guardie in giro.

Planetta raggiunse la sua baracchetta, accese il fuoco, contò i soldi che aveva (potevano bastargli per qualche mese) e cominciò a vivere solo.

Ma una sera, ch'era seduto al fuoco, si aprì di colpo la porta e comparve un giovane, con un fucile. Avrà avuto diciassette anni.

«Cosa succede?» domandò Planetta, senza neppure alzarsi in piedi. Il giovane aveva un'aria ardita, assomigliava a lui, Planetta, una trentina d'anni prima.

«Stanno qui quelli del Monte Fumo? Sono tre giorni che vado in cerca.»

Il ragazzo si chiamava Pietro. Raccontò senza esitazione che voleva mettersi coi briganti. Era sempre vissuto da vagabondo ed erano anni che ci pensava, ma per fare il brigante occorreva almeno un fucile e aveva dovuto aspettare un pezzo, adesso però ne aveva rubato uno, ed anche uno schioppo discreto.

«Sei capitato bene» fece Planetta allegramente «io sono Planetta.»

«Planetta il capo, vuoi dire?»

«Sì certo, proprio lui.»

«Ma non eri in prigione?»

«Ci sono stato, così per dire» spiegò furbescamente Planetta. «Ci sono stato tre giorni. Non ce l'hanno fatta a tenermi di più.»

Il ragazzo lo guardò con entusiasmo.

«E allora mi vuoi prendere con te?»

«Prenderti con me?» fece Planetta «be', per stanotte dormi qui, poi domani vedremo.»

I due vissero insieme. Planetta non disilluse il ragazzo, gli

14

lasciò credere di essere sempre lui il capo, gli spiegò che preferiva viversene solo e trovarsi con i compagni soltanto quando era necessario. Il ragazzo lo credette potente e aspettò da lui grandi cose.

Ma passavano i giorni e Planetta non si muoveva. Tutt'al più girava un poco per cacciare. Del resto se ne stava sempre vicino al fuoco.

«Capo» diceva Pietro «quand'è che mi conduci con te a far qualcosa?»

«Ah» rispondeva Planetta «uno di questi giorni combineremo bene. Farò venire tutti i compagni, avrai da cavarti la soddisfazione.»

Ma i giorni continuavano a passare.

«Capo» diceva il ragazzo «ho saputo che domani, giù nella strada della valle, domani passa in carrozza un mercante, un certo signor Francesco, che deve avere le tasche piene.»

«Un certo Francesco?» faceva Planetta senza dimostrare interesse. «Peccato, proprio lui, lo conosco bene da un pezzo. Una bella volpe, ti dico, quando si mette in viaggio non si porta dietro neanche uno scudo, è tanto se porta i vestiti, dalla paura che ha dei ladri.»

«Capo» diceva il ragazzo «ho saputo che domani passano due carri di roba buona, tutta roba da mangiare, cosa ne dici, capo?»

«Davvero?» faceva Planetta «roba da mangiare?» e lasciava cadere la cosa, come se non fosse degna di lui.

«Capo» diceva il ragazzo «domani c'è la festa al paese, c'è un mucchio di gente che gira, passeranno tante carrozze, molti torneranno anche di notte. Non ci sarebbe da far qualcosa?»

«Quando c'è gente» rispondeva Planetta «è meglio lasciar stare. Quando c'è la festa vanno attorno i gendarmi. Non val la pena di fidarsi. È proprio in quel giorno che mi hanno preso.»

«Capo» diceva dopo alcuni giorni il ragazzo «di' la verità, tu hai qualcosa. Non hai più voglia di muoverti. Nemmeno più a caccia vuoi venire: I compagni non li vuoi vedere. Tu devi

15

essere malato, anche ieri dovevi avere la febbre, stai sempre attaccato al fuoco. Perché non mi parli chiaro?»

«Può darsi che io non stia bene» faceva Planetta sorridendo «ma non è come tu pensi. Se vuoi proprio che te lo dica, dopo almeno mi lascerai tranquillo, è cretino sfacchinare per mettere insieme qualche marengo. Se mi muovo, voglio che valga la fatica. Bene, ho deciso, così per dire, di aspettare il Gran Convoglio.»

Voleva dire il Grande Convoglio che una volta all'anno, precisamente il 12 settembre, portava alla Capitale un carico d'oro, tutte le tasse delle province del sud. Avanzava tra suoni di corni, lungo la strada maestra, tra lo scalpitare della guardia armata. Il Grande Convoglio imperiale, con il grande carro di ferro, tutto pieno di monete, chiuse in tanti sacchetti. I briganti lo sognavano nelle notti buone, ma da cent'anni nessuno era riuscito impunemente ad assaltarlo. Tredici briganti erano morti, venti ficcati in prigione. Nessuno osava pensarci più; d'anno in anno poi il provento delle tasse cresceva e si aumentava la scorta armata. Cavalleggeri davanti e di dietro, pattuglie a cavallo di fianco, armati i cocchieri, i cavallanti e i servi.

Precedeva una specie di staffetta, con tromba e bandiera. A una certa distanza seguivano 24 cavalleggeri, con schioppi, pistole e spadoni. Poi veniva il carro di ferro, con lo stemma imperiale in rilievo, tirato da sedici cavalli. Ventiquattro cavalleggeri, anche dietro, dodici altri dalle due parti. Centomila ducati d'oro, mille once d'argento, riservati alla cassa imperiale.

Dentro e fuori per le valli il favoloso convoglio passava a galoppo serrato. Luca Toro, cent'anni prima, aveva avuto il coraggio di assaltarlo e gli era andata miracolosamente bene. Era quella la prima volta: la scorta aveva preso paura. Luca Toro era poi fuggito in Oriente e si era messo a fare il signore.

A distanza di parecchi anni, anche altri briganti avevano tentato: Giovanni Borso, per dire solo alcuni, il Tedesco, Sergio dei Topi, il Conte e il Capo dei trentotto. Tutti, al mattino dopo, distesi al bordo della strada, con la testa spaccata.

«Il Gran Convoglio? Vuoi rischiarti sul serio?» domandò il ragazzo meravigliato.

«Sì certo, voglio rischiarla. Se riesce, sono a posto per sempre.»

Così disse Gaspare Planetta, ma in cuor suo non ci pensava nemmeno. Sarebbe stata un'assoluta follia, anche a essere una ventina, attaccare il Gran Convoglio. Figurarsi poi da solo.

L'aveva detto così per scherzare, ma il ragazzo lo prese sul serio e guardò Planetta con ammirazione.

«Dimmi» fece il ragazzo «e quanti sarete?»

«Una quindicina almeno, saremo.»

«E quando?»

«C'è tempo» rispose Planetta «bisogna che lo domandi ai compagni. Non c'è mica tanto da scherzare.»

Ma i giorni, come avviene, non fecero fatica a passare e i boschi cominciarono a diventar rossi. Il ragazzo aspettava con impazienza. Planetta gli lasciava credere e nelle lunghe sere, passate vicino al fuoco, discuteva del grande progetto e ci si divertiva anche lui. In qualche momento perfino pensava che tutto potesse essere anche vero.

L'11 settembre, alla vigilia, il ragazzo stette in giro fino a notte. Quando tornò aveva una faccia scura.

«Cosa c'è?» domandò Planetta, seduto al solito davanti al fuoco.

«C'è che finalmente ho incontrato i tuoi compagni.»

Ci fu un lungo silenzio e si sentirono gli scoppiettii del fuoco. Si udì pure la voce del vento che fuori soffiava nelle boscaglie.

«E allora» disse alla fine Planetta con una voce che voleva sembrare scherzosa. «Ti hanno detto tutto, così per dire?»

«Sicuro» rispose il ragazzo. «Proprio tutto mi hanno detto.»

«Bene» soggiunse Planetta, e si fece ancora silenzio nella stanza piena di fumo, in cui c'era solo la luce del fuoco.

«Mi hanno detto di andare con loro» osò alla fine il ragazzo. «Mi hanno detto che c'è molto da fare.»

«Si capisce» approvò Planetta «saresti stupido a non andare.»

«Capo» domandò allora Pietro con voce vicina al pianto «perché non dirmi la verità, perché tutte quelle storie?»

«Che storie?» ribatté Planetta che faceva ogni sforzo per mantenere il suo solito tono allegro. «Che storie ti ho mai contato? Ti ho lasciato credere, ecco tutto. Non ti ho voluto disingannare. Ecco tutto, così per dire.»

«Non è vero» disse il ragazzo. «Tu mi hai tenuto qui con delle promesse e lo facevi solo per sfottermi. Domani, lo sai bene...»

«Che cosa domani?» chiese Planetta, ritornato nuovamente tranquillo. «Vuoi dire del Gran Convoglio?»

«Ecco, e io fesso a crederti» brontolò irritato il ragazzo. «Del resto, lo potevo ben capire, malato come sei, non so cosa avresti potuto...» Tacque per qualche secondo, poi concluse a bassa voce: «Domani allora me ne vado».

Ma all'indomani fu Planetta ad alzarsi per primo. Si levò senza svegliare il ragazzo, si vestì in fretta e prese il fucile. Solo quando egli fu sulla soglia, Pietro si destò.

«Capo» gli domandò, chiamandolo così per l'abitudine «dove vai a quest'ora, si può sapere?»

«Si può sapere, sissignore» rispose Planetta sorridendo. «Vado ad aspettare il Gran Convoglio.»

Il ragazzo, senza rispondere, si voltò dall'altra parte del letto, come per dire che di quelle stupide storie era stufo.

Eppure non erano storie. Planetta, per mantenere la promessa, anche se fatta per scherzo, Planetta, ora che era rimasto solo, andò ad assalire il Gran Convoglio.

I compagni l'avevano abbastanza sfottuto. Che almeno fosse quel ragazzo a sapere chi era Gaspare Planetta. Ma no, neanche di quel ragazzo gliene importava. Lo faceva in fondo per sé, per sentirsi quello di prima, sia pure per l'ultima volta. Non ci sarebbe stato nessuno a vederlo, forse nessuno a saperlo mai, se rimaneva subito ucciso; ma questo non aveva importanza. Era una questione personale, con l'antico potente Planetta. Una specie di scommessa, per un'impresa disperata.

Pietro lasciò che Planetta se n'andasse. Ma più tardi gli nacque un dubbio: che Planetta andasse davvero all'assalto? Era un dubbio debole e assurdo, eppure Pietro si alzò e uscì alla ricerca. Parecchie volte Planetta gli aveva mostrato il posto buono per aspettare il Convoglio. Sarebbe andato là a vedere.

Il giorno era già nato, ma lunghe nubi temporalesche si stendevano attraverso il cielo. La luce era chiara e grigia. Ogni tanto qualche uccello cantava. Negli intervalli si udiva il silenzio.

Pietro corse giù per le boscaglie, verso il fondo della valle dove passava la strada maestra. Procedeva guardingo tra i cespugli in direzione di un gruppo di castagni, dove Planetta avrebbe dovuto trovarsi.

Planetta infatti c'era, appiattato dietro a un tronco e si era fatto un piccolo parapetto di erbe e rami, per esser sicuro che non lo potessero vedere. Era sopra una specie di gobba che dominava una brusca svolta della strada: un tratto in forte salita dove i cavalli erano costretti a rallentare. Perciò si sarebbe potuto sparare bene.

Il ragazzo guardò giù in fondo la pianura del sud, che si perdeva nell'infinito, tagliata in due dalla strada. Vide in fondo un polverone che si muoveva.

Il polverone che si muoveva, avanzando lungo la strada, era la polvere del Gran Convoglio.

Planetta stava collocando il fucile con la massima flemma quando udì qualcosa agitarsi vicino a lui. Si voltò e vide il ragazzo appiattato con il fucile proprio all'albero vicino.

«Capo» disse ansando il ragazzo «Planetta, vieni via. Sei diventato pazzo?»

«Zitto» rispose sorridendo Planetta «finora pazzo non lo sono. Torna via immediatamente.»

«Sei pazzo, ti dico, Planetta, tu aspetti che vengano i tuoi compagni, ma non verranno, me l'hanno detto, non se la sognano neppure.»

«Verranno, perdio se verranno, è questione d'aspettare un poco. È un po' la loro mania di arrivare sempre in ritardo.»

«Planetta» supplicò il ragazzo «fammi il piacere, vieni via. Ieri sera scherzavo, io non ti voglio lasciare.»

«Lo so, l'avevo capito» rise bonariamente Planetta. «Ma adesso basta, va' via, ti dico, fa' presto, che questo non è un posto per te.»

«Planetta» insisté il ragazzo. «Non vedi che è una pazzia? Non vedi quanti sono? Cosa vuoi fare da solo?»

«Perdio, vattene» gridò con voce repressa Planetta, finalmente andato in bestia. «Non ti accorgi che così mi rovini?»

In quel momento si cominciavano a distinguere, in fondo alla strada maestra, i cavalleggeri del Gran Convoglio, il carro, la bandiera.

«Vattene, per l'ultima volta» ripeté furioso Planetta. E il ragazzo finalmente si mosse, si ritrasse strisciando tra i cespugli, fino a che disparve.

Planetta udì allora lo scalpitìo dei cavalli, diede un'occhiata alle grandi nubi di piombo che stavano per crepare, vide tre quattro corvi nel cielo. Il Gran Convoglio ormai rallentava, iniziando la salita.

Planetta aveva il dito al grilletto, ed ecco si accorse che il ragazzo era tornato strisciando, appostandosi nuovamente dietro l'albero.

«Hai visto?» sussurrò Pietro «hai visto che non sono venuti?»

«Canaglia» mormorò Planetta, con un represso sorriso, senza muovere neppure la testa. «Canaglia, adesso sta' fermo, è troppo tardi per muoversi, attento che incomincia il bello.»

Trecento, duecento metri, il Gran Convoglio si avvicinava. Già si distingueva il grande stemma in rilievo sui fianchi del prezioso carro, si udivano le voci dei cavalleggeri che discorrevano tra loro.

Ma qui il ragazzo ebbe finalmente paura. Capì che era un'impresa pazza, da cui era impossibile venir fuori.

«Hai visto che non sono venuti?» sussurrò con accento disperato. «Per carità, non sparare.»

Ma Planetta non si commosse.

«Attento» mormorò allegramente, come se non avesse sentito. «Signori, qui si incomincia.»

Planetta aggiustò la mira, la sua formidabile mira, che non poteva sbagliare. Ma in quell'istante, dal fianco opposto della valle, risuonò secca una fucilata.

«Cacciatori!» commentò Planetta scherzoso, mentre si allargava una terribile eco «cacciatori! niente paura. Anzi, meglio, farà confusione.»

Ma non erano cacciatori. Gaspare Planetta sentì di fianco a sé un gemito. Voltò la faccia e vide il ragazzo che aveva lasciato il fucile e si abbandonava riverso per terra.

«Mi hanno beccato!» si lamentò «oh mamma!»

Non erano stati cacciatori a sparare, ma i cavalleggeri di scorta al Convoglio, incaricati di precedere il carriaggio, disperdendosi lungo i fianchi della valle, per sventare insidie. Erano tutti tiratori scelti, selezionati nelle gare. Avevano fucili di precisione.

Mentre scrutava il bosco, uno dei cavalleggeri aveva visto il ragazzo muoversi tra le piante. L'aveva visto poi stendersi a terra, aveva finalmente scorto anche il vecchio brigante.

Planetta lasciò andare una bestemmia. Si alzò con precauzione in ginocchio, per soccorrere il compagno. Crepitò una seconda fucilata.

La palla partì diritta, attraverso la piccola valle, sotto alle nubi tempestose, poi cominciò ad abbassarsi, secondo le leggi della traiettoria. Era stata spedita alla testa; entrò invece dentro al petto, passando vicino al cuore.

Planetta cadde di colpo. Si fece un grande silenzio, come egli non aveva mai udito. Il Gran Convoglio si era fermato. Il temporale non si decideva a venire. I corvi erano là nel cielo. Tutti stavano in attesa.

Il ragazzo voltò la testa e sorrise: «Avevi ragione» balbettò «sono venuti, i compagni. Li hai visti, capo?».

Planetta non riuscì a rispondere ma con un supremo sforzo volse lo sguardo dalla parte indicata.

Dietro a loro, in un radura del bosco, erano apparsi una

trentina di cavalieri, con il fucile a tracolla. Sembravano diafani come una nube, eppure spiccavano nettamente sul fondo scuro della foresta. Si sarebbero detti briganti, dall'assurdità delle divise e dalle loro facce spavalde.

Planetta infatti li riconobbe. Erano proprio gli antichi compagni, erano i briganti morti, che venivano a prenderlo. Facce spaccate dal sole, lunghe cicatrici di traverso, orribili baffoni da generale, barbe strappate dal vento, occhi duri e chiarissimi, le mani sui fianchi, inverosimili speroni, grandi bottoni dorati, facce oneste e simpatiche, impolverate dalle battaglie.

Ecco là il buon Paolo, lento di comprendonio, ucciso all'assalto del Mulino. Ecco Pietro del Ferro, che non aveva mai saputo cavalcare, ecco Giorgio Pertica, ecco Frediano, crepato di freddo, tutti i buoni vecchi compagni, visti ad uno ad uno morire. E quell'omaccione coi grandi baffi e il fucile lungo come lui, su per quel magro cavallo bianco, non era il Conte, il famigerato capo, pure lui caduto per il Gran Convoglio? Sì, era proprio lui. Il Conte, col volto luminoso di cordialità e straordinaria soddisfazione. E si sbagliava Planetta oppure l'ultimo a sinistra, che se ne stava diritto e superbo, si sbagliava Planetta o non era Marco Grande in persona, il più famoso degli antichi capi? Marco Grande impiccato nella Capitale, alla presenza dell'imperatore e di quattro reggimenti in armi? Marco Grande che cinquant'anni dopo nominavano ancora a bassa voce? Precisamente lui era, anch'egli presente per onorare Planetta, l'ultimo capo sfortunato e prode.

I briganti morti se ne stavano silenziosi, evidentemente commossi, ma pieni di una comune letizia Aspettavano che Planetta si movesse.

Infatti Planetta, così come il ragazzo, si levò ritto da terra, non più in carne ed ossa come prima, ma diafano al pari degli altri e pure identico a se stesso.

Gettato uno sguardo al suo povero corpo, che giaceva raggomitolato al suolo, Gaspare Planetta fece un'alzata di spalle come per dire a se stesso che se ne fregava e uscì nella radura, ormai indifferente alle possibili schioppettate. Si avanzò verso gli antichi compagni e si sentì invadere da contentezza.

Stava per cominciare i saluti individualmente, quando notò che proprio in prima fila c'era un cavallo perfettamente sellato ma senza cavaliere. Istintivamente si avanzò sorridendo.

«Così per dire» esclamò, meravigliandosi per il tono stranissimo della sua nuova voce. «Così per dire non sarebbe questo il mio Polàk, più in gamba che mai?»

Era davvero Polàk, il suo caro cavallo, e riconoscendo il padrone mandò una specie di nitrito, bisogna dire così perché quella dei cavalli morti è una voce più dolce di quella che noi conosciamo.

Planetta gli diede due tre manate affettuose e già pregustò la bellezza della prossima cavalcata, insieme ai fedeli amici, via verso il regno dei briganti morti ch'egli non conosceva ma ch'era legittimo immaginare pieno di sole, dentro a un'aria di primavera, con lunghe strade bianche senza polvere che conducevano a miracolose avventure.

Appoggiata la sinistra al colmo della sella, come accingendosi a balzare in groppa, Gaspare Planetta disse:

«Grazie, ragazzi miei» disse, stentando a non lasciarsi vincere dalla commozione. «Vi giuro che...»

Qui s'interruppe perché si era ricordato del ragazzo, il quale, pure lui in forma di ombra, se ne stava in disparte, in atteggiamento d'attesa, con l'imbarazzo che si ha in compagnia di persone appena conosciute.

«Ah, scusa» disse Planetta. «Ecco qua un bravo compagno» aggiunse rivolto ai briganti morti. «Aveva appena diciassett'anni, sarebbe stato un uomo in gamba.»

I briganti, tutti chi più chi meno sorridendo, abbassarono leggermente la testa, come per dare il benvenuto.

Planetta tacque e si guardò attorno indeciso. Cosa doveva fare? Cavalcare via coi compagni, piantando il ragazzo solo? Planetta diede altre due tre manate al cavallo, tossicchiò furbescamente, poi disse al ragazzo:

«Be' avanti, salta su te. È giusto che sia tu a divertirti. Avanti,

avanti, poche storie» aggiunse poi con finta severità vedendo che il ragazzo non osava accettare.

«Se proprio vuoi...» esclamò infine il ragazzo, evidentemente lusingato. E con un'agilità che egli stesso non avrebbe mai preveduto, poco pratico come era stato fino allora di equitazione, il ragazzo fu di colpo in sella.

I briganti agitarono i cappelli, salutando Gaspare Planetta, qualcuno strizzò benevolmente un occhio, come per dire arrivederci. Tutti diedero di sprone ai cavalli e partirono al galoppo.

Partirono come schioppettate, allontanandosi tra le piante. Era meraviglioso come essi si gettassero negli intrichi del bosco e li attraversassero senza rallentare. I cavalli tenevano un galoppo soffice e bello a vedere. Anche da lontano, qualcuno dei briganti e il ragazzo agitarono ancora il cappello.

Planetta, rimasto solo, diede un'occhiata circolare alla valle. Sogguardò, ma appena con la coda dell'occhio, l'ormai inutile corpo di Planetta che giaceva ai piedi dell'albero. Diresse quindi gli sguardi alla strada.

Il Convoglio era ancora fermo, al di là della curva e perciò non era visibile. Sulla strada c'erano soltanto sei o sette cavalleggeri della scorta: erano fermi e guardavano verso Planetta. Benché possa apparire incredibile, essi avevano potuto vedere la scena: l'ombra dei briganti morti, i saluti, la cavalcata. In certi giorni di settembre, sotto alle nuvole temporalesche, non è poi detto che certe cose non possano avvenire.

Quando Planetta, rimasto solo, si voltò, il capo di quel drappello si accorse di essere guardato. Allora drizzò il busto e salutò militarmente, come si saluta tra soldati.

Planetta si toccò la falda del cappello, con un gesto molto confidenziale ma pieno di bonomia increspando le labbra a un sorriso.

Poi diede un'altra alzata di spalle, la seconda della giornata. Fece perno sulla gamba sinistra, voltò le spalle ai cavalleggeri, sprofondò le mani nelle tasche e se n'andò fischiettando, fischiettando, sissignori, una marcetta militare. Se n'andò nella direzione in cui erano spariti i compagni, verso il regno dei briganti morti ch'egli non conosceva ma ch'era lecito supporre migliore di questo.

I cavalleggeri lo videro farsi sempre più piccolo e diafano; aveva un passo leggero e veloce che contrastava con la sua sagoma ormai di vecchietto, un'andatura da festa quale hanno solo gli uomini sui vent'anni quando sono felici.

Sette piani

Dopo un giorno di viaggio in treno, Giuseppe Corte arrivò, una mattina di marzo, alla città dove c'era la famosa casa di cura. Egli aveva un po' di febbre, ma volle fare ugualmente a piedi la strada fra la stazione e l'ospedale, portandosi la sua valigetta.

Benché avesse soltanto una leggerissima forma incipiente, Giuseppe Corte era stato consigliato di rivolgersi al celebre sanatorio, in cui non si curava che quell'unica malattia. Ciò garantiva un'eccezionale competenza nei medici e la più razionale sistemazione d'impianti.

Quando lo scorse da lontano – e lo riconobbe per averne già visto la fotografia in una circolare pubblicitaria – Giuseppe Corte ebbe un'ottima impressione. Il bianco edificio a sette piani era solcato da regolari rientranze che gli davano una fisonomia vaga d'albergo. Tutt'attorno era una cinta di alti alberi.

Dopo una sommaria visita medica, in attesa di un esame più accurato e completo, Giuseppe Corte fu messo in una gaia camera del settimo ed ultimo piano. I mobili erano chiari e lindi come la tappezzeria, le poltrone erano di legno, i cuscini rivestiti di stoffe policrome. La vista spaziava su uno dei più bei quartieri della città. Tutto era tranquillo, ospitale e rassicurante.

Giuseppe Corte si mise subito a letto e, accesa la lampadina sopra il capezzale, cominciò a leggere un libro che aveva portato con sé. Poco dopo entrò un'infermiera per chiedergli se desiderasse qualcosa.

Giuseppe Corte non desiderava nulla ma si mise volentieri a

discorrere con la giovane, chiedendo informazioni sulla casa di cura. Seppe così la strana caratteristica di quell'ospedale. I malati erano distribuiti piano per piano a seconda della gravità. Al settimo, cioè all'ultimo, erano ospitate le forme leggerissime. Il sesto era destinato ai malati non gravi ma neppure da trascurare. Al quinto si curavano già affezioni serie e così di seguito, di piano in piano. Al secondo erano i malati gravissimi. Al primo quelli per cui era inutile sperare.

Questo singolare sistema, oltre a sveltire grandemente il servizio, impediva che un malato leggero potesse venir turbato dalla vicinanza di un collega in agonia, e garantiva in ogni piano un'atmosfera omogenea. D'altra parte la cura poteva venir così graduata in modo perfetto e con i risultati migliori.

Ne derivava che gli ammalati erano divisi in sette progressive caste. Ogni piano era come un piccolo mondo a sé, con le sue particolari regole, con le sue speciali tradizioni che negli altri piani non avevano alcun valore. E siccome ogni settore era affidato alla direzione di un medico diverso, si erano formate, sia pure assolutamente minime, precise differenze nei metodi di cura, nonostante il direttore generale avesse impresso all'istituto un unico fondamentale indirizzo.

Quando l'infermiera fu uscita, Giuseppe Corte, sembrandogli che la febbre fosse scomparsa, raggiunse la finestra e guardò fuori, non per osservare il panorama della città, che pure era nuova per lui, ma nella speranza di scorgere, attraverso le finestre, altri ammalati dei piani inferiori. La struttura dell'edificio, a grandi rientranze, permetteva tale genere di osservazione. Soprattutto Giuseppe Corte concentrò la sua attenzione sulle finestre del primo piano che sembravano lontanissime e che si scorgevano solo di sbieco. Ma non poté vedere nulla di interessante. Nella maggioranza erano ermeticamente sprangate dalle grigie persiane scorrevoli.

Il Corte si accorse che a una finestra di fianco alla sua stava affacciato un uomo. I due si guardarono a lungo con crescente simpatia, ma non sapevano come rompere quel silenzio. Finalmente Giuseppe Corte si fece coraggio e disse: «Anche voi state qui da poco?».

«Oh no» fece l'altro «sono qui già da due mesi...» tacque qualche istante e poi, non sapendo come continuare la conversazione, aggiunse: «Guardavo giù mio fratello».

«Vostro fratello?»

«Sì» spiegò lo sconosciuto. «Siamo entrati insieme, un caso veramente strano, ma lui è andato peggiorando, pensate che adesso è già al quarto.»

«Al quarto che cosa?»

«Al quarto piano» spiegò l'individuo e pronunciò le due parole con una tale espressione di commiserazione e di orrore, che Giuseppe Corte restò quasi spaventato.

«Ma son così gravi al quarto piano?» domandò cautamente.

«Oh Dio» fece l'altro scuotendo lentamente la testa «non sono ancora casi disperati, ma c'è comunque poco da stare allegri.»

«Ma allora» chiese ancora il Corte, con una scherzosa disinvoltura come di chi accenna a cose tragiche che non lo riguardano «allora, se al quarto sono già così gravi, al primo chi mettono allora?»

«Oh» disse l'altro «al primo sono proprio i moribondi. Laggiù i medici non hanno più niente da fare. C'è solo il prete che lavora. E naturalmente...»

«Ma ce n'è pochi al primo piano» interruppe Giuseppe Corte, come se gli premesse di avere una conferma «quasi tutte le stanze sono chiuse laggiù.»

«Ce n'è pochi, adesso, ma stamattina ce n'erano parecchi» rispose lo sconosciuto con un sottile sorriso. «Dove le persiane sono abbassate, là qualcuno è morto da poco. Non vedete, del resto, che negli altri piani tutte le imposte sono aperte? Ma scusatemi» aggiunse ritraendosi lentamente «mi pare che cominci a far freddo. Io ritorno in letto. Auguri, auguri...»

L'uomo scomparve dal davanzale e la finestra venne chiusa con energia; poi si vide accendersi dentro una luce. Giuseppe Corte se ne stette ancora immobile alla finestra fissando le persiane abbassate del primo piano. Le fissava con un'intensità morbosa, cercando di immaginare i funebri segreti di quel terribile primo piano dove gli ammalati venivano confinati a morire; e si sentiva sollevato di sapersene così lontano. Sulla città scendevano intanto le ombre della sera. Ad una ad una le mille finestre del sanatorio si illuminavano; da lontano si sarebbe potuto pensare a un palazzo in festa. Solo al primo piano, laggiù in fondo al precipizio, decine e decine di finestre rimanevano cieche e buie.

Il risultato della visita medica generale rasserenò Giuseppe Corte. Incline di solito a prevedere il peggio, egli si era già in cuor suo preparato a un verdetto severo e non sarebbe rimasto sorpreso se il medico gli avesse dichiarato di doverlo assegnare al piano inferiore. La febbre infatti non accennava a scomparire, nonostante le condizioni generali si mantenessero buone. Invece il sanitario gli rivolse parole cordiali e incoraggianti. Un principio di male c'era – gli disse – ma leggerissimo; in due o tre settimane probabilmente tutto sarebbe passato.

«E allora resto al settimo piano?» gli aveva domandato ansiosamente Giuseppe Corte a questo punto.

«Ma naturalmente!» aveva risposto il medico battendogli amichevolmente una mano su una spalla. «E dove pensavate di dover andare? Al quarto forse?» chiese ridendo, come per alludere alla ipotesi più assurda.

«Meglio così, meglio così» fece il Corte. «Sapete? Quando si è ammalati si immagina sempre il peggio...»

Giuseppe Corte infatti rimase nella stanza che gli era stata assegnata originariamente. Imparò a conoscere alcuni dei compagni di ospedale, nei rari pomeriggi in cui gli veniva concesso d'alzarsi. Seguì con scrupolo la cura, e mise tutto il suo possibile impegno a guarire rapidamente; tuttavia le sue condizioni pareva rimanessero stazionarie.

Erano passati circa dieci giorni quando a Giuseppe Corte si presentò il capo-infermiere del settimo piano. Aveva da chiedere un favore in via puramente amichevole: il giorno dopo doveva entrare all'ospedale una signora con due bambini; due camere erano libere, proprio di fianco alla sua, ma mancava la terza; non avrebbe consentito il signor Corte a trasferirsi in un'altra camera, altrettanto confortevole?

Giuseppe Corte non fece naturalmente nessuna difficoltà; una camera o un'altra per lui erano lo stesso; gli sarebbe anzi toccata forse una nuova e più graziosa infermiera.

«Vi ringrazio di cuore» fece allora il capo-infermiere con un leggero inchino; «da una persona come voi confesso non mi stupisce un così gentile atto di cavalleria. Fra un'ora se non avete nulla in contrario, procederemo al trasloco. Guardate che bisogna scendere al piano di sotto» aggiunse con voce attenuata come se si trattasse di un particolare assolutamente trascurabile. «Purtroppo in questo piano non ci sono altre camere libere. Ma è una sistemazione provvisoria» si affrettò a specificare vedendo che Corte, rialzatosi di colpo a sedere, stava per aprir bocca in atto di protesta «una sistemazione assolutamente provvisoria. Appena resterà libera una stanza, e credo che sarà fra due o tre giorni, potrete tornare di sopra.»

«Vi confesso» disse Giuseppe Corte sorridendo, per dimostrare di non essere un bambino «vi confesso che un trasloco di questo genere non mi piace affatto.»

«Ma non ha alcun motivo medico questo trasloco; capisco benissimo quello che intendete dire; si tratta unicamente di una cortesia a questa signora che preferisce non rimaner separata dai suoi bambini... Per carità» aggiunse ridendo apertamente «non vi venga neppure in mente che ci siano altre ragioni!»

«Sarà» disse Giuseppe Corte «ma mi sembra di cattivo augurio.»

Il Corte così passò al sesto piano, e sebbene convinto che questo trasloco non corrispondesse affatto a un peggioramento del male, si sentiva a disagio al pensiero che tra lui e il mondo normale, della gente sana, già si frapponesse un netto ostacolo. Al settimo piano, porto d'arrivo, si era in un certo modo ancora in contatto con il consorzio degli uomini; esso si poteva anzi considerare quasi un prolungamento del mondo abituale. Ma al sesto già si entrava nel corpo autentico dell'ospedale; già la mentalità dei medici, delle infermiere e degli stessi ammalati era leggermente diversa. Già si ammetteva che a quel piano venivano accolti dei veri e propri ammalati, sia pure in forma non grave. Dai primi discorsi fatti con i vicini di stanza, con il personale e i sanitari, Giuseppe Corte si accorse infatti come in quel reparto il settimo piano venisse considerato come uno scherzo, riservato ad ammalati dilettanti, affetti più che altro da fisime; solo dal sesto, per così dire, si cominciava davvero.

Comunque Giuseppe Corte capì che per tornare di sopra, al posto che gli competeva per le caratteristiche del suo male, avrebbe certamente incontrato qualche difficoltà; per tornare al settimo piano egli doveva mettere in moto un complesso organismo, sia pure per uno sforzo minimo; non c'era dubbio che se egli non avesse fiatato, nessuno avrebbe pensato a trasferirlo di nuovo al piano superiore dei "quasi-sani".

Giuseppe Corte si propose perciò di non transigere sui suoi diritti e di non lasciarsi invischiare dall'abitudine. Ai compagni di reparto teneva molto a specificare di trovarsi con coloro soltanto per pochi giorni, ch'era stato lui a voler scendere d'un piano per fare un piacere a una signora, e che appena fosse rimasta libera una stanza sarebbe tornato di sopra. Gli altri annuivano con scarsa persuasione.

Il convincimento di Giuseppe Corte trovò piena conferma nel giudizio del nuovo medico. Anche questi ammetteva che Giuseppe Corte poteva benissimo essere assegnato al settimo piano; la sua forma era as-so-lu-ta-men-te leg-ge-ra – e scandiva tale definizione per darle importanza – ma in fondo riteneva che al sesto piano Giuseppe Corte forse potesse essere meglio curato.

«Non cominciamo con queste storie» interveniva a questo punto il malato con decisione «mi avete detto che il settimo piano è il mio posto; e voglio ritornarci.»

«Nessuno ha detto il contrario» ribatteva il dottore «il mio era un puro e semplice consiglio non da dot-to-re, ma da au-ten-ti-co a-mi-co! La vostra forma, vi ripeto, è leggerissima (non sarebbe esagerato dire che non siete nemmeno ammalato), ma secondo me si distingue da forme analoghe per una certa maggiore estensione. Mi spiego: l'intensità del male è minima, ma considerevole l'ampiezza; il processo distruttivo delle cellule» era la prima volta che Giuseppe Corte sentiva là dentro quella sinistra espressione «il processo distruttivo delle cellule è assolutamente agli inizi, forse non è neppure cominciato, ma tende, dico solo *tende*, a colpire contemporaneamente vaste porzioni dell'organismo. Solo per questo, secondo me, potete essere curato più efficacemente qui, al sesto piano, dove i metodi terapeutici sono più tipici ed intensi.»

Un giorno gli fu riferito che il direttore generale della casa, dopo essersi lungamente consultato con i suoi collaboratori, aveva deciso di cambiare la suddivisione dei malati. Il grado di ciascuno di essi – per così dire – veniva ribassato di un mezzo punto. Ammesso che in ogni piano gli ammalati fossero divisi, a seconda della loro gravità, in due categorie (questa suddivisione veniva effettivamente fatta dai rispettivi medici, ma ad uso esclusivamente interno), l'inferiore di queste due metà veniva d'ufficio traslocata a un piano più basso. Ad esempio, la metà degli ammalati del sesto piano, quelli con forme leggermente più avanzate, dovevano passare al quinto; e i meno leggeri del settimo passare al sesto. La notizia fece piacere a Giuseppe Corte perché, in un così complesso quadro di traslochi, il suo ritorno al settimo piano sarebbe riuscito più facile.

Quando accennò a questa sua speranza con l'infermiera egli ebbe però un'amara sorpresa. Seppe cioè che egli sarebbe stato traslocato, ma non al settimo bensì al piano di sotto. Per motivi che l'infermiera non poteva spiegargli, egli era stato compreso nella metà più "grave" degli ospiti del sesto piano e doveva perciò scendere al quinto.

Passata la prima sorpresa, Giuseppe Corte andò in furore; gridò che lo truffavano ignobilmente, che non voleva sentir parlare di altri traslochi in basso, che se ne sarebbe tornato a casa, che i diritti erano diritti e che l'amministrazione dell'ospedale non poteva trascurare così apertamente le diagnosi dei sanitari.

Mentre egli ancora gridava arrivò trafelato il medico per tranquillizzarlo. Consigliò al Corte di calmarsi se non avesse voluto veder salire la febbre, gli spiegò che era successo un malinteso, almeno parziale. Ammise ancora una volta che Giuseppe Corte sarebbe stato al suo giusto posto se lo avessero messo al settimo piano, ma aggiunse di avere sul suo caso un concetto leggermente diverso, se pure personalissimo. In fondo la sua malattia poteva, in un certo senso s'intende, essere anche considerata di sesto grado, data l'ampiezza delle manifestazioni morbose. Lui stesso però non riusciva a spiegarsi come il Corte fosse stato catalogato nella metà inferiore del sesto piano. Probabilmente il segretario della direzione, che proprio quella mattina gli aveva telefonato chiedendo l'esatta posizione clinica di Giuseppe Corte, si era sbagliato nel trascrivere. O meglio la direzione aveva di proposito leggermente "peggiorato" il suo giudizio, essendo egli ritenuto un medico esperto ma troppo indulgente. Il dottore infine consigliava il Corte di non inquietarsi, di subire senza proteste il trasferimento; quello che contava era la malattia, non il posto in cui veniva collocato un malato.

Per quanto si riferiva alla cura – aggiunse ancora il sanitario – Giuseppe Corte non avrebbe poi avuto da rammaricarsi; il medico del piano di sotto aveva certo più esperienza; era quasi dogmatico che l'abilità dei dottori andasse crescendo, almeno a giudizio della direzione, man mano che si scendeva. La camera era altrettanto comoda ed elegante. La vista ugualmente spaziosa: solo dal terzo piano in giù la visuale era tolta dagli alberi della cinta.

Giuseppe Corte, in preda alla febbre serale, ascoltava ascoltava le meticolose giustificazioni del dottore con una progressiva stanchezza. Alla fine si accorse che gli mancavano la forza e soprattutto la voglia di reagire ancora all'ingiusto trasloco. E si lasciò portare al piano di sotto.

L'unica, benché povera, consolazione di Giuseppe Corte, una volta che si trovò al quinto piano, fu di sapere che per giudizio concorde di medici, di infermieri e ammalati, egli era in quel reparto il meno grave di tutti. Nell'ambito di quel piano insomma egli poteva considerarsi di gran lunga il più fortunato. Ma d'altra parte lo tormentava il pensiero che oramai ben due barriere si frapponevano fra lui e il mondo della gente normale.

Procedendo la primavera, l'aria intanto si faceva più tepida, ma Giuseppe Corte non amava più come nei primi giorni affacciarsi alla finestra; benché un simile timore fosse una pura sciocchezza, egli si sentiva rimescolare tutto da uno strano brivido alla vista delle finestre del primo piano, sempre nella maggioranza chiuse, che si erano fatte assai più vicine.

Il suo male appariva stazionario. Dopo tre giorni di permanenza al quinto piano, si manifestò anzi sulla gamba destra un'espulsione cutanea che non accennò a riassorbirsi nei giorni successivi. Era un'affezione – gli disse il medico – assolutamente indipendente dal male principale; un disturbo che poteva capitare alla persona più sana del mondo. Ci sarebbe voluta, per eliminarlo in pochi giorni, una intensa cura di raggi digamma.

«E non si possono avere qui i raggi digamma?» chiese Giuseppe Corte.

«Certamente» rispose compiaciuto il medico «il nostro ospedale dispone di tutto. C'è un solo inconveniente...»

«Che cosa?» fece il Corte con un vago presentimento.

«Inconveniente per modo di dire» si corresse il dottore «volevo dire che l'installazione per i raggi si trova soltanto al quarto piano e io vi sconsiglierei di fare tre volte al giorno un simile tragitto.»

«E allora niente?»

«Allora sarebbe meglio che fino a che l'espulsione non sia passata aveste la compiacenza di scendere al quarto.»

«Basta!» urlò allora Giuseppe Corte. «Ne ho già abbastanza di scendere! Dovessi crepare, al quarto non ci vado!»

«Come credete» fece conciliante l'altro per non irritarlo, «ma quale medico curante, badate che vi proibisco di andar da basso tre volte al giorno.»

Il brutto fu che l'eczema, invece di attenuarsi andò lentamente ampliandosi. Giuseppe Corte non riusciva a trovare requie e continuava a rivoltarsi nel letto. Durò così, rabbioso, per tre giorni, fino a che dovette cedere. Spontaneamente pregò il medico di fargli fare la cura dei raggi e di essere trasferito perciò al piano inferiore.

Quaggiù il Corte notò, con inconfessato piacere, di rappresentare un'eccezione. Gli altri ammalati del reparto erano decisamente in condizioni molto serie e non potevano lasciare neppure per un minuto il letto. Egli invece poteva prendersi il lusso di raggiungere a piedi, dalla sua stanza, la sala dei raggi, fra i complimenti e la meraviglia delle stesse infermiere.

Al nuovo medico, egli precisò con insistenza la sua posizione specialissima. Un ammalato che in fondo aveva diritto al settimo piano veniva a trovarsi al quarto. Appena l'espulsione fosse passata, egli intendeva ritornare di sopra. Non avrebbe assolutamente ammesso alcuna nuova scusa. Lui, che sarebbe potuto trovarsi legittimamente ancora al settimo.

«Al settimo, al settimo!» esclamò sorridendo il medico che finiva proprio allora di visitarlo. «Sempre esagerati voi ammalati! Sono il primo io a dire che potete essere contento del vostro stato; a quanto vedo dalla tabella clinica, grandi peggioramenti non ci sono stati. Ma da questo a parlare di settimo piano – scusatemi la brutale sincerità – c'è una certa differenza! Voi siete uno dei casi meno preoccupanti, ne convengo, ma siete pur sempre un ammalato!»

«E allora, allora» fece Giuseppe Corte accendendosi tutto nel volto «voi a che piano mi mettereste?»

«Oh Dio, non è facile dire, non vi ho fatto che una breve visita, per poter pronunciarmi dovrei seguirvi per almeno una settimana.»

«Va bene» insistette Corte «ma pressapoco saprete.»

Il medico, per tranquillizzarlo, fece finta di concentrarsi un momento in meditazione; poi annuì con il capo a se stesso e lentamente disse: «Oh Dio! proprio per accontentarvi, ecco, potremmo in fondo mettervi al sesto! Sì sì», aggiunse come per persuadere se stesso. «Il sesto potrebbe andar bene.»

Il dottore credeva così di far lieto il malato. Invece sul volto di Giuseppe Corte si diffuse un'espressione di sgomento: si accorgeva, il malato, che i medici degli ultimi piani l'avevano ingannato; ecco questo nuovo dottore, evidentemente più abile e più onesto, che in cuor suo – era evidente – lo assegnava, non al settimo, ma al sesto piano, e forse al quinto inferiore! La delusione inaspettata prostrò il Corte. Quella sera la febbre salì sensibilmente.

La permanenza al quarto piano segnò per Giuseppe Corte il periodo più tranquillo dopo l'entrata all'ospedale. Il medico era persona simpaticissima, premurosa e cordiale; si tratteneva spesso anche per delle ore intere a chiacchierare degli argomenti più vari. E anche Giuseppe Corte discorreva volentieri, cercando argomenti che riguardassero la sua solita vita d'avvocato e d'uomo di mondo. Cercava di persuadersi di appartenere ancora al consorzio degli uomini sani, di essere ancora legato al mondo degli affari, di interessarsi dei fatti pubblici. Cercava, senza riuscirvi. Invariabilmente il discorso finiva sempre per cadere sulla malattia.

Il desiderio di un miglioramento qualsiasi era divenuto intanto per lui un'ossessione. Purtroppo i raggi digamma se erano riusciti ad arrestare il diffondersi dell'espulsione cutanea, non erano bastati ad eliminarla. Ogni giorno Giuseppe Corte ne parlava lungamente col medico e si sforzava di mostrarsi forte, anzi ironico, senza riuscirvi.

«Ditemi, dottore» chiese un giorno «come va il processo distruttivo delle mie cellule?»

«Oh, ma che brutte parole!» lo rimproverò scherzosamente il dottore. «Dove mai le avete imparate? Non sta bene, non sta bene, soprattutto per un malato! Mai più voglio sentire da voi discorsi simili.»

«Va bene» obiettò il Corte «ma così non mi avete risposto.»

«Oh, vi rispondo subito» fece il dottore cortese. «Il processo distruttivo delle cellule, per ripetere la vostra orribile espressione, è, nel vostro caso, minimo, assolutamente minimo. Ma sarei tentato di definirlo ostinato.»

«Ostinato, cronico vuol dire?»

«Non fatemi dire quello che non ho detto. Io voglio dire soltanto ostinato. Del resto sono così la maggioranza dei casi.

Affezioni anche lievissime spesso hanno bisogno di cure energiche e lunghe.»

«Ma ditemi, dottore, quando potrò sperare in un miglioramento?»

«Quando? Le predizioni in questi casi sono piuttosto difficili... Ma sentite» aggiunse dopo una pausa meditativa «vedo che avete una vera e propria smania di guarire... se non temessi di farvi arrabbiare, vi darei un consiglio...»

«Ma dite, dite pure, dottore...»

«Ebbene, vi pongo la questione in termini molto chiari. Se io, colpito da questo male in forma anche tenuissima, capitassi in questo sanatorio, che è forse il migliore che esista, mi farei assegnare spontaneamente, e fin dal primo giorno, fin dal primo giorno, capite? a uno dei piani più bassi. Mi farei mettere addirittura al...»

«Al primo?» suggerì con uno sforzato sorriso il Corte.

«Oh no! al primo no!» rispose ironico il medico «questo poi no! Ma al terzo o anche al secondo di certo. Nei piani inferiori la cura è fatta molto meglio, vi garantisco, gli impianti sono più completi e potenti, il personale è più abile. Voi sapete poi chi è l'anima di questo ospedale?»

«Non è il professore Dati?»

«Già, il professore Dati. È lui l'inventore della cura che qui si pratica, lui il progettista dell'intero impianto. Ebbene, lui, il maestro, sta, per così dire, fra il primo e il secondo piano. Di là irraggia la sua forza direttiva. Ma, ve lo garantisco io, il suo influsso non arriva oltre al terzo piano; più in là si direbbe che gli stessi suoi ordini si sminuzzino, perdano di consistenza, deviino; il cuore dell'ospedale è in basso e in basso bisogna stare per avere le cure migliori.»

«Ma insomma» fece Giuseppe Corte con voce tremante «allora mi consigliate...»

«Aggiungete una cosa» continuò imperterrito il dottore «aggiungete che nel vostro caso particolare ci sarebbe da badare anche all'espulsione. Una cosa di nessuna importanza, ne convengo, ma piuttosto noiosa, che a lungo andare potrebbe deprimere il "morale"; e voi sapete quanto sia importante per la guarigione la serenità di spirito. Le applicazioni di raggi che io vi ho fatte sono riuscite solo a metà fruttuose. Il perché? Può darsi che sia un puro caso, ma può darsi anche che i raggi non siano abbastanza intensi. Ebbene, al terzo piano le macchine dei raggi sono molto più potenti. Le probabilità di guarire l'eczema sarebbero molto maggiori. Poi, vedete? una volta avviata la guarigione, il passo più difficile è fatto. Quando si comincia a risalire, è poi difficile tornare ancora indietro. Quando vi sentirete davvero meglio, allora nulla vi impedirà di risalire qui da noi o anche più in su, secondo i vostri "meriti", anche al quinto, al sesto, persino al settimo oso dire...»

«E credete che questo potrà accelerare la cura?»

«Ma non ci può essere dubbio! Vi ho già detto che cosa farei io nei vostri panni.»

Discorsi di questo genere il dottore ne faceva ogni giorno. Venne infine il momento in cui il malato, stanco di patire per l'eczema, nonostante l'istintiva riluttanza a scendere nel regno dei casi sempre più gravi, decise di seguire il consiglio e si trasferì al piano di sotto.

Notò subito al terzo piano che nel reparto regnava una speciale gaiezza, sia nel medico, sia nelle infermiere, sebbene laggiù fossero in cura ammalati molto preoccupanti. Rilevò anzi che di giorno in giorno questa gaiezza andava aumentando: incuriosito, dopo che ebbe preso un po' di confidenza con l'infermiera, domandò come mai in quel piano fossero tutti così allegri.

«Ah, non lo sapete?» rispose l'infermiera «fra tre giorni andiamo in vacanza.»

«Come: andiamo in vacanza?»

«Ma sì. Per quindici giorni, il terzo piano si chiude e il personale se ne va a spasso. Il riposo tocca a turno ai vari piani.»

«E i malati? come fate?»

«Siccome ce n'è relativamente pochi, di due piani se ne fa uno solo.»

«Come? riunite gli ammalati del terzo e del quarto?»

«No, no» corresse l'infermiera «del terzo e del secondo. Quelli che sono qui dovranno discendere da basso.»

«Discendere al secondo?» fece Giuseppe Corte, pallido come un morto. «Io dovrei così scendere al secondo?»

«Ma certo. E che cosa c'è di strano? Quando torniamo, fra quindici giorni, ritornerete in questa stanza. Non mi pare che ci sia da spaventarsi.»

Invece Giuseppe Corte – misterioso istinto lo avvertiva – fu invaso dalla paura. Ma visto che non poteva impedire al personale di andare in vacanza, convinto che la nuova cura di raggi gli facesse bene (l'eczema si era quasi completamente riassorbito) non osò opporsi al nuovo trasferimento. Pretese però, nonostante i motteggi delle infermiere, che sulla porta della sua nuova stanza fosse attaccato un cartello con su scritto: "Giuseppe Corte, del terzo piano, di passaggio". Ciò non trovava precedenti nella storia del sanatorio, ma i medici non si opposero, pensando che in un temperamento nervoso quale il Corte anche piccole contrarietà potessero provocare una scossa.

Si trattava in fondo di aspettare quindici giorni, né uno di più, né uno di meno. Giuseppe Corte si mise a contarli con avidità ostinata, restando per ore intere immobile sul letto, gli occhi fissi sui mobili, che al secondo piano non erano più così moderni e gai come nei reparti superiori, ma assumevano dimensioni più grandi e linee più solenni e severe. E di tanto in tanto aguzzava le orecchie poiché gli pareva di udire al piano di sotto, il piano dei moribondi, il reparto dei "condannati", vaghi rantoli di agonie.

Tutto questo naturalmente contribuiva a intristirlo. E la minore serenità sembrava fomentare la malattia, la febbre tendeva ad aumentare, la debolezza si faceva più fonda. Dalla finestra – si era ormai in piena estate e i vetri si tenevano quasi sempre aperti – non si scorgevano più i tetti e neppure le case della città, ma soltanto la muraglia verde degli alberi che circondavano l'ospedale.

Dopo sette giorni, un pomeriggio verso le due, entrarono

improvvisamente il capo-infermiere e tre infermieri, che spingevano un lettuccio a rotelle. «Siamo pronti per il trasloco?» domandò in tono di bonaria celia il capo-infermiere.

«Che trasloco?» domandò con voce stentata Giuseppe Corte «che altri scherzi sono questi? Non tornano fra sette giorni quelli del terzo piano?»

«Che terzo piano?» disse il capo-infermiere come se non capisse «io ho avuto l'ordine di condurvi al primo, guardate qua» e fece vedere un modulo stampato per il passaggio al piano inferiore firmato nientemeno che dallo stesso professore Dati.

Il terrore, la rabbia infernale di Giuseppe Corte esplosero in lunghe grida che riecheggiarono per tutto il reparto. «Adagio, adagio per carità» supplicarono le infermiere «ci sono dei malati che non stanno bene!» Ma ci voleva altro per calmarlo.

Finalmente accorse il medico che dirigeva il reparto, una persona gentilissima e molto educata. Si informò, guardò il modulo, si fece spiegare dal Corte. Poi si rivolse incollerito al capo-infermiere, dichiarando che c'era stato uno sbaglio, lui non aveva dato alcuna disposizione del genere, da qualche tempo c'era una insopportabile confusione, lui veniva tenuto all'oscuro di tutto... Infine, detto il fatto suo al dipendente, si rivolse, in tono cortese, al malato, scusandosi profondamente.

«Purtroppo però» aggiunse il medico «purtroppo il professor Dati proprio un'ora fa è partito per una breve licenza, non tornerà che fra due giorni. Sono assolutamente desolato, ma i suoi ordini non possono essere trasgrediti. Sarà lui il primo a rammaricarsene, ve lo garantisco... un errore simile! Non capisco come possa essere accaduto!»

Ormai un pietoso tremito aveva preso a scuotere Giuseppe Corte. La capacità di dominarsi gli era completamente sfuggita. Il terrore l'aveva sopraffatto come un bambino. I suoi singhiozzi risuonavano per la stanza.

Giunse così, per quell'esecrabile errore, all'ultima stazione. Nel reparto dei moribondi lui, che in fondo, per la gravità del male, a giudizio dei medici più severi, aveva il diritto di essere assegnato al sesto, se non al settimo piano! La situazione era talmente grottesca che in certi istanti Giuseppe Corte sentiva quasi la voglia di sghignazzare senza ritegno.

Disteso nel letto, mentre il caldo pomeriggio d'estate passava lentamente sulla città, egli guardava il verde degli alberi attraverso la finestra, con l'impressione di essere giunto in un mondo irreale, fatto di assurde pareti a piastrelle sterilizzate, di gelidi androni mortuari, di bianche figure umane vuote di anima. Gli venne persino in mente che anche gli alberi che gli sembrava di scorgere attraverso la finestra non fossero veri: finì anzi per convincersene, notando che le foglie non si muovevano affatto.

Questa idea lo agitò talmente, che il Corte chiamò col campanello l'infermiera e si fece porgere gli occhiali da miope, che in letto non adoperava; solo allora riuscì a tranquillizzarsi un poco: con l'aiuto delle lenti poté assicurarsi che erano proprio alberi veri e che le foglie, sia pur leggermente, ogni tanto erano mosse dal vento.

Uscita che fu l'infermiera, passò un quarto d'ora di completo silenzio. Sei piani, sei terribili muraglie, sia pure per un errore formale, sovrastavano adesso Giuseppe Corte con implacabile peso. In quanti anni – sì, bisognava pensare proprio ad anni – in quanti anni egli sarebbe riuscito a risalire fino all'orlo di quel precipizio?

Ma come mai la stanza si faceva improvvisamente così buia? Era pur sempre pomeriggio pieno. Con uno sforzo supremo Giuseppe Corte, che si sentiva paralizzato da uno strano torpore, guardò l'orologio, sul comodino, di fianco al letto. Erano le tre e mezzo. Voltò il capo dall'altra parte e vide che le persiane scorrevoli, obbedienti a un misterioso comando, scendevano lentamente, chiudendo il passo alla luce.

Temporale sul fiume

Le canne acquatiche, le erbe della riva, i piccoli cespugli di salici e gli alberi grandi videro giungere anche quella domenica di settembre il signore attempato vestito di bianco.

Tanti anni prima – solo i tronchi più vecchi lo ricordano vagamente – uno sconosciuto aveva cominciato a pescare in quell'ansa solitaria del fiume dove le acque sono calme e profonde. Tutte le feste, nelle buone stagioni, tornava puntualmente.

Un giorno non era venuto più solo; era con lui un bambino che giocava tra le piante e aveva una piccola voce chiara. Lentamente erano passati gli anni: il signore sempre più stanco, il fanciullo sempre più grande. E alla fine, una domenica di primavera, il vecchio più non comparve. Arrivò solo il giovanetto che si mise a pescare, solo.

Poi il tempo continuò a consumarsi. Il giovanetto, che tornava di quando in quando, perse quella sua voce limpida, cominciò anche lui ad invecchiare. Ma pure lui un giorno tornò accompagnato.

Una lunga storia a cui tutto il bosco è affezionato. Il secondo fanciullo divenne grande e suo padre non si fece più vedere. Tutto questo poi si è confuso nella memoria delle piante. Da qualche anno i pescatori sono ancora due. Anche il mese passato, con il signore vestito di bianco è venuto il bambino, che si è seduto con la sua piccola canna ed ha cominciato a pescare.

Le piante li rivedono volentieri, li aspettano anzi tutta la settimana, in quella gran noia del fiume. Si divertono ad osservarli; a sentire i discorsi del bambino, la sua voce fine che risuona così bene tra le foglie; a vederli immobili tutti e due, seduti sulla riva, tranquilli come il fiume stagnante, mentre sopra passano le nubi.

Qualche insetto volante ha riferito che padre e figlio abitano in una grande casa sul colle vicino. Ma il bosco con esattezza non sa chi siano. Sa però che tutte le cose hanno il loro giro, che presto o tardi anche il signore anziano non potrà più tornare e lascerà venire il giovanetto solo.

Anche oggi, alla solita ora, si è sentito il rumore di foglie smosse. Si è udito un passo avvicinare. Ma il signore è comparso solo, un po' curvo, un po' magro e stanco. Si è diretto alla piccola capanna, mezza nascosta tra le fronde, dove da tempo immemorabile si conservano gli arnesi da pesca. Questa volta il signore si ferma più del solito, a frugare tra le vecchie cose, nella casetta silenziosa.

Ora tutto è immobile e quieto; la campana della chiesa vicina ha finito di suonare. Il pescatore si è levata la giacca; seduto ai piedi di un pioppo, tenendo la sua canna, lasciando pendere la lenza nell'acqua, forma una macchia bianca tra il verde. Nel cielo ci sono due grandi nuvole, una a muso di cane, l'altra a forma di bottiglia.

Il bosco è impazientito perché il bimbo non viene. Le piante acquatiche le altre volte si agitavano apposta per spaventare i pesci e mandarli al piccolo pescatore. Dà ai nervi anzi quell'uomo solo con quella faccia sciupata e pallida. Ma anche se i pesci non vengono il signore non si indispettisce. Tenendo ferma la canna si guarda attorno lentamente.

Le canne in riva al fiume ora badano a un grosso trave squadrato. Si è impigliato tra le erbe e ne approfitta per fare un racconto; spiega che lui apparteneva a un ponte, che si è stancato di quella fatica, ha ceduto per rabbia al peso, facendo crollare tutto quanto. Le canne stanno a sentire, poi mormorano tra loro qualcosa, allargano attorno un brusìo che si propaga per il prato fino ai rami degli alberi e si diffonde col vento.

Il pescatore ora alza il capo, si guarda attorno come se avesse sentito anche lui. Giungono dalla vicina capanna due tre piccoli colpi secchi, di origine misteriosa. Nell'interno è rimasta rinchiusa una vecchia mosca. Si è smarrita e gira incerta per la stanza. Ogni tanto si ferma e sta ad ascoltare. Le sue compagne sono scomparse. Chissà dove sono andate. Strana quest'aria pesante.

La mosca non si rende conto che è autunno, batte da una parte e dall'altra. Si sentono i piccoli tonfi del suo corpo grasso che urta contro la finestrella. In fondo, non c'è ragione perché le altre se ne siano andate. Si scorge attraverso i vetri una nuvola da temporale.

Il signore ha acceso un sigaro. Ogni tanto su dai rami sale un soffio di fumo azzurro. Il bimbo oramai non verrà, il pomeriggio è troppo avanti. La mosca finalmente è riuscita a fuggire dalla capanna. Il sole è scomparso tra le nubi. Poco fa il vento ha urtato il trave, lo ha smosso dalle canne, spingendolo nelle acque libere. Il racconto è rimasto interrotto. Il legno si allontana, condannato a marcire nel mare.

Il temporale si forma, ma il pescatore non si è mosso, sempre immobile, con la schiena appoggiata al tronco. Dal sigaro, lasciato cadere acceso sul prato, fugge via il fumo strappato dal vento. Le nuvole diventate nere lasciano scendere un po' di pioggia. Si formano nell'acqua, qua e là, dei cerchi precisi che si allargano man mano. Nella capanna vicina si ripetono più insistenti quegli inesplicabili colpi. Chissà perché il signore non se ne va. Una goccia ha colpito proprio il tizzone del sigaro e lo ha spento con un sottile rumore.

Da una crepa del cielo, a occidente, arriva una luce fredda e bianca da agguati. Il vento batte sugli alberi, ne cava fuori una voce forte; muove anche la giacca bianca lasciata appesa ad un ramo. Ora gli alberi grandi, i piccoli cespugli di salici, le erbe della riva e le piante acquatiche cominciano a capire. Pare che il pescatore si sia addormentato, nonostante i tuoni si avanzino dal fondo dell'orizzonte. La sua testa è piegata in avanti, il mento preme contro il petto.

Le erbe immerse nell'acqua allora si agitano per spaventare i pesci e mandarli, come le altre volte, verso la lenza. Ma la canna del pescatore, non più trattenuta, ormai si è abbassata lentamente; la cima è già immersa nell'acqua. Urtandovi contro, la placida corrente si increspa appena appena.

L'uomo che si dava arie

L'umiltà del dottore Antonio Deroz cominciò a declinare verso la fine dell'anno, quando la stagione secca regnava sul bassopiano con grandissimo sole. Antonio Deroz era un nuovo medico dell'ospedale e alla fine di febbraio scadeva il suo periodo di prova. Era zelante e preciso ma nessuno l'aveva preso sul serio, forse proprio per la sua aria dimessa di uomo che si sente generalmente inferiore, sempre servizievole, mai seduto se qualcuno era in piedi. Lo vidi parecchie volte, passando per la cittadina, ma non mi ricordo più la sua faccia, per quanto mi sforzi.

L'umiltà sua scomparve progressivamente nello spazio di pochi giorni durante i quali tuttavia egli sembrava deperire, la sua faccia facendosi sempre più magra. Era smilzo, di statura media. Quando il professore Dominici, parassitologo, lo fece chiamare per avere da lui certi medicinali, Deroz mandò a dire che non aveva tempo. La risposta fu proprio questa e parve incredibile perché fino allora un sorriso benevolo del professore Dominici bastava a farlo arrossire di gioia. (Il parere di Dominici avrebbe avuto grande importanza per la sua convalida al posto dell'ospedale; e per ingraziarselo il giovane medico gli portava molto spesso zanzare, zecche, pidocchi. Ma di solito senza successo. Lo scienziato riceveva il materiale come tributo doveroso e per lo più derideva Deroz con arguzie tecniche, facendogli capire che perdeva tempo per niente. Data una breve occhiata agli insetti, rovesciava i tubetti di vetro lasciando cadere le bestiole a terra e le schiacciava coi piedi.)

Il Dominici, avuta la risposta, credette in un malinteso e

mandò di nuovo il servo nero a chiamare Deroz. Questa volta ebbe un bigliettino che diceva così: "Caro professore, le fiale da voi richieste sono finite. Mi dispiace di non potere venire da voi, ma ho parecchio da fare. Arrivederci". Lo scienziato sorrise con un certo sforzo (sebbene nessuno lo vedesse) e stracciò la carta. Gli era dato di volta il cervello a quel disgraziato di Deroz? Al professore Dominici un nudo e crudo "arrivederci"? Avrebbe pensato lui, nella prossima occasione, a ristabilire le distanze. E pensare che la carriera del giovanotto era nelle sue mani. Sarebbe bastata una parolina con l'ispettore di Sanità, una frase lasciata cadere come per caso. O che invece Deroz si sentisse male? Che gli fosse venuta la febbre?

No, non gli era venuta la febbre. Alla sera, quando il sole stava per immergersi nell'orizzonte desolato di rupi, il dottore Deroz comparve al Caffè Antinea vestito tutto di bianco, con camicia di seta e cravatta, come non era mai avvenuto. Sedette a un tavolino accavallando le gambe, accese una sigaretta e si mise a fissare il muro della casa di fronte (che aveva le grate chiuse) come discorresse con sé di argomenti grati. Un sorriso infatti gli illuminava il volto stanco.

«Deroz! E perché non siete venuto?» gli gridò improvvisamente alle spalle il professore Dominici che arrivava in compagnia di due amici.

Lui volse appena un poco la testa, senza accennare ad alzarsi, e disse semplicemente: «Non ho potuto, professore. Non ho proprio potuto». Poi riprese a fissare il muro della casa di fronte che lo aveva fino allora affascinato.

«Che vi salta in mente, Deroz?» ribatté lo scienziato, acre. «È il modo di rispondere questo? Vi rendete conto? Dite: vi rendete conto?» E i due amici guardavano il giovanotto con occhi non buoni, pregustando la sua mortificazione.

Soltanto allora Deroz si alzò in piedi e lo fece adagio, appoggiandosi con una mano al tavolino verniciato di rosso su cui era scritto: "Bevete il bitter Leopardi". Poi si mise a ridere non villanamente, in tono aperto e gioviale, di chi sa stare allo scherzo. Batté una mano sulla spalla dello scienziato con una certa energia: «Magnifico!» esclamò. «Sapete che a momenti credevo faceste sul serio? Ma sedete, sedete, posso offrirvi un aperitivo?»

«Ma, dico... non poss... non poss...» balbettò Dominici, interdetto, e si mise a sedere meccanicamente insieme con gli altri due. Qualche cosa doveva essere successo perché Deroz osasse trattarlo così. Che gli fosse stato assegnato un alto incarico? Era il caso di dargli una lezione? O era più prudente aspettare?

Fece finta di niente: «Volevo avvertirvi, Deroz» e assumeva il suo classico tono accademico, che di solito faceva effetto, «tra quindici giorni bisognerà prendere gli indici splenici giù ai pozzi di Allibad, dovreste usarmi la cortesia...».

«Tra quindici giorni» interruppe Deroz «io non ci sarò più. O, per essere più precisi, sarò piuttosto lontano.»

«Ve n'andate?» chiese l'altro, sorpreso gradevolmente. «Ve n'andate in Italia? Ci lasciate dunque?»

Sorrise il giovane medico in tono amaro e insieme di compatimento: «Oh, non in Italia! Un viaggio soltanto, un viaggetto abbastanza lungo». E si passò la destra sulla fronte come si sentisse sfinito.

Dominici si oscurò nuovamente: dunque non si trattava di rimpatrio, di punizione, di esonero dal servizio; forse era un viaggio ufficiale, invece, una missione vera e propria.

«Per incarico del Governo? Non mi avevate detto, Deroz» fece allora con aria di affettuoso rimprovero, quasi accampando per titoli di amicizia una precedenza nel sapere il segreto.

«Un incarico, sì» disse Deroz evasivo. «Si può anche chiamare un incarico. Disposizioni di autorità superiore...»

C'erano due grandi nubi nel cielo, ancora illuminate dal sole, mentre la terra già si ricopriva di ombre. Esse avevano forme abbastanza usuali, ma dai bordi inferiori frange nere pendevano, che ogni tanto si afflosciavano sulla superficie del mondo.

«Non voglio neanche sapere» replicò Dominici risentito. «Ma da che parte? Potrete dire almeno da che parte?»

«Ancora non so con precisione» disse Deroz fissando bene in faccia il professore con atto pressoché insolente. «Ma credo pressapoco laggiù.»

I tre lo guardavano stupefatti. Ed egli si levò in piedi, facendosi quasi in mezzo alla via, di modo che le case non gli togliessero la visuale, lentamente additò le terre del settentrione, il deserto, le pianure non valicabili. Restò così fermo con la destra tesa, eccezionalmente bianco ai riflessi smorti delle lampadine del Caffè Antinea.

«Ah, una missione nel deserto?» insisteva Dominici, letteralmente strisciando ai suoi piedi con la sua anima meschina. «Una delle solite ispezioni, vero? E verrà qualcuno dell'Ispettorato con voi?»

Deroz scosse il capo: «No, no» disse. «Credo proprio che dovrò andarmene solo.»

Dette queste parole barcollò improvvisamente come se un essere invisibile, correndo lungo la via, gli avesse dato uno spintone. Poco mancava che andasse a terra, ma poi si riprese e tornò a sedersi al tavolino.

Il giorno dopo, al Governo, Dominici cercò di sondare il terreno. Ma del viaggio di Deroz nessuno sapeva niente. L'ispettore di Sanità tra l'altro disse: «Mi pare disorientato, quel giovanotto. Ho paura che non resista. Ci sono molti del resto che non reggono al clima». Parole significative che fecero piacere a Dominici: tra non molto – pensava – quell'insolente avrebbe avuto la meritata lezione.

Ma intanto il contegno di Deroz peggiorava, facendosi addirittura altezzoso. Non salutava quasi mai per primo, faceva finta di non sentire quando gli parlavano, la sera se ne restava in casa a riempire certe cassette di legno adatte per viaggio in carovana.

E alla fine, in un pomeriggio molto caldo, si presentò al professore Dominici per prendere commiato. Era vestito più che mai di bianco e si appoggiava a un bastone. I piedi si trascinavano sul terreno come lumache, ciò a che a Dominici parve soltanto una posa.

«Professore, vengo a salutarvi» disse. «L'ordine non mi è ancora arrivato ma credo che partirò questa notte, poco prima dell'alba, alle cinque e mezza, credo.»

«Non voglio sapere niente» rispose Dominici gelido. «Teneteveli, i vostri segreti. E buon viaggio...» Fece quindi un piccolo sogghigno, sicuro oramai che il viaggio famoso non fosse che uno stupido scherzo.

Un breve colpo di tosse si udì nello studio pieno di grafici e strumenti, poi la voce tranquilla del medico Antonio Deroz: «Professore, perché sogghignate? Non fatelo, per favore».

Si voltò, raggiunse la porta, appoggiandosi tutto al bastone; o lo faceva apposta o stentava davvero a reggersi in piedi. «Maledetto impostore!» mormorò tra i denti Dominici, badando a non farsi sentire.

«Avete detto qualche cosa, professore?» chiese Deroz fermandosi sulla soglia.

«Se fossi in voi aspetterei» rispose l'altro, per incrudelire. «Voi non state bene, ve l'assicuro. Avete una faccia cadaverica oggi, proprio cadaverica.»

«Proprio così, professore? Aspettereste a partire se foste in me? Eh, voi siete bravo, professore, voi sapete molte cose» fu il commento di Deroz, privo di qualsiasi rancore. Scomparve dietro lo stipite della porta, i suoi passi incerti poco dopo non si udirono più.

Quindi si iniziò la notte, periodo di tenebre relativamente breve paragonato al cammino dei mondi, ma abbastanza considerevole nella circostanza attuale; non consolata dal lume di luna ma dal solo luccichìo delle stelle, sparse a miriadi nella cupola. Essa passava placidamente sulla piccola città coloniale, sui deserti circostanti, sui misteriosi cimiteri delle montagne (pur rimanendo accesa una finestra nella casa del dottore Deroz). Bisogna aspettare le cinque del mattino per assistere a cose nuove: a quell'ora si ode infatti un passo avvicinarsi alla casa ed ecco, alle luci gialle dei lampioni residenziali, la lunga figura del professore Dominici.

Egli non era tuttavia solo ma accompagnato da due amici. E insieme si proponevano di ridere alle spalle di un uomo che simulava grandi viaggi dandosi arie, e invece, probabilmente, era soltanto ubriaco, disteso su una poltrona, per dimenticare le miserie della vita.

Essi dunque si avvicinarono alla casa, sebbene i loro passi

risonassero con eco spaventosa tra le mura addormentate. Tutto era immobile e tranquillizzante. Un cane randagio dormiva dinanzi alla porta. Né vi erano autocarri in attesa, autoveicoli carichi di viveri, casse e medicinali, come sarebbero occorsi per una spedizione attraverso i deserti. Nessun dubbio quindi che il viaggio di Deroz fosse una fantasia ridicola, atta a ricadere su di lui con molta vergogna.

Verso la strada le finestre erano chiuse e spente; dalla parte opposta invece ce n'era una illuminata. E bisogna notare che dietro alla casa cominciava immediatamente la boscaglia, cosicché, inoltrandosi in quella direzione, presto o tardi si raggiungeva la scabra solitudine dei deserti; il cui mistero in un certo senso dilagava quindi fino all'edificio, come onda sulla scogliera.

Accortosi della finestra accesa, il professore Dominici girò dietro alla casa e alzandosi sulla punta dei piedi guardò attraverso la grata. Senza chiedere permesso egli osò guardare nell'interno dell'abitazione, contaminando la notte stessa che era venuta da molto lontano, coi suoi passi meravigliosi e si era chiusa là dentro, a conforto esclusivo del giovane medico.

La presenza della notte era tuttavia elemento troppo sottile perché Dominici potesse accorgersene. Egli vide al contrario Deroz disteso su una poltrona (come aveva previsto), apparentemente assopito. Sopra di lui, sul muro, pendeva una testa di antilope imbalsamata; al posto degli occhi mancavano però le solite emisfere di vetro cosicché le orbite risultavano vuote e sgradevolmente pensierose. Il giovane medico era avvolto in una vestaglia di seta e varie zanzare giravano intorno al suo capo, con volo continuo, senza mai osare toccarlo: tanto si era accresciuto nelle ultime ore il suo prestigio.

Questo particolare delle zanzare naturalmente sfuggiva al professore Dominici che gongolava dal gusto, ripromettendosi molte risate. «Che razza di buffone!» esclamò a bassa voce, convinto che Deroz si fosse semplicemente ubriacato. E si chinò a terra con l'intenzione di raccogliere un sasso da gettare nell'interno della stanza, quando uno dei compagni lo afferrò per un braccio con apprensione.

Si era infatti aperta la porta retrostante della casa e ne era uscito, non si sapeva come, il dottore Deroz medesimo. Era vestito di bianco come negli ultimi giorni ma, certo per un curioso effetto ottico, appariva molto diverso dalla immagine solita, pur tenuto conto delle tenebre. I suoi contorni anche, a causa di una specie di fosforescenza, sfuggivano a un preciso controllo, quasi fossero di fumo.

Dapprima Dominici pensò che il medico, accortosi della visita indesiderata, cercasse di eclissarsi, per evitare la baia. E perciò si mise a gridare senza ritegno, nel pieno santuario della notte: «Deroz! Deroz! Dove scappate?». La sua voce però si spense nel modo più miserevole perché il giovane, anziché voltarsi al richiamo, si avviava verso la boscaglia, col suo nuovo passo disdegnoso e ferma determinazione; egli non strascicava i piedi né adoperava il bastone; un sentimento indicibile si sprigionava da lui e lo stesso Dominici ne fu sopraffatto, avendo finalmente compreso che proprio quella era la partenza per il viaggio famoso, che Deroz non sarebbe tornato più indietro ma a piedi si sarebbe spinto indefinitamente al nord, verso le massime lontananze, simile a un pezzente o a un dio.

Egli se n'andava solo, tra le ragnatele delle acacie spinose, pallido sembiante, in direzione delle città a noi sconosciute; pure un alone di genii benigni lo seguiva, corteo misericordioso, sussurrandogli parole gentili ed attributi onorifici come: «Per di qua, a destra, prego, Eccellenza! Attento a quella buca! Molto agile davvero, Eccellenza!». In quanto al professore Dominici, appena vide sparire l'ambigua figura, entrò con avidità poliziesca nella casa. Dove, naturalmente, rinvenne disteso sulla poltrona, sotto la pensierosa testa di antilope, il corpo corruttibile del dottore Deroz, troppo gracile e insieme troppo pesante per poter accompagnare il padrone nel lungo viaggio.

Il mantello

Dopo interminabile attesa quando la speranza già cominciava a morire, Giovanni ritornò alla sua casa. Non erano ancora suonate le due, sua mamma stava sparecchiando, era una giornata grigia di marzo e volavano cornacchie.

Egli comparve improvvisamente sulla soglia e la mamma gridò: «Ah benedetto!» correndo ad abbracciarlo. Anche Anna e Pietro, i due fratellini molto più giovani, si misero a gridare di gioia. Ecco il momento aspettato per mesi e mesi, così spesso balenato nei dolci sogni dell'alba, che doveva riportare la felicità.

Egli non disse quasi parola, troppa fatica costandogli trattenere il pianto. Aveva subito deposto la pesante sciabola su una sedia, in testa portava ancora il berretto di pelo. «Lasciati vedere» diceva tra le lacrime la madre, tirandosi un po' indietro «lascia vedere quanto sei bello. Però sei pallido, sei.»

Era alquanto pallido infatti e come sfinito. Si tolse il berretto, avanzò in mezzo alla stanza, si sedette. Che stanco, che stanco, perfino a sorridere sembrava facesse fatica.

«Ma togliti il mantello, creatura» disse la mamma, e lo guardava come un prodigio, sul punto d'esserne intimidita; com'era diventato alto, bello, fiero (anche se un po' troppo pallido). «Togliti il mantello, dammelo qui, non senti che caldo?»

Lui ebbe un brusco movimento di difesa, istintivo, serrandosi addosso il mantello, per timore forse che glielo strappassero via.

53

«No, no lasciami» rispose evasivo «preferisco di no, tanto, tra poco devo uscire...»

«Devi uscire? Torni dopo due anni e vuoi subito uscire?» fece lei desolata, vedendo subito ricominciare, dopo tanta gioia, l'eterna pena delle madri. «Devi uscire subito? E non mangi qualcosa?»

«Ho già mangiato, mamma» rispose il figliolo con un sorriso buono, e si guardava attorno assaporando le amate penombre. «Ci siamo fermati a un'osteria, qualche chilometro da qui...»

«Ah, non sei venuto solo? E chi c'era con te? Un tuo compagno di reggimento? Il figliolo della Mena forse?»

«No, no, era uno incontrato per via. È fuori che aspetta, adesso.»

«È lì che aspetta? E perché non l'hai fatto entrare? L'hai lasciato in mezzo alla strada?»

Andò alla finestra e attraverso l'orto, di là del cancelletto di legno, scorse sulla via una figura che camminava su e giù lentamente; era tutta intabarrata e dava sensazione di nero. Allora nell'animo di lei nacque, incomprensibile, in mezzo ai turbini della grandissima gioia, una pena misteriosa ed acuta.

«È meglio di no» rispose lui, reciso. «Per lui sarebbe una seccatura, è un tipo così.»

«Ma un bicchiere di vino? glielo possiamo portare, no, un bicchiere di vino?»

«Meglio di no, mamma. È un tipo curioso, è capace di andar sulle furie.»

«Ma chi è allora? Perché ti ci sei messo insieme? Che cosa vuole da te?»

«Bene non lo conosco» disse lui lentamente e assai grave. «L'ho incontrato durante il viaggio. È venuto con me, ecco.»

Sembrava preferisse altro argomento, sembrava se ne vergognasse. E la mamma, per non contrariarlo, cambiò immediatamente discorso, ma già si spegneva nel suo volto amabile la luce di prima.

«Senti» disse «ti figuri la Marietta quando saprà che sei

tornato? Te l'immagini che salti di gioia? È per lei che volevi uscire?»

Egli sorrise soltanto, sempre con quell'espressione di chi vorrebbe essere lieto eppure non può, per qualche segreto peso.

La mamma non riusciva a capire: perché se ne stava seduto, quasi triste, come il giorno lontano della partenza? Ormai era tornato, una vita nuova davanti, un'infinità di giorni disponibili senza pensieri, tante belle serate insieme, una fila inesauribile che si perdeva di là delle montagne, nelle immensità degli anni futuri. Non più le notti d'angoscia quando all'orizzonte spuntavano bagliori di fuoco e si poteva pensare che anche lui fosse là in mezzo, disteso immobile a terra, il petto trapassato, tra le sanguinose rovine. Era tornato, finalmente, più grande, più bello, e che gioia per la Marietta. Tra poco cominciava la primavera, si sarebbero sposati in chiesa, una domenica mattina, tra suono di campane e fiori. Perché dunque se ne stava smorto e distratto, non rideva più, perché non raccontava le battaglie? E il mantello? Perché se lo teneva stretto addosso, col caldo che faceva in casa? Forse perché, sotto, l'uniforme era rotta e infangata? Ma con la mamma, come poteva vergognarsi di fronte alla mamma? Le pene sembravano finite, ecco invece subito una nuova inquietudine.

Il dolce viso piegato un po' da una parte, lo fissava con ansia, attenta a non contrariarlo, a capire subito tutti i suoi desideri. O era forse ammalato? O semplicemente sfinito dai troppi strapazzi? Perché non parlava, perché non la guardava nemmeno?

In realtà il figlio non la guardava, egli pareva anzi evitasse di incontrare i suoi sguardi come se ne temesse qualcosa. E intanto i due piccoli fratelli lo contemplavano muti, con un curioso imbarazzo.

«Giovanni» mormorò lei non trattenendosi più. «Sei qui finalmente, sei qui finalmente! Aspetta adesso che ti faccio il caffè.»

Si affrettò alla cucina. E Giovanni rimase coi due fratelli tanto più giovani di lui. Non si sarebbero neppure riconosciuti

55

se si fossero incontrati per la strada, che cambiamento nello spazio di due anni. Ora si guardavano a vicenda in silenzio, senza trovare le parole, ma ogni tanto sorridevano insieme, tutti e tre, quasi per un antico patto non dimenticato.

Ed ecco tornare la mamma, ecco il caffè fumante con una bella fetta di torta. Lui vuotò d'un fiato la tazza, masticò la torta con fatica. "Perché? Non ti piace più? Una volta era la tua passione!" avrebbe voluto domandargli la mamma, ma tacque per non importunarlo.

«Giovanni» gli propose invece «e non vuoi rivedere la tua camera? C'è il letto nuovo, sai? ho fatto imbiancare i muri, una lampada nuova, vieni a vedere... ma il mantello, non te lo levi dunque?... non senti che caldo?»

Il soldato non le rispose ma si alzò dalla sedia muovendo alla stanza vicina. I suoi gesti avevano una specie di pesante lentezza, come s'egli non avesse vent'anni. La mamma era corsa avanti a spalancare le imposte (ma entrò soltanto una luce grigia, priva di qualsiasi allegrezza).

«Che bello!» fece lui con fioco entusiasmo, come fu sulla soglia, alla vista dei mobili nuovi, delle tendine immacolate, dei muri bianchi, tutto quanto fresco e pulito. Ma, chinandosi la mamma ad aggiustare la coperta del letto, anch'essa nuova fiammante, egli posò lo sguardo sulle sue gracili spalle, sguardo di inesprimibile tristezza e che nessuno poteva vedere. Anna e Pietro infatti stavano dietro di lui, i faccini raggianti, aspettandosi una grande scena di letizia e sorpresa.

Invece niente. «Com'è bello! Grazie, sai? mamma» ripeté lui, e fu tutto. Muoveva gli occhi con inquietudine, come chi ha desiderio di conchiudere un colloquio penoso. Ma soprattutto, ogni tanto, guardava, con evidente preoccupazione, attraverso la finestra, il cancelletto di legno verde dietro il quale una figura andava su e giù lentamente.

«Sei contento, Giovanni? sei contento?» chiese lei impaziente di vederlo felice. «Oh, sì, è proprio bello» rispose il figlio (ma perché si ostinava a non levarsi il mantello?) e continuava a sorridere con grandissimo sforzo.

«Giovanni» supplicò lei. «Che cos'hai? che cos'hai, Giovanni? Tu mi tieni nascosta una cosa, perché non vuoi dire?»

Egli si morse un labbro, sembrava che qualcosa gli ingorgasse la gola. «Mamma» rispose dopo un po' con voce opaca «mamma, adesso io devo andare.»

«Devi andare? Ma torni subito, no? Vai dalla Marietta, vero? dimmi la verità, vai dalla Marietta?» e cercava di scherzare, pur sentendo la pena.

«Non so, mamma» rispose lui sempre con quel tono contenuto ed amaro; si avviava intanto alla porta, aveva già ripreso il berretto di pelo «non so, ma adesso devo andare, c'è quello là che mi aspetta.»

«Ma torni più tardi? torni? Tra due ore sei qui, vero? Farò venire anche zio Giulio e la zia, figurati che festa anche per loro, cerca di arrivare un po' prima di pranzo...»

«Mamma» ripeté il figlio, come se la scongiurasse di non dire di più, di tacere, per carità, di non aumentare la pena. «Devo andare, adesso, c'è quello là che mi aspetta, è stato fin tropp' paziente.» Poi la fissò con sguardo da cavar l'anima.

Si avvicinò alla porta, i fratellini, ancora festosi, gli si strinsero addosso e Pietro sollevò un lembo del mantello per sapere come il fratello fosse vestito di sotto. «Pietro, Pietro! su, che cosa fai? lascia stare, Pietro!» gridò la mamma, temendo che Giovanni si arrabbiasse.

«No, no!» esclamò pure il soldato, accortosi del gesto del ragazzo. Ma ormai troppo tardi. I due lembi di panno azzurro si erano dischiusi un istante.

«Oh, Giovanni, creatura mia, che cosa ti han fatto?» balbettò la madre, prendendosi il volto tra le mani. «Giovanni ma questo è sangue!»

«Devo andare, mamma» ripeté lui per la seconda volta, con disperata fermezza. «L'ho già fatto aspettare abbastanza. Ciao Anna, ciao Pietro, addio mamma.»

Era già alla porta. Uscì come portato dal vento. Attraversò l'orto quasi di corsa, aprì il cancelletto, due cavalli partirono al galoppo, sotto il cielo grigio, non già verso il paese, no, ma attraverso le praterie, su verso il nord, in direzione delle montagne. Galoppavano, galoppavano.

E allora la mamma finalmente capì, un vuoto immenso, che mai e poi mai i secoli sarebbero bastati a colmare, si aprì nel suo cuore. Capì la storia del mantello, la tristezza del figlio e soprattutto chi fosse il misterioso individuo che passeggiava su e giù per la strada, in attesa, chi fosse quel sinistro personaggio fin troppo paziente. Così misericordioso e paziente da accompagnare Giovanni alla vecchia casa (prima di condurselo via per sempre), affinché potesse salutare la madre; da aspettare parecchi minuti fuori del cancello, in piedi, lui signore del mondo, in mezzo alla polvere, come pezzente affamato.

L'uccisione del drago

Nel maggio 1902 un contadino del conte Gerol, tale Giosuè Longo, che andava spesso a caccia per le montagne, raccontò di aver visto in valle Secca una grossa bestiaccia che sembrava un drago. A Palissano, l'ultimo paese della valle, era da secoli leggenda che fra certe aride gole vivesse ancora uno di quei mostri. Ma nessuno l'aveva mai preso sul serio. Questa volta invece l'assennatezza del Longo, la precisione del suo racconto, i particolari dell'avventura più volte ripetuti senza la minima variazione, persuasero che ci dovesse essere qualche cosa di vero e il conte Martino Gerol decise di andare a vedere. Certo egli non pensava a un drago; poteva darsi tuttavia che qualche grosso serpente di specie rara vivesse fra quelle gole disabitate.

Gli furono compagni nella spedizione il governatore della provincia Quinto Andronico con la bella e intrepida moglie Maria, il naturalista professore Inghirami e il suo collega Fusti, versato specialmente nell'arte dell'imbalsamazione. Il fiacco e scettico governatore da tempo si era accorto che la moglie aveva per il Gerol grande simpatia, ma non se ne dava pensiero. Acconsentì anzi volentieri quando Maria gli propose di andare col conte alla caccia del drago. Egli non aveva per il Martino la minima gelosia; né lo invidiava, pure essendo il Gerol molto più giovane, bello, forte, audace e ricco di lui.

Due carrozze partirono poco dopo la mezzanotte dalla città con la scorta di otto cacciatori a cavallo e giunsero verso le sei del mattino al paese di Palissano. Il Gerol, la bella Maria e i due naturalisti dormivano; solo l'Andronico era sveglio e fece fermare la carrozza dinanzi alla casa di un'antica conoscenza: il medico Taddei. Poco dopo, avvertito da un cocchiere, il dottore, tutto assonnato, il berretto da notte in testa, comparve a una finestra del primo piano. Andronico, fattosi sotto, lo salutò giovialmente, spiegandogli lo scopo della spedizione; e si aspettò che l'altro ridesse, sentendo parlare di draghi. Al contrario il Taddei scosse il capo a indicare disapprovazione.

«Io non ci andrei se fossi in voi» disse recisamente.

«Perché? Credete che non ci sia niente? Che siano tutte fandonie?»

«Non lo so questo» rispose il dottore. «Personalmente anzi credo che il drago ci sia, benché non l'abbia mai visto. Ma non mi ci metterei in questo pasticcio. È una cosa di malaugurio.»

«Di malaugurio? Vorreste sostenere, Taddei, che voi ci credete realmente?»

«Sono vecchio, caro governatore» fece l'altro «e ne ho viste. Può darsi che sia tutta una storia, ma potrebbe anche essere vero; se fossi in voi, non mi ci metterei. Poi, state a sentire: la strada è difficile a trovare, sono tutte montagne marce piene di frane, basta un soffio di vento per far nascere un finimondo e non c'è un filo d'acqua. Lasciate stare, governatore, andate piuttosto lassù, alla Crocetta» (e indicava una tonda montagna erbosa sopra il paese), «là ci sono lepri fin che volete.» Tacque un istante e aggiunse: «Io non ci andrei davvero. Una volta poi ho sentito dire, ma è inutile, voi vi metterete a ridere...».

«Perché dovrei ridere» esclamò l'Andronico. «Ditemi, dite, dite pure.»

«Bene, certi dicono che il drago manda fuori del fumo, che questo fumo è velenoso, basta poco per far morire.»

Contrariamente alla promessa, l'Andronico diede in una bella risata:

«Vi ho sempre saputo reazionario» egli concluse «strambo e reazionario. Ma questa volta passate i limiti. Medioevale siete, il mio caro Taddei. Arrivederci a stasera, e con la testa del drago!»

Fece un cenno di saluto, risalì nella carrozza, diede ordine di ripartire. Giosuè Longo, che faceva parte dei cacciatori e conosceva la strada, si mise in testa al convoglio.

«Che cosa aveva quel vecchio da scuotere la testa?» domandò la bella Maria che nel frattempo si era svegliata.

«Niente» rispose l'Andronico «era il buon Taddei, che fa tempo perso anche il veterinario. Si parlava dell'afta epizootica.»

«E del drago?» disse il conte Gerol che sedeva di fronte. «Gli hai chiesto se sa niente del drago?»

«No, a dir la verità» fece il governatore. «Non volevo farmi ridere dietro. Gli ho detto che si è venuti quassù per un po' di caccia, non gli ho detto altro, io.»

Alzandosi il sole, la sonnolenza dei viaggiatori scomparve, i cavalli accelerarono il passo e i cocchieri si misero a canticchiare.

«Era medico della nostra famiglia il Taddei. Una volta» raccontava il governatore «aveva una magnifica clientela. Un bel giorno non so più per che delusione d'amore si è ritirato in campagna. Poi deve essergli capitata un'altra disgrazia ed è venuto a rintanarsi quassù. Ancora un'altra disgrazia e chissà dove andrà a finire; diventerà anche lui una specie di drago!»

«Che stupidaggini!» disse Maria un po' seccata. «Sempre la storia del drago, comincia a diventare noiosa questa solfa, non avete parlato d'altro da che siamo partiti.»

«Ma sei stata tu a voler venire!» ribatté con ironica dolcezza il marito. «E poi come potevi sentire i nostri discorsi se hai continuato a dormire? Facevi finta forse?»

Maria non rispose e guardava inquieta, fuori dal finestrino. Osservava le montagne che si facevano sempre più alte, dirupate e aride. In fondo alla valle si intravedeva una successione caotica di cime, per lo più di forma conica, nude di boschi o prato, dal colore giallastro, di una desolazione senza pari. Battute dal sole, esse risplendevano di una luce ferma e fortissima.

Erano circa le nove quando le vetture si fermarono perché la strada finiva. I cacciatori, scesi dalla carrozza, si accorsero di trovarsi ormai nel cuore di quelle montagne sinistre. Viste da presso, apparivano fatte di rocce fradice e crollanti, quasi di terra, tutta una frana dalla cima in fondo.

«Ecco, qui comincia il sentiero» disse il Longo, indicando una traccia di passi umani che saliva all'imboccatura di una valletta. Procedendo di là, in tre quarti d'ora si arrivava al Burel, dove il drago era stato visto.

«È stata presa l'acqua?» domandò Andronico ai cacciatori.

«Ce ne sono quattro fiaschi; e poi due altri di vino, eccellenza» rispose uno dei cacciatori. «Ce n'è abbastanza, credo...»

Strano. Adesso che erano lontani dalla città, chiusi dentro alle montagne, l'idea del drago cominciava a sembrare meno assurda. I viaggiatori si guardavano attorno, senza scoprire cose tranquillizzanti. Creste giallastre dove non era mai stata anima viva, vallette che si inoltravano ai lati nascondendo alla vista i loro meandri: un grandissimo abbandono.

S'incamminarono senza dire parola. Precedevano i cacciatori coi fucili, le colubrine e gli altri arnesi da caccia, poi veniva Maria, ultimi i due naturalisti. Per fortuna il sentiero era ancora in ombra; fra le terre gialle il sole sarebbe stato una pena.

Anche la valletta che menava al Burel era stretta e tortuosa, non c'era torrente sul fondo, non c'erano piante né erba ai lati, solamente sassi e sfasciumi. Non canto di uccelli o di acque, ma isolati sussurri di ghiaia.

Mentre il gruppo così procedeva, sopraggiunse dal basso, camminando più presto di loro, un giovanotto con una capra morta sulle spalle. «Va dal drago, quello» fece il Longo; e lo disse con la massima naturalezza, senza alcuna intenzione di celia. La gente di Palissano, spiegò, era superstiziosissima, e ogni giorno mandava una capra al Burel, per rabbonire gli umori del mostro. L'offerta era portata a turno dai giovani del paese. Guai se il mostro faceva sentire la sua voce. Succedeva disgrazia.

«E ogni giorno il dragó si mangia la capra?» domandò scherzoso il conte Gerol.

«Il mattino dopo non trovano più niente questo è positivo.»

«Nemmeno le ossa?»

«Eh no, nemmeno le ossa. La va a mangiare dentro la caverna.»

«E non potrebbe darsi che fosse qualcuno del paese a mangiarsela?» fece il governatore. «La strada la sanno tutti. L'hanno veramente mai visto il drago acchiapparsi la capra?»

«Non so questo, eccellenza» rispose il cacciatore.

Il giovane con la capra li aveva intanto raggiunti.

«Di', giovanotto!» disse il conte Gerol con il suo tono autoritario «quanto vuoi per quella capra?»

«Non posso venderla, signore» rispose quello.

«Nemmeno per dieci scudi?»

«Ah, per dieci scudi...» accondiscese il giovanotto «vuol dire che ne andrò a prendere un'altra.» E depose la bestia per terra.

Andronico chiese al conte Gerol:

«E a che cosa ti serve quella capra? Non vorrai mica mangiarla, spero.»

«Vedrai, vedrai a che cosa mi serve» fece l'altro elusivamente.

La capra venne presa sulle spalle da un cacciatore, il giovinotto di Palissano ridiscese di corsa verso il paese (evidentemente andava a procurarsi un'altra bestia per il drago) e la comitiva si rimise in cammino.

Dopo meno di un'ora finalmente arrivarono. La valle si apriva improvvisamente in un ampio circo selvaggio, il Burel, una specie di anfiteatro circondato da muraglie di terra e rocce crollanti, di colore giallo-rossiccio. Proprio nel mezzo, al culmine di un cono di sfasciumi, un nero pertugio: la grotta del drago.

«È là» disse il Longo. Si fermarono a poca distanza, sopra una terrazza ghiaiosa che offriva un ottimo punto di osservazione, una decina di metri sopra il livello della caverna e quasi di fronte a questa. La terrazza aveva anche il vantaggio di non essere accessibile dal basso perché difesa da una paretina a strapiombo. Maria ci poteva stare con la massima sicurezza.

Tacquero, tendendo le orecchie. Non si udiva che lo smisurato silenzio delle montagne, toccato da qualche sussurro di ghiaia. Ora a destra ora a sinistra una cornice di terra si rompeva improvvisamente e sottili rivoli di sassolini cominciavano a colare, estinguendosi con fatica. Ciò dava al paesaggio un aspetto di perenne rovina; montagne abbandonate da Dio, parevano, che si disfacessero a poco a poco.

«E se oggi il drago non esce?» domandò Quinto Andronico.

«Ho la capra» replicò il Gerol. «Ti dimentichi che ho la capra!»

Si comprese quello che voleva dire. La bestia sarebbe servita da esca per far uscire il mostro dalla caverna.

Si cominciarono i preparativi: due cacciatori si inerpicarono con fatica una ventina di metri sopra l'ingresso della caverna per scaraventare giù sassi se mai ce ne fosse stato bisogno. Un altro andò a depositare la capra sul ghiaione, non lontano dalla grotta. Altri si appostarono ai lati, ben difesi dietro grossi macigni, con le colubrine e i fucili. L'Andronico non si mosse, con l'intenzione di stare a vedere.

La bella Maria taceva. Ogni intraprendenza era in lei svanita. Con quanta gioia sarebbe tornata subito indietro. Ma non osava dirlo a nessuno. I suoi sguardi percorrevano le pareti attorno, le antiche e le nuove frane, i pilastri di terra rossa che sembrava dovessero ad ogni momento cadere. Il marito, il conte Gerol, i due naturalisti, i cacciatori gli parevano pochi, pochissimi, contro tanta solitudine.

Deposta che fu la capra morta dinanzi alla grotta, cominciarono ad aspettare. Le 10 erano passate da un pezzo e il sole aveva invaso completamente il Burel, portandolo a un intenso calore. Ondate ardenti si riverberavano dall'una all'altra parte. Per riparare dai raggi il governatore e sua moglie, i cacciatori alzarono alla bell'e meglio una specie di baldacchino, con le coperte della carrozza; e Maria mai si stancava di bere.

«Attenti!» gridò a un tratto il conte Gerol, in piedi sopra un macigno, giù sul ghiaione, con in mano una carabina, appeso al fianco un mazzapicchio metallico.

Tutti ebbero un tremito e trattennero il fiato scorgendo dalla bocca della caverna uscire cosa viva. Il drago! Il drago! gridarono due o tre cacciatori, non si capiva se con letizia o sgomento.

L'essere emerse alla luce con dondolio tremulo come di biscia. Eccolo, il mostro delle leggende la cui sola voce faceva tremare un intero paese!

«Oh, che brutto!» esclamò Maria con evidente sollievo perché si era aspettata ben di peggio.

«Forza, forza!» gridò un cacciatore scherzando. E tutti ripresero sicurezza in se stessi.

«Sembra un piccolo *ceratosaurus*!» disse il prof. Inghirami a cui era tornata sufficiente tranquillità d'animo per i problemi della scienza.

Non appariva infatti tremendo, il mostro, lungo poco più di due metri, con una testa simile ai coccodrilli sebbene più corta, un esagerato collo da lucertola, il torace quasi gonfio, la coda breve, una specie di cresta molliccia lungo la schiena. Più che la modestia delle dimensioni erano però i suoi movimenti stentati, il colore terroso di pergamena (con qualche striatura verdastra), l'apparenza complessivamente floscia del corpo a spegnere le paure. L'insieme esprimeva una vecchiezza immensa. Se era un drago, era un drago decrepito, quasi al termine della vita.

«Prendi» gridò sbeffeggiando uno dei cacciatori saliti sopra l'imbocco della caverna, e lanciò una pietra in direzione della bestiaccia.

Il sasso scese a piombo e raggiunse esattamente il cranio del drago. Si udì nettissimo un "toc" sordo come di zucca. Maria ebbe un sussulto di repulsione.

La botta fu energica ma insufficiente. Rimasto qualche istante immobile, come intontito, il rettile cominciò ad agitare il collo e la testa lateralmente, in atto di dolore. Le mascelle si aprivano e chiudevano alternativamente, lasciando intravedere un pettine di acuti denti, ma non ne usciva alcuna voce.

Poi il drago mosse giù per la ghiaia in direzione della capra.

«Ti hanno fatto la testa storna eh?» ridacchiò il conte Gerol che aveva improvvisamente smesso la sua alterigia. Sembrava invaso da una gioiosa eccitazione, pregustando il massacro.

Un colpo di colubrina, sparato da una trentina di metri, sbagliò il bersaglio. La detonazione lacerò l'aria stagnante, destò tristi boati fra le muraglie da cui presero a scivolare giù innumerevoli piccole frane.

Quasi immediatamente sparò la seconda colubrina. Il proiettile raggiunse il mostro a una zampa posteriore, da cui sgorgò subito un rivolo di sangue.

«Guarda come balla!» esclamò la bella Maria, presa anche lei dal crudele spettacolo. Allo spasimo della ferita la bestiaccia si era messa infatti a girare su se stessa, sussultando, con miserevole affanno. La zampa fracassata le ciondolava dietro, lasciando sulla ghiaia una striscia di liquido nero.

Finalmente il rettile riuscì a raggiungere la capra e ad afferrarla coi denti. Stava per ritirarsi quando il conte Gerol, per ostentare il proprio coraggio, gli si fece vicino, quasi a due metri, scaricandogli la carabina nella testa.

Una specie di fischio uscì dalle fauci del mostro. E parve che cercasse di dominarsi, reprimesse il furore, non emettesse tutta la voce che aveva in corpo, che un motivo ignoto agli uomini lo inducesse ad avere pazienza. Il proiettile della carabina gli era entrato nell'occhio. Gerol, fatto il colpo, si ritrasse di corsa e si aspettava che il drago cadesse stecchito. Ma la bestia non cadde stecchita, la sua vita pareva inestinguibile come fuoco di pece. Con la pallottola di piombo nell'occhio, il mostro trangugiò tranquillamente la capra e si vide il collo dilatarsi come gomma man mano che vi passava il gigantesco boccone. Poi si ritrasse indietro alla base delle rocce, prese a inerpicarsi per la parete, di fianco alla caverna. Saliva affannosamente, spesso franandogli la terra sotto le zampe, ansioso di scampo. Sopra s'incurvava un cielo limpido e scialbo, il sole asciugava rapidamente le tracce di sangue.

«Sembra uno scarafaggio in un catino» disse a bassa voce il governatore Andronico, parlando a se stesso.

«Come dici?» gli chiese la moglie.

«Niente, niente» fece lui.

«Chissà perché non entra nella caverna!» osservò il prof. Inghirami, apprezzando lucidamente ogni aspetto scientifico della scena.

«Ha paura di restare imprigionato» suggerì il Fusti. «Deve essere, piuttosto, completamente intontito. E poi come vuoi che faccia un simile ragionamento? Un *ceratosaurus*... Non è un *ceratosaurus*» fece il Fusti. «Ne ho ricostruiti parecchi per i musei, ma sono diversi. Dove sono gli aculei della coda?»

«Li tiene nascosti» replicò l'Inghirami. «Guarda che addome gonfio. La coda si accartoccia di sotto e non si può vedere.»

Stavano così parlando quando uno dei cacciatori, quello che aveva sparato il secondo colpo di colubrina, si avviò di corsa verso la terrazza dove stava l'Andronico, con l'evidente intenzione di andarsene.

«Dove vai? Dove vai?» gli gridò il Gerol. «Sta' al tuo posto fin che non abbiamo finito.»

«Me ne vado» rispose con voce ferma il cacciatore. «Questa storia non mi piace. Non è caccia per me, questa.»

«Che cosa vuoi dire? Hai paura. È questo che vuoi dire?»

«No, signore, io non ho paura.»

«Hai paura sì, ti dico, se no rimarresti al tuo posto.»

«Non ho paura, vi ripeto. Vergognatevi piuttosto voi, signor conte.»

«Ah, vergognatevi?» imprecò Martino Gerol. «Porco furfante che non sei altro! Sei uno di Palissano, scommetto, un vigliaccone sei. Vattene prima che ti dia una lezione.»

«E tu, Beppi, dove vai tu adesso?» gridò ancora il conte poiché anche un altro cacciatore si ritirava.

«Me ne vado anch'io, signor conte. Non voglio averci mano in questa brutta faccenda.»

«Ah, vigliacchi!» urlava il Gerol. «Vigliacchi, ve la farei pagare, se potessi muovermi!»

«Non è paura, signor conte» ribatté il secondo cacciatore. «Non è paura, signor conte. Ma vedrete che finirà male!»

«Vi faccio vedere io adesso!» E, raccattata una pietra, il conte la lanciò di tutta forza contro il cacciatore. Ma il tiro andò a vuoto.

Vi fu qualche minuto di pausa mentre il drago arrancava sulla parete senza riuscire a innalzarsi. La terra e i sassi cadevano, lo trascinavano sempre più in giù, là donde era partito. Salvo quel rumore di pietre smosse, c'era silenzio.

Poi si udì la voce di Andronico. «Ne abbiamo ancora per un pezzo?» gridò al Gerol. «C'è un caldo d'inferno. Falla fuori una buona volta, quella bestiaccia. Che gusto tormentarla così, anche se è un drago?»

«Che colpa ce n'ho io?» rispose il Gerol irritato. «Non vedi che non vuol morire? Con una palla nel cranio è più vivo di prima...»

S'interruppe scorgendo il giovanotto di prima comparire sul ciglio del ghiaione con un'altra capra in spalla. Stupito dalla presenza di quegli uomini, di quelle armi, di quelle tracce di sangue e soprattutto dall'affannarsi del drago su per le rocce, lui che non l'aveva mai visto uscire dalla caverna si era fermato, fissando la strana scena.

«Ohi! Giovanotto!» gridò il Gerol. «Quanto vuoi per quella capra?»

«Niente, non posso» rispose il giovane. «Non ve la do neanche a peso d'oro. Ma che cosa gli avete fatto?» aggiunse, sbarrando gli occhi verso il mostro sanguinolento.

«Siamo qui per regolare i conti. Dovreste essere contenti. Basta capre da domani.»

«Perché basta capre?»

«Domani il drago non ci sarà più» fece il conte sorridendo.

«Ma non potete, non potete farlo, io dico» esclamò il giovane spaventato.

«Anche tu adesso cominci!» gridò Martino Gerol. «Dammi subito qua la capra.»

«No, vi dico» replicò duro l'altro ritirandosi.

«Ah, perdio!» e il conte fu addosso al giovane, gli vibrò un pugno in pieno viso, gli strappò la capra di dosso, lo scaraventò a terra.

«Ve ne pentirete, vi dico, ve ne pentirete, vedrete se non ve ne pentirete!» imprecò a bassa voce il giovane rialzandosi, perché non osava reagire.

Ma Gerol gli aveva già voltato le spalle.

Il sole adesso incendiava la conca, a stento si riusciva a tenere gli occhi aperti tanto abbacinava il riflesso delle ghiaie gialle, delle rocce, delle ghiaie ancora e dei sassi; niente, assolutamente, che potesse riposare gli sguardi.

Maria aveva sempre più sete, e bere non serviva a niente. «Dio, che caldo!» si lamentava. Anche la vista del conte Gerol cominciava a darle fastidio.

Nel frattempo, come sbucati dalla terra, decine di uomini erano apparsi. Venuti probabilmente da Palissano alla voce che gli stranieri erano saliti al Burel, essi se ne stavano immobili sul ciglio di vari crestoni di terra gialla e osservavano senza far motto.

«Hai un bel pubblico adesso!» tentò di celiare l'Andronico, rivolto al Gerol che stava trafficando intorno alla capra con due cacciatori.

Il giovane alzò gli sguardi fin che scorse gli sconosciuti che lo stavano fissando. Fece una smorfia di disprezzo e riprese il lavoro.

Il drago, estenuato, era scivolato per la parete fino al ghiaione e giaceva immobile, palpitando solo il ventre rigonfio.

«Pronti!» fece un cacciatore sollevando col Gerol la capra da terra. Avevano aperto il ventre alla bestia e introdotto una carica esplosiva collegata a una miccia.

Si vide allora il conte avanzare impavido per il ghiaione, farsi vicino al drago non più di una decina di metri, con tutta calma deporre per terra la capra, quindi ritirarsi svolgendo la miccia.

Si dovette aspettare mezz'ora prima che la bestia si muovesse. Gli sconosciuti in piedi sul ciglio dei crestoni sembravano statue: non parlavano neppure fra loro, il loro volto esprimeva riprovazione. Insensibili al sole che aveva assunto una estrema potenza, non distoglievano gli sguardi dal rettile, quasi implorando che non si muovesse.

69

Invece il drago, colpito alla schiena da un colpo di carabina, si voltò improvvisamente, vide la capra, vi si trascinò lentamente. Stava per allungare la testa e afferrare la preda quando il conte accese la miccia. La fiammella corse via rapidamente lungo il cordone, ben presto raggiunse la capra, provocò l'esplosione.

Lo scoppio non fu rumoroso, molto meno forte dei colpi di colubrina, un suono secco ma opaco, come di asse che si spezzi. Ma il corpo del drago fu ributtato indietro di schianto, si vide quindi che il ventre era stato squarciato. La testa riprese ad agitarsi penosamente a destra e a sinistra, pareva che dicesse di no, che non era giusto, che erano stati troppo crudeli, e che non c'era più nulla da fare.

Rise di compiacenza il conte, ma questa volta lui solo.

«Oh che orrore! Basta!» esclamò la bella Maria coprendosi la faccia con le mani.

«Sì» disse lentamente il marito «anch'io credo che finirà male.»

Il mostro giaceva, in apparenza sfinito, sopra una pozza di sangue nero. Ed ecco dai suoi fianchi uscire due fili di fumo scuro, uno a destra e uno a sinistra, due fumacchi grevi che stentavano ad alzarsi.

«Hai visto?» fece l'Inghirami al collega.

«Sì, ho visto» confermò l'altro.

«Due sfiatatoi a mantice, come nel *ceratosaurus*, i cosiddetti operculi hammeriani.»

«No» disse il Fusti. «Non è un *ceratosaurus*.»

A questo punto il conte Gerol, di dietro al pietrone dove si era riparato, si avanzò per finire il mostro. Era proprio in mezzo al cono di ghiaia e stava impugnando la mazza metallica quando tutti i presenti mandarono un urlo.

Per un istante Gerol credette fosse un grido di trionfo per l'uccisione del drago. Poi avvertì che una cosa stava muovendosi alle sue spalle. Si voltò di un balzo e vide, oh ridicola cosa, vide due bestiole pietose uscire incespicando dalla caverna, e avanzarsi abbastanza celermente verso di lui. Due piccoli rettili informi, lunghi non più di mezzo metro, che ripetevano in miniatura l'immagine del drago morente. Due piccoli draghi, i figli, probabilmente usciti dalla caverna per fame.

Fu questione di pochi istanti. Il conte dava bellissima prova di agilità. «Tieni! Tieni!» gridava gioiosamente roteando la clava di ferro. E due soli colpi bastarono. Vibrato con estrema energia e decisione, il mazzapicchio percosse successivamente i mostriciattoli, spezzò le teste come bocce di vetro. Entrambi si afflosciarono, morti, da lontano sembravano due cornamuse.

Allora gli uomini sconosciuti, senza dare la minima voce, si allontanarono correndo giù per i canali di ghiaia. Si sarebbe detto che fuggissero una improvvisa minaccia. Essi non provocarono rumore, non smossero frane, non volsero il capo neppure per un istante alla caverna del drago, scomparvero così come erano apparsi, misteriosamente.

Il drago adesso si moveva, sembrava che mai e poi mai sarebbe riuscito a morire. Trascinandosi come lumaca, si avvicinava alle bestiole morte, sempre emettendo due fili di fumo. Raggiunti che ebbe i figli, si accasciò sul ghiaione, allungò con infinito stento la testa, prese a leccare dolcemente i due mostriciattoli morti, forse allo scopo di richiamarli in vita.

Infine il drago parve raccogliere tutte le superstiti forze, levò il collo verticalmente al cielo, come non aveva ancora fatto e dalla gola uscì, prima lentissimo, quindi con progressiva potenza, un urlo indicibile, voce mai udita nel mondo, né animalesca né umana, così carica d'odio che persino il conte Gerol ristette, paralizzato dall'orrore.

Ora si capiva perché prima non aveva voluto rientrare nella tana, dove pure avrebbe trovato scampo, perché non aveva emesso alcun grido o ruggito, limitandosi a qualche sibilo. Il drago pensava ai due figli e per risparmiarli aveva rifiutato la propria salvezza; se si fosse infatti nascosto nella caverna, gli uomini lo avrebbero inseguito là dentro, scoprendo i suoi nati; e se avesse levato la voce, le bestiole sarebbero corse fuori a vedere. Solo adesso, che li aveva visti morire, il mostro mandava il suo urlo d'inferno.

Invocava un aiuto il drago, e chiedeva vendetta per i suoi

figli. Ma a chi? alle montagne forse, aride e disabitate? al cielo senza uccelli né nuvole, agli uomini che lo stavano suppliziando, al demonio forse? L'urlo trapanava le muraglie di roccia e la cupola del cielo, riempiva l'intero mondo. Sembrava impossibile (anche se non c'era alcun ragionevole motivo) sembrava impossibile che nessuno gli rispondesse.

«Chi chiamerà?» domandò l'Andronico tentando inutilmente di fare scherzosa la propria voce. «Chi chiama? Non c'è nessuno che venga, mi pare!»

«Oh, che muoia presto!» disse la donna.

Ma il drago non si decideva a morire, sebbene il conte Gerol, accecato dalla smania di finirla, gli sparasse contro con la carabina. *Tan! Tan!* Era inutile. Il drago accarezzava con la lingua le bestiole morte; pur con moto sempre più lento, un sugo biancastro gli sgorgava dall'occhio illeso.

«Il sauro!» esclamò il prof. Fusti. «Guarda che piange!»

Il governatore disse: «È tardi. Basta, Martino, è tardi, è ora di andare».

Sette volte si levò al cielo la voce del mostro, e ne rintronarono le rupi e il cielo. Alla settima volta parve non finire mai, poi improvvisamente si estinse, piombò a picco, sprofondò nel silenzio.

Nella mortale quiete che seguì si udirono alcuni colpi di tosse. Tutto coperto di polvere, il volto trasfigurato dalla fatica, dall'emozione e dal sudore, il conte Martino, gettata tra i sassi la carabina, attraversava il cono di sfasciumi tossendo, e si premeva una mano sul petto.

«Che cosa c'è adesso?» domandò l'Andronico con volto serio per presentimento di male. «Che cosa ti sei fatto?»

«Niente» fece il Gerol sforzando a giocondità il tono della voce. «Mi è andato dentro un po' di quel fumo.»

«Di che fumo?»

Gerol non rispose ma fece segno con la mano al drago. Il mostro giaceva immobile, anche la testa si era abbandonata fra i sassi; si sarebbe detto ben morto, senza quei due sottili pennacchi di fumo.

«Mi pare che sia finita» disse l'Andronico.

Così infatti sembrava. L'ostinatissima vita stava uscendo dalla bocca del drago.

Nessuno aveva risposto al suo grido, in tutto il mondo non si era mosso nessuno. Le montagne se ne stavano immobili, anche le piccole frane si erano come riassorbite, il cielo era limpido, neppure una minuscola nuvoletta, e il sole andava calando. Nessuno, né bestia né spirito, era accorso a vendicare la strage. Era stato l'uomo a cancellare quella residua macchia del mondo, l'uomo astuto e potente che dovunque stabilisce sapienti leggi per l'ordine, l'uomo incensurabile che si affatica per il progresso e non può ammettere in alcun modo la sopravvivenza dei draghi, sia pure nelle sperdute montagne. Era stato l'uomo ad uccidere e sarebbe stato stolto recriminare.

Ciò che l'uomo aveva fatto era giusto, esattamente conforme alle leggi. Eppure sembrava impossibile che nessuno avesse risposto alla voce estrema del drago. Andronico, così come sua moglie e i cacciatori, non desiderava altro che fuggire; persino i naturalisti rinunciarono alle pratiche dell'imbalsamazione, pur di andarsene presto lontani.

Gli uomini del paese erano spariti, come presentissero maledizione. Le ombre salivano su per le pareti crollanti. Dal corpo del drago, carcame incartapecorito, si levavano ininterrotti i due fili di fumo e nell'aria stagnante si attorcigliavano lentamente. Tutto sembrava finito, una triste cosa da dimenticare e nient'altro. Ma il conte Gerol continuava a tossire, a tossire. Sfinito, sedeva sopra un pietrone, accanto agli amici che non osavano parlargli. Anche l'intrepida Maria guardava da un'altra parte. Si udivano solo quei brevi colpi di tosse. Inutilmente Martino Gerol cercava di dominarli; una specie di fuoco colava all'interno del suo petto sempre più in fondo.

«Me la sentivo» sussurrò il governatore Andronico alla moglie che tremava un poco. «Me la sentivo che doveva finire malamente.»

Una cosa che comincia per elle

Arrivato al paese di Sisto e sceso alla solita locanda, dove soleva capitare due tre volte all'anno, Cristoforo Schroder, mercante in legnami, andò subito a letto, perché non si sentiva bene. Mandò poi a chiamare il medico dottor Lugosi, ch'egli conosceva da anni. Il medico venne e sembrò rimanere perplesso. Escluse che ci fossero cose gravi, si fece dare una bottiglietta di orina per esaminarla e promise di tornare il giorno stesso.

Il mattino dopo lo Schroder si sentiva molto meglio, tanto che volle alzarsi senza aspettare il dottore. In maniche di camicia stava facendosi la barba quando fu bussato all'uscio. Era il medico. Lo Schroder disse di entrare.

«Sto benone stamattina» disse il mercante senza neppure voltarsi, continuando a radersi dinanzi allo specchio. «Grazie di essere venuto, ma adesso potete andare.»

«Che furia, che furia!» disse il medico, e poi fece un colpettino di tosse a esprimere un certo imbarazzo. «Sono qui con un amico, questa mattina.»

Lo Schroder si voltò e vide sulla soglia, di fianco al dottore, un signore sulla quarantina, solido, rossiccio in volto e piuttosto volgare, che sorrideva insinuante. Il mercante, uomo sempre soddisfatto di sé e solito a far da padrone, guardò seccato il medico con aria interrogativa.

«Un mio amico» ripeté il Lugosi. «Don Valerio Melito. Più tardi dobbiamo andare insieme da un malato e così gli ho detto di accompagnarmi.»

«Servitor suo» fece lo Schroder freddamente. «Sedete, sedete.»

«Tanto» proseguì il medico per giustificarsi maggiormente «oggi, a quanto pare, non c'è più bisogno di visita. Tutto bene, le orine. Solo vorrei farvi un piccolo salasso.»

«Un salasso? E perché un salasso?»

«Vi farà bene» spiegò il medico. «Vi sentirete un altro, dopo. Fa sempre bene ai temperamenti sanguigni. E poi è questione di due minuti.»

Così disse e trasse fuori dalla mantella un vasetto di vetro contenente tre sanguisughe. L'appoggiò a un tavolo e aggiunse: «Mettetevene una per polso. Basta tenerle ferme un momento e si attaccano subito. E vi prego di fare da voi. Cosa volete che vi dica? Da vent'anni che faccio il medico, non sono mai stato capace di prendere in mano una sanguisuga».

«Date qua» disse lo Schroder con quella sua irritante aria di superiorità. Prese il vasetto, si sedette sul letto e si applicò ai polsi le due sanguisughe come se non avesse fatto altro in vita sua.

Intanto il visitatore estraneo, senza togliersi l'ampio mantello, aveva deposto sul tavolo il cappello e un pacchetto oblungo che mandò un rumore metallico. Lo Schroder notò, con un senso di vago malessere, che l'uomo si era seduto quasi sulla soglia come se gli premesse di stare lontano da lui.

«Don Valerio, voi non lo immaginate, ma vi conosce già» disse allo Schroder il medico, sedendosi pure lui, chissà perché, vicino alla porta.

«Non mi ricordo di aver avuto l'onore» rispose lo Schroder che, seduto sul letto, teneva le braccia abbandonate sul materasso, le palme rivolte in su, mentre le sanguisughe gli succhiavano i polsi. Aggiunse: «Ma dite, Lugosi, piove stamattina? Non ho ancora guardato fuori. Una bella seccatura se piove, dovrò andare in giro tutto il giorno».

«No, non piove» disse il medico senza dare peso alla cosa. «Ma Don Valerio vi conosce davvero, era ansioso di rivedervi.»

«Vi dirò» fece il Melito con voce spiacevolmente cavernosa. «Vi dirò: non ho mai avuto l'onore di incontrarvi personalmente, ma so qualche cosa di voi che certo non immaginate.»

«Non saprei proprio» rispose il mercante con assoluta indifferenza.

«Tre mesi fa?» chiese il Melito. «Cercate di ricordare: tre mesi fa non siete passato con la vostra carrozzella per la strada del Confine vecchio?»

«Mah, può darsi» fece lo Schroder. «Può darsi benissimo, ma esattamente non ricordo.»

«Bene. E non vi ricordate allora di essere slittato a una curva, di essere andato fuori strada?»

«Già, è vero» ammise il mercante, fissando gelidamente la nuova e non desiderata conoscenza.

«E una ruota è andata fuori di strada e il cavallo non riusciva a rimetterla in carreggiata?»

«Proprio così. Ma, voi, dove eravate?»

«Ah, ve lo dirò dopo» rispose il Melito scoppiando in una risata e ammiccando al dottore. «E allora siete sceso, ma neanche voi riuscivate a tirar su la carrozzella. Non è stato così, dite un po'?»

«Proprio così. E pioveva che Dio la mandava.»

«Caspita se pioveva!» continuò don Valerio, soddisfattissimo. «E mentre stavate a faticare, non è venuto avanti un curioso tipo, un uomo lungo, tutto nero in faccia?»

«Mah, adesso non ricordo bene» interruppe lo Schroder. «Scusate, dottore, ma ce ne vuole ancora molto di queste sanguisughe? Sono già gonfie come rospi. Ne ho abbastanza io. E poi vi ho detto che ho molte cose da fare.»

«Ancora qualche minuto!» esortò il medico. «Un po' di pazienza, caro Schroder! Dopo vi sentirete un altro, vedrete. Non sono neanche le dieci, diamine, c'è tutto il tempo che volete!»

«Non era un uomo alto, tutto nero in faccia, con uno strano cappello a cilindro?» insisteva don Valerio. «E non aveva una specie di campanella? Non vi ricordate che continuava a suonare?»

«Bene: sì, mi ricordo» rispose scortesemente lo S
«E, scusate, dove volete andare a finire?»

«Ma niente!» fece il Melito. «Solo per dirvi che vi cono.
già. E che ho buona memoria. Purtroppo quel giorno
lontano, al di là di un fosso, ero almeno cinquecento mei
distante. Ero sotto un albero a ripararmi dalla pioggia e ho
potuto vedere.»

«E chi era quell'uomo, allora?» chiese lo Schroder con
asprezza, come per far capire che se il Melito aveva qualche
cosa da dire, era meglio che lo dicesse subito.

«Ah, non lo so chi fosse, esattamente, l'ho visto da lontano!
Voi, piuttosto, chi credete che fosse?»

«Un povero disgraziato, doveva essere» disse il mercante.
«Un sordomuto pareva. Quando l'ho pregato di venire ad
aiutarmi, si è messo come a mugolare, non ho capito una
parola.»

«E allora voi gli siete andato incontro, e lui si è tirato
indietro, e allora voi lo avete preso per un braccio, l'avete
costretto a spingere la carrozza insieme a voi. Non è così? Dite
la verità.»

«Che cosa c'entra questo?» ribatté lo Schroder insospettito.
«Non gli ho fatto niente di male. Anzi, dopo gli ho dato due
lire.»

«Avete sentito?» sussurrò a bassa voce il Melito al medico;
poi, più forte, rivolto al mercante: «Niente di male, chi lo nega?
Però ammetterete che ho visto tutto».

«Non c'è niente da agitarsi, caro Schroder» fece il medico a
questo punto vedendo che il mercante faceva una faccia cattiva.
«L'ottimo don Valerio, qui presente, è un tipo scherzoso.
Voleva semplicemente sbalordirvi.»

Il Melito si volse al dottore, assentendo col capo. Nel
movimento, i lembi del mantello si dischiusero un poco e lo
Schroder, che lo fissava, divenne pallido in volto.

«Scusate, don Valerio» disse con una voce ben meno
disinvolta del solito. «Voi portate una pistola. Potevate lasciarla da basso, mi pare. Anche in questi paesi c'è l'usanza, se non
mi inganno.»

77

«Perdio! Scusatemi proprio!» esclamò il Melito battendosi na mano sulla fronte a esprimere rincrescimento. «Non so proprio come scusarmi! Me ne ero proprio dimenticato. Non la porto mai, di solito, è per questo che mi sono dimenticato. E oggi devo andare fuori in campagna a cavallo.»

Pareva sincero, ma in realtà si tenne la pistola alla cintola; continuando a scuotere il capo. «E dite» aggiunse sempre rivolto allo Schroder. «Che impressione vi ha fatto quel povero diavolo?»

«Che impressione mi doveva fare? Un povero diavolo, un disgraziato.»

«E quella campanella, quell'affare che continuava a suonare, non vi siete chiesto che cosa fosse?»

«Mah» rispose lo Schroder, controllando le parole, per il presentimento di qualche insidia. «Uno zingaro, poteva essere; per far venire gente lì ho visti tante volte suonare una campana.»

«Uno zingaro!» gridò il Melito, mettendosi a ridere, come se l'idea lo divertisse un mondo. «Ah, l'avete creduto uno zingaro?»

Lo Schroder si voltò verso il medico con irritazione.

«Che cosa c'è?» chiese duramente. «Che cosa vuol dire questo interrogatorio? Caro il mio Lugosi, questa storia non mi piace un bel niente! Spiegatevi, se volete qualcosa da me.»

«Non agitatevi, vi prego...» rispose il medico interdetto.

«Se volete dire che a questo vagabondo è capitato un accidente e la colpa è mia, parlate chiaro» proseguì il mercante alzando sempre più la voce «parlate chiaro, cari i miei signori. Vorreste dire che l'hanno ammazzato?»

«Macché ammazzato!» disse il Melito, sorridendo, completamente padrone della situazione «ma che cosa vi siete messo in mente? Se vi ho disturbato mi spiace proprio. Il dottore mi ha detto: don Valerio, venite su anche voi, c'è il cavaliere Schroder. Ah lo conosco, gli ho detto io. Bene, mi ha detto lui, venite su anche voi, sarà lieto di vedervi. Mi dispiace proprio se sono riuscito importuno...»

Il mercante si accorse di essersi lasciato portare.

«Scusate me, piuttosto, se ho perso la pazienza. Ma pareva quasi un interrogatorio in piena regola. Se c'è qualche cosa, ditela senza tanti riguardi.»

«Ebbene» intervenne il medico con molta cautela. «Ebbene: c'è effettivamente qualche cosa.»

«Una denuncia?» chiese lo Schroder sempre sicuro di sé, mentre cercava di riattaccarsi ai polsi le sanguisughe staccatesi durante la sfuriata di prima. «C'è qualche sospetto contro di me?»

«Don Valerio» disse il medico. «Forse è meglio che parliate voi.»

«Bene» cominciò il Melito. «Sapete chi era quell'individuo che vi ha aiutato a tirar su la carrozza?»

«Ma no, vi giuro, quante volte ve lo devo ripetere?»

«Vi credo» disse il Melito. «Vi domando solo se immaginate chi fosse.»

«Non so, uno zingaro, ho pensato, un vagabondo...»

«No. Non era uno zingaro. O, se lo era stato una volta, non lo era più. Quell'uomo, per dirvelo chiaro, è una cosa che comincia per elle.»

«Una cosa che comincia per elle?» ripeté meccanicamente lo Schroder, cercando nella memoria, e un'ombra di apprensione gli si era distesa sul volto.

«Già. Comincia per elle» confermò il Melito con un malizioso sorriso.

«Un ladro? volete dire?» fece il mercante illuminandosi in volto per la sicurezza di aver indovinato.

Don Valerio scoppiò in una risata: «Ah, un ladro! Buona davvero questa! Avevate ragione, dottore: una persona piena di spirito, il cavaliere Schroder!». In quel momento si sentì fuori della finestra il rumore della pioggia.

«Vi saluto» disse il mercante recisamente, togliendosi le due sanguisughe e rimettendole nel vasetto. «Adesso piove. Io me ne devo andare, se no faccio tardi.»

«Una cosa che comincia per elle» insistette il Melito alzandosi anche lui in piedi e manovrando qualcosa sotto l'ampia mantella.

«Non so, vi dico. Gli indovinelli non sono per me. Decidetevi, se avete qualche cosa da dirmi... Una cosa che comincia per elle?... Un lanzichenecco forse?...» aggiunse in tono di beffa.

Il Melito e il dottore, in piedi, si erano accostati l'un l'altro, appoggiando le schiene all'uscio. Nessuno dei due ora sorrideva più.

«Né un ladro né un lanzichenecco» disse lentamente il Melito. «Un lebbroso, era.»

Il mercante guardò i due uomini, pallido come un morto.

«Ebbene? E se anche fosse stato un lebbroso?»

«Lo era purtroppo, di certo» disse il medico, cercando pavidamente di ripararsi dietro le spalle di don Valerio. «E adesso lo siete anche voi.»

«Basta!» urlò il mercante tremando per l'ira. «Fuori di qua! Questi scherzi non mi vanno. Fuori di qua tutti e due!»

Allora il Melito insinuò fuori del mantello una canna della pistola.

«Sono l'alcalde, caro signore. Calmatevi, vi torna conto.»

«Vi farò vedere io chi sono!» urlava lo Schroder. «Che cosa vorreste farmi, adesso?»

Il Melito scrutava lo Schroder, pronto a prevenire un eventuale attacco. «In quel pacchetto c'è la vostra campanella» rispose. «Uscirete immediatamente di qui e continuerete a suonarla, fino a che sarete uscito fuori del paese, e poi ancora, fino a che non sarete uscito dal regno.»

«Ve la farò vedere io la campanella!» ribatté lo Schroder, e tentava ancora di gridare ma la voce gli si era spenta in gola, l'orrore della rivelazione gli aveva agghiacciato il cuore. Finalmente capiva: il dottore, visitandolo il giorno prima, aveva avuto un sospetto ed era andato ad avvertire l'alcalde. L'alcalde per caso lo aveva visto afferrare per un braccio, tre mesi prima, un lebbroso di passaggio, ed ora lui, Schroder, era condannato. La storia delle sanguisughe era servita per guadagnar tempo. Disse ancora: «Me ne vado senza bisogno dei vostri ordini, canaglie, vi farò vedere, vi farò vedere...».

«Mettetevi la giacca» ordinò il Melito, il suo volto essendosi illuminato di una diabolica compiacènza. «La giacca, e poi fuori immediatamente.»

«Aspetterete che prenda le mie robe» disse lo Schroder, oh quanto meno fiero di un tempo. «Appena ho impacchettato le mie robe me ne vado, statene pur sicuri.»

«Le vostre robe devono essere bruciate» avvertì sogghignando l'alcalde. «La campanella prenderete, e basta.»

«Le mie robe almeno!» esclamò lo Schroder, fino allora così soddisfatto e intrepido; e supplicava il magistrato come un bambino. «I miei vestiti, i miei soldi, me li lascerete almeno!»

«La giacca, la mantella, e basta. L'altro deve essere bruciato. Per la carrozza e il cavallo si è già provveduto.»

«Come? Che cosa volete dire?» balbettò il mercante.

«Carrozza e cavallo sono stati bruciati, come ordina la legge» rispose l'alcalde, godendo della sua disperazione. «Non vi immaginerete che un lebbroso se ne vada in giro in carrozzella, no?»

E diede in una triviale risata. Poi, brutalmente: «Fuori! fuori di qua» urlava allo Schroder. «Non immaginerai che stia qui delle ore a discutere? Fuori immediatamente, cane!»

Lo Schroder tremava tutto, grande e grosso com'era, quando uscì dalla camera, sotto la canna puntata della pistola, la mascella cadente, lo sguardo inebetito.

«La campana!» gli gridò ancora il Melito facendolo sobbalzare; e gli sbatté dinanzi, per terra, il pacchetto misterioso, che diede una risonanza metallica. «Tirala fuori, e legatela al collo.»

Si chinò lo Schroder, con la fatica di un vecchio cadente, raccolse il pacchetto, spiegò lentamente gli spaghi, trasse fuori dell'involto una campanella di rame, col manico di legno tornito, nuova fiammante. «Al collo!» gli urlò il Melito. «Se non ti sbrighi, perdio, ti sparo!»

Le mani dello Schroder erano scosse da un tremito e non era facile eseguire l'ordine dell'alcalde. Pure il mercante riuscì a passarsi attorno al collo la cinghia attaccata alla campanella, che gli pendette così sul ventre, risuonando ad ogni movimento.

«Prendila in mano, scuotila, perdio! Sarai buono, no? Un

marcantonio come te. Va' che bel lebbroso!» infierì don Valerio, mentre il medico si tirava in un angolo, sbalordito dalla scena ripugnante.

Lo Schroder con passi da infermo cominciò a scendere le scale. Dondolava la testa da una parte e dall'altra come certi cretini che si incontrano lungo le grandi strade. Dopo due gradini si voltò cercando il medico e lo fissò lungamente negli occhi.

«La colpa non è mia!» balbettò il dottor Lugosi. «È stata una disgrazia, una grande disgrazia!»

«Avanti, avanti!» incitava intanto l'alcalde come a una bestia. «Scuoti la campanella, ti dico, la gente deve sapere che arrivi!»

Lo Schroder riprese a scendere le scale. Poco dopo egli comparve sulla porta della locanda e si avviò lentamente attraverso la piazza. Decine e decine di persone facevano ala al suo passaggio, ritraendosi indietro man mano che lui si avvicinava. La piazza era grande, lunga da attraversare. Con gesto rigido egli ora scuoteva la campanella che dava un suono limpido e festoso; den, den, faceva.

Notizie false

Reduce dalla battaglia, il reggimento giunse una sera ai sobborghi di Antioco. La guerra in quei giorni si illanguidiva e il nemico invasore era ancora lontano. Si poteva fare una sosta: la truppa, stanchissima, si accampò alle porte della città, sui prati, e i feriti furono portati all'ospedale.

Poco lontano dallo stradone, ai piedi di due grandi querce, sorse la grande tenda bianca del comandante, il conte Sergio-Giovanni.

«Alzo lo stendardo?» domandò il suo aiutante, incerto.

«E perché non dovresti alzarlo?» rispose il comandante, leggendo nel suo pensiero. «Forse che non abbiamo?...» Ma non volle terminare la frase.

Sulla tenda venne così drizzato lo stendardo giallo dei Sergio-Giovanni, due spade nere e una scure erano ricamate sul drappo. Dinanzi all'entrata della tenda fu portato un piccolo tavolo con uno sgabello e il comandante vi si sedette, aspettando la cena. La sera, appena cominciata, era calda, luci temporalesche battevano le nude montagne intorno, per la strada bianca ecco avanzarsi un uomo che si appoggiava a un bastone. Era un vecchio, con abiti di altri tempi, ma assai dignitosi; alto e sbarbato, rustico, di grande fierezza.

La polvere lo imbiancava fino ai ginocchi, doveva aver camminato a lungo. Come vide l'accampamento, si guardò attentamente attorno e poi si avvicinò alla tenda del comandante.

Arrivato davanti al conte Sergio-Giovanni, si levò con gesto largo il cappello: «Eccellenza» disse «se permettete, vi devo parlare».

Il comandante, ch'era un gentiluomo, si alzò in piedi rispondendo al saluto, ma si capiva ch'era stanco e irritato. Poi si risedette, rassegnato.

«Vedete quella montagna?» fece lo sconosciuto additando un grande cono franoso verso oriente. «È da là dietro che vengo. Sono due giorni che cammino, ma se Dio vuole, sono arrivato in tempo. Ecco, Eccellenza» continuò dopo una pausa «dietro a quella montagna c'è il paese di San Giorgio. Io sono il podestà Gaspare Nelius.»

Il colonnello mezzo disattento dondolò su e giù la testa come per dire che aveva capito.

«Siamo tagliati fuori dal mondo, lassù» disse ancora il vecchio, evidentemente animato da una lieta eccitazione. «Ma presto o tardi le grandi notizie arrivano lo stesso. L'altro giorno capita un mercante. "Lo sapete" dice "che è finita la guerra? Il reggimento dei Cacciatori fa già ritorno alla pianura, l'ho visto io coi miei occhi." "Finita la guerra?" diciamo. "Finita per sempre" dice lui. "E dove scende il reggimento?" dico io. "Ha preso la strada di Antioco" risponde "fra tre giorni dovrebbe esserci arrivato."»

«Ho capito, ma...» tentò di interrompere il conte Sergio-Giovanni; l'altro però era troppo infervorato:

«Immaginate che notizia per noi. Sapete, Eccellenza, che la seconda compagnia, qui, del reggimento è tutta di giovanotti di San Giorgio? Il brutto è finito, pensiamo, i soldati faranno ritorno, con la paga e con le medaglie. Allora progettiamo una gran festa. Io scendo ad Antioco a prenderli; la guerra è ormai finita, il signor comandante» e qui il vecchio sorrise affabilmente «li lascerà venire. Hanno ben fatto il loro dovere. Due sono morti, anzi, il Lucchini e il Bonnaz, lui li lascerà ben venire...»

«Ma, mio brav'uomo...» interruppe il colonnello alzandosi in piedi. Il vecchio lo interruppe:

«Lo so che cosa volete dire, Eccellenza: che non si possono mica congedare così sui due piedi, i soldati. Lo immaginavo fin da prima, anzi. Ma non vuol dire, non vuol dire. Il reggimento si fermerà bene qualche giorno ad Antioco. Dateci quattro giorni di permesso, alla seconda compagnia, lasciate che vengano un momento al loro paese, qualche ora soltanto, fra quattro giorni ve li riporto tutti, parola d'onore.»

«Ma non è questo che voglio dire...» tentò ancora di interloquire il Sergio-Giovanni. «È un'altra cosa, la...»

«Non ditemi di no, Eccellenza» supplicò il vecchio, intuendo che l'altro stava per dargli un rifiuto «ho camminato per due giorni apposta. E poi, pensate, a San Giorgio hanno già preparato tutto. Simone ha costruito una specie di arco di trionfo alla porta del paese. Sarà alto più di questa tenda, tutto a colori, ci metteranno bandiere e fiori. In cima ci sarà la scritta... aspettate, ce la devo avere qui... l'abbiamo studiata insieme...» e dopo aver frugato in due o tre tasche tirò fuori un pezzo di carta spiegazzata «ecco qui... *Agli eroi vittoriosi che tornano, San Giorgio fiera e riconoscente...* è semplice ma mi pare detto bene.»

«Ma lasciatemi dire prima una cosa...» fece con voce alterata il comandante. «Siete un bel tipo voi, a...»

«Lasciatemi prima finire» pregò supplichevole il vecchio «e poi vi persuaderete che non potete dirmi di no. Pensate a questi poveri ragazzi, due anni che sono in guerra, sono stati bravi e coraggiosi, pensate che gioia sarebbe. Abbiamo fatto le cose sul serio. Da contro verrà la banda; si farà un grande banchetto, io porterò i fuochi artificiali, il Gennari darà in casa sua una festa da ballo, ci saranno dei discorsi...»

«Basta, basta!» gridò esasperato il comandante. «Ma non capite che sprecate il fiato per niente? Ma chi vi ha detto che la guerra è finita?»

«Come?» fece il vecchio interdetto.

«No» disse seccamente il Sergio-Giovanni con voce dolorosa «la guerra non è ancora finita.»

I due stettero in silenzio, guardandosi, per qualche secondo. Strani dubbi si presentavano al pensiero del vecchio.

«Ma sentite» tentò ancora il podestà di San Giorgio «qui ad Antioco il reggimento si fermerà pure qualche tempo. Date ai nostri soldati una licenza, anche due giorni basteranno, marceremo a tutta andatura, faremo a tempo lo stesso, non è poi mica una cosa straordinaria andare di qua a San Giorgio dalla mattina alla sera.»

«È impossibile. Sarebbe impossibile anche se la guerra fosse finita» fece reciso il comandante, sempre con quel suo tono fondo e doloroso. «La seconda compagnia non è più con me.»

Invano egli si illudeva che questa spiegazione bastasse. Il vecchio si era sbiancato in volto:

«Non c'è qui la seconda compagnia? E sarei venuto per niente? Non li potrò nemmeno vedere? Sono passati a un altro reggimento? Ditemelo sinceramente, Eccellenza, ditemi dove sono, che li andrò subito a raggiungere, ditemi: c'è anche mio nipote...»

«Sono morti» disse alla fine il comandante guardando per terra.

Si fece un grande silenzio. Pareva che anche nell'accampamento vicino tutto si fosse fermato. Il vecchio sentiva il sangue battergli con forza alle tempie. Sulle montagne stagnava sempre quella luce temporalesca. Lo stendardo giallo pendeva floscio sopra le tende.

Il conte Sergio-Giovanni piegò la testa, sembrava affranto, le sue mani poggiavano inerti sul tavolo.

«Morti...» mormorò il vecchio a se stesso con voce spenta. Nella sua mente turbinavano i pensieri. Stette irrigidito per qualche minuto, poi un amaro sorriso gli piegò lentamente le labbra, egli rialzò con fierezza la testa, a voce monotona ricominciò a parlare:

«Ecco, ecco, così doveva finire, siccome erano bravi soldati. L'avevo detto io, al Safron: purché non sia successa qualche disgrazia... glielo avevo detto... E adesso come faccio a portar la notizia? Come faccio a tornare a San Giorgio?» la voce si era alzata, piena di un'irosa disperazione. «Per la Patria, ci devo dire, ecco l'unica consolazione. Sono morti in battaglia, sono stati degli eroi. Ecco quello che resta. Non è così, Eccellenza?»

Il comandante non rispose, il suo volto sembrava impietrito.

«L'arco di trionfo, le bandiere» disse ancora con triste scherno il vecchio «ai funerali potranno servire. I fiori andranno sulle tombe, le metteremo tutte vicine, con delle croci tutte uguali, i più bei giovani del paese. Qui giacciono gli eroi di San Giorgio, sarà scritto all'ingresso. Agli eroi vittoriosi che tornano» ripeté Gaspare amaro; «San Giorgio fiera e riconoscente. Almeno questo, Eccellenza, almeno questo ci verrà lasciato?»

«No» rispose con acredine esasperata il colonnello. «Basta! tacete! no, già che volete saperlo: no, non lo potrete dire, non sono morti da eroi, sono stati uccisi in fuga, per colpa loro siamo stati sconfitti...»

Gridò tutto questo sfogando un atrocissimo peso, poi per la vergogna abbassò la testa sul tavolo, forse anche singhiozzava, il conte Sergio-Giovanni, ma lo fece in silenzio, chiuso in se stesso.

Il vecchio parve finalmente svuotato di vita.

«Scusatemi, Eccellenza» disse piano piano dopo una lunga pausa, e piangeva «vedete anch'io...»

Ma non riuscì a continuare. Si ritrasse umilmente indietro, lo si vide allontanarsi a passi strascicati, le braccia gli pendevano morte, una mano teneva ancora il cappello, l'altra tirava dietro il bastone. Se ne andò lentamente dalla tenda, s'incamminò per lo stradone bianco, in direzione delle montagne, mentre ormai si faceva buio.

Soltanto dopo tre giorni il podestà giunse in vista del suo paese sperduto tra i monti. Duecento metri circa prima delle case egli avvistò Jeronimo, l'oste che insieme al cugino Peter stava lavorando attorno a delle asticciole piantate ai lati della via; certo qualche preparativo per la grande festa. Lembi di stoffa policroma, che da lontano non si potevano distinguere bene, erano attaccati alle asticciole e brillavano al sole di quella giornata bellissima.

A un certo punto, rialzando il capo, Jeronimo scorse il podestà che s'avvicinava e si mise a gridare, per avvertire gli altri. Ma c'era poca gente nelle vicinanze. Accorsero, con

Jeronimo, soltanto suo cugino, due ragazzi di contadini e una donna sui cinquant'anni.

«E così?» domandò Jeronimo, che sembrava lietissimo, al vecchio Gaspare. «Sei riuscito a trovarli? Quand'è che arrivano?»

«E il mio Max l'hai visto?» fece insieme la donna. «Sta bene? Saranno qui oggi?»

Il podestà sedette affranto sull'orlo della strada. Si tolse il cappello, restò per qualche istante ansimando.

«Non vengono» disse poi, piano.

«Come non vengono?» chiese Giuseppe. «E arrivano domani allora?»

«Neppure domani» rispose il podestà. «Non vengono.»

«Ma è assurdo...» esclamò Jeronimo. «La guerra è ben finita. Che cosa vuoi che rimangano laggiù a fare?»

«La guerra sarà anche finita» disse Gaspare «ma loro non vengono.»

«Parla, allora, che cos'è successo?» domandò con ansia la donna. «Che cosa ti hanno detto, dunque?»

Il vecchio restò alcuni istanti muto, rimuginando in se stesso.

«Se ne vanno alla capitale» annunciò finalmente. «Vanno a fare la Guardia del Re. Vogliono restare soldati. Oramai hanno fatto l'abitudine. Non sarebbero più capaci di lavorare i campi...»

«Ma... ma...» obiettò la donna «verranno bene a salutarci?...»

«Mi hanno detto di no, ecco» aggiunse Gaspare «mi hanno detto che non farebbero in tempo.»

In quel mentre sopraggiunse un altro uomo. Era Simone il falegname.

«Hai visto?» gridò avvicinandosi al vecchio Gaspare. «Hai visto l'arco finito? Hai visto come è venuto bello?»

«Sta' zitto» gli ordinò a bassa voce uno dei ragazzi presenti.

Ma Simone non poteva capire e disse ancora, felice:

«Vieni subito a vederlo, Gaspare, ci ho messo in cima un cavallo dorato e di notte accenderemo le lampade.»

«È stato un lavoro inutile» fu la risposta di Gaspare «oramai non vengono più. Se ne vanno alla capitale, entrano nella Guardia del Re.»

«Va bene» insisteva la donna «ma gli daranno almeno una licenza, torneranno pure a salutarci!»

«Loro non me l'hanno detto» spiegò il podestà «non lo so proprio, però non credo.»

«Ma, dico» fece il falegname impressionato «l'arco... allora...»

«L'arco lo puoi demolire, ecco tutto» rispose Gaspare con pena. «Te l'ho detto, non vengono.»

«Ma è solido, sai? Anche i colori resistono. Perché vuoi demolirlo?» ribatté il falegname. «Si può aspettare anche qualche mese, vuol dire che dopo, quando i soldati verranno, ci daremo una ripassata di colore.»

«Te lo ripeto, è inutile» replicò Gaspare «non vengono, non hai capito ancora?»

«Ma una lettera?» insisteva la donna che non riusciva a capacitarsi. «Il mio Max non ti ha dato da portarmi una lettera? Non ti ha detto niente?»

«Niente» disse Gaspare. «Sono diventati tutti superbi, quasi si vergognavano di salutarmi. Del loro paese non gli importa più niente.»

«Oh, è impossibile» esclamò la donna. «Che storie dici! il mio Max superbo... qualsiasi altro ma non lui, è sempre stato come un bambino, mi ha sempre scritto quando...»

«Lui come gli altri» ribatté crudelmente il vecchio. «Anche lui è diventato superbo, chissà che cosa credono di essere. È proprio per questo che non vengono, la guerra gli ha montato la testa, non lo volevo dire prima per non farvi dispiacere...»

«Ma pensa...» disse il falegname, scuotendo tristemente la testa «pensa che avevamo messo delle bandiere attraverso la piazza, si era aggiustata la vecchia campana...»

«Non mi hanno quasi badato» incrudeliva intanto Gaspare. «"Vi aspettiamo" gli ho detto "vedrete che vi divertirete." "A San Giorgio?" mi ha riposto uno, mi pare che fosse il figlio di Filomena, aveva due medaglie sul petto. "Ma non pensarci

neanche" mi ha detto "dobbiamo andare via subito, ci mancherebbe altro" e si è messo a ridere.»

Erano un gruppo immobile sulla strada e facevano sulla
polvere bianca un'ombra sola che si andava allungando via via
con il cammino del sole.

«Così mi ha detto» ripeté con amarezza il vecchio e gli altri
oramai tacevano. «È inutile aspettarli, non vengono» disse
ancora, come avesse paura di non essere creduto (e li immaginava, intanto, insepolti, in una deserta valletta, distesi qua e là
fra gli sterpi e i sassi, tutto un massacro, fra le morte rovine
della battaglia).

Il sole batteva festoso sulle stoffe policrome, sulle bandiere
nuove, sul cavallo d'oro in cima all'arco di trionfo. Le ragazze,
là in paese, erano ancora affaccendate nei lieti preparativi,
stavano raccogliendo i fiori per i soldati, i fiori, gli addobbi, il
vino, la musica, che non sarebbero serviti mai.

«È inutile» commentò melanconicamente Jeronimo, rom-
pendo alla fine il silenzio «doveva finire così... troppo bravi
sono, il Re non li ha voluti lasciare andare, non se ne trovano
altri di soldati così...»

«Sì» approvò il vecchio «ma si sono montati troppo la testa,
non dovevano farlo...» (distesi con la faccia in giù che mordono
vilmente la terra, e i corvi che volano attorno, su quei morti
senza onore, pietoso soltanto il sole che scalda le schiene
immobili, asciugando il sangue delle vergognose ferite).

da:

PAURA ALLA SCALA

Paura alla Scala

Per la prima rappresentazione della *Strage degli innocenti* di Pierre Grossgemüth (novità assoluta in Italia) il vecchio maestro Claudio Cottes non esitò a mettere il frac. Si era già, è vero, in maggio inoltrato quando la stagione della Scala, a giudizio dei più intransigenti, volge al declino, quando al pubblico, composto in gran parte di turisti, è buona norma offrire spettacoli di esito sicuro, non di eccessivo impegno, scelti nel repertorio tradizionale di tutta tranquillità; e non importa se i direttori non sono proprio i massimi, se i cantanti, per lo più elementi di vecchia *routine* scaligera, non destano curiosità. In questo periodo i raffinati si concedono confidenze formali che darebbero scandalo nei mesi più sacri alla Scala: par quasi di buon gusto alle signore non insistere nelle *toilettes* da sera e vestire semplici abiti da pomeriggio, agli uomini venire in blu o in grigio scuro con cravatte di colore come se si trattasse di visita a una famiglia amica. E qualche abbonato, per snobismo, giunge al punto di non farsi neanche vedere, senza però cedere ad altri il palco e la poltrona che rimangono perciò vuoti (e tanto meglio se i conoscenti vorranno accorgersene).

Ma quella sera c'era spettacolo di gala. Prima di tutto la *Strage degli innocenti* costituiva in sé un avvenimento, a motivo delle polemiche che il lavoro aveva provocate cinque mesi prima in mezza Europa quando era stata messa in scena a Parigi. Si diceva che in quest'opera (a dir la verità si trattava, secondo la definizione dell'autore, di un "Oratorio popolare, per coro e voci, in dodici quadri") il musicista alsaziano, uno dei maggiori capiscuola dell'epoca moderna, avesse, benché a tarda età, preso una nuova via (dopo averne cambiate tante), assumendo forme ancora più sconcertanti e audaci delle precedenti, con la dichiarata intenzione però di "richiamare finalmente il melodramma dal gelido esilio dove gli alchimisti tentano di tenerlo in vita con pesanti droghe, verso le dimenticate contrade della verità": cioè, a sentire i suoi ammiratori, aveva rotto i ponti col passato prossimo, tornando (ma bisognava sapere come) alla gloriosa tradizione dell'Ottocento: qualcuno aveva perfino trovato riferimenti con le tragedie greche.

L'interesse maggiore nasceva comunque dalle ripercussioni di genere politico. Nato da famiglia evidentemente originaria della Germania, di aspetto quasi prussiano pure lui benché ormai ingentilito in volto dall'età e dalla pratica dell'arte, Pierre Grossgemüth, da molti anni stabilito presso Grenoble, aveva avuto, al tempo dell'occupazione, un contegno dubbio. Non aveva saputo dire di no quando i tedeschi lo avevano invitato a dirigere un concerto a scopo di beneficenza, era stato d'altra parte, si raccontava, largo di aiuti verso i *maquis* della zona. Aveva fatto cioè di tutto per non dover prendere un atteggiamento aperto, standosene rinserrato nella sua ricca villa, donde, nei mesi più critici prima della liberazione, non veniva neanche più la solita inquietante voce del pianoforte. Ma Grossgemüth era un grande artista e la sua crisi non sarebbe stata rinvangata se egli non avesse scritto e fatto rappresentare la *Strage degli innocenti*. La più ovvia interpretazione di questo oratorio – su libretto di un giovanissimo poeta francese, Philippe Lasalle, ispirato dall'episodio biblico – era che fosse un'allegoria dei massacri compiuti dai nazisti, con l'identificazione di Hitler nella torva figura di Erode. Critici d'estrema sinistra avevano però attaccato Grossgemüth accusandolo di adombrare, sotto la superficiale e illusoria analogia antihitleriana, le eliminazioni compiute dai vincitori, dalle vendette spicciole avvenute in ogni borgo fino alle forche di Norimberga. Ma c'era chi andava più in là: la *Strage degli innocenti*, secondo questi, voleva essere una specie di profezia e alludere a una futura rivoluzione e massacri relativi; condanna quindi anticipata di tale rivolta e ammonimento a quanti avrebbero avuto il potere di soffocarla in tempo: un libello, insomma, di spirito addirittura medioevale.

Grossgemüth aveva, com'era prevedibile, smentito le insinuazioni con poche ma secche parole: se mai, la *Strage degli innocenti* doveva essere considerata una testimonianza di fede cristiana e niente più. Ma alla *première* di Parigi c'era stata battaglia e a lungo i giornali ne avevano disputato in termini di fuoco e di veleno.

Si aggiunge la curiosità per la difficile realizzazione musicale, l'aspettativa per le scene – che si annunciavano pazzesche – e per le coreografie ideate dal famoso Johan Monclar, fatto venire apposta da Bruxelles. Da una settimana, per seguire le prove, Grossgemüth si trovava a Milano con la moglie e la segretaria; e naturalmente avrebbe assistito alla rappresentazione. Tutto questo dava insomma allo spettacolo un tono di eccezione. Nell'intera stagione non c'era stata anzi una *soirée* così importante. Per l'occasione i maggiori critici e musicisti d'Italia si erano trasferiti a Milano, da Parigi era giunto un gruppetto di fanatici grossgemüthiani. E il questore aveva previsto uno straordinario servizio d'ordine nell'eventualità che si scatenasse la burrasca.

Vari funzionari e molti agenti di polizia, in un primo tempo destinati alla Scala, furono invece impiegati altrove. Una diversa e ben più preoccupante minaccia si era delineata all'improvviso nel tardo pomeriggio. Varie segnalazioni annunciavano imminente, forse per la notte stessa, un'azione di forza da parte della comunità dei Morzi. I capi di questo grande movimento non avevano mai fatto mistero che il loro ultimo scopo era di rovesciare l'ordine costituito e di instaurare la "nuova giustizia". Sintomi di agitazione c'erano già stati nei mesi precedenti. Adesso era in corso una offensiva dei Morzi contro la legge, che stava per essere approvata al Parlamento, sulla migrazione interna. Il pretesto poteva essere buono per un tentativo a fondo.

Durante tutta la giornata gruppetti dall'aspetto deciso e quasi provocante si erano notati nelle piazze e nelle vie del centro. Non avevano né distintivi, né bandiere, né cartelli, non erano inquadrati, non tentavano di formare dei cortei. Ma era fin troppo facile indovinare di che razza fossero. Niente di strano, a dir la verità, perché manifestazioni come questa, innocue e in sordina, si ripetevano da anni con frequenza. E anche stavolta la forza pubblica aveva lasciato fare. Le informazioni riservate della Prefettura lasciavano temere invece entro poche ore, una manovra in grande stile per la conquista del potere. Roma era stata subito avvertita, polizia e carabinieri messi in stato di emergenza, anche i reparti dell'esercito stavano sul chi vive. Non si poteva però escludere che fosse un falso allarme. Già altre volte era successo. Gli stessi Morzi diffondevano voci del genere, era un loro gioco favorito.

Una vaga e inespressa sensazione di pericolo, come avviene, si era tuttavia diffusa per la città. Non c'era un fatto concreto che la giustificasse, non c'erano neppure dicerie che si riferissero a qualcosa di preciso, nessuno sapeva nulla, eppure nell'aria si era fatta una sensibile tensione. Usciti dagli uffici, molti borghesi quella sera affrettavano il passo verso casa, scrutando con apprensione la prospettiva delle strade se mai dal fondo avanzasse una massa nereggiante a sbarrare la via. Non era la prima volta che la tranquillità della cittadinanza veniva minacciata; parecchi cominciavano a farci l'abitudine. Anche per questo la maggioranza continuò a badare alle sue faccende come se fosse una sera qualsiasi fra le tante. Singolare poi una circostanza che fu notata da parecchi: benché, filtrato attraverso chissà quali indiscrezioni, un presentimento di cose grosse avesse preso a serpeggiare qua e là, nessuno ne parlava. In un tono magari differente dal consueto, con sottintesi ermetici, ma si facevano sempre i soliti discorsi della sera, ci si diceva ciao e arrivederci senza postille, si fissavano appuntamenti per l'indomani, si preferiva insomma non accennare apertamente a ciò che in un modo o nell'altro riempiva gli animi, quasi che parlarne potesse rompere l'incanto, menare gramo, chiamare la sventura; così come sulle navi in guerra è legge non enunciare neppure a titolo di scherzo ipotesi di siluramenti o di colpi a bordo.

Tra coloro che più di ogni altro ignoravano tali preoccupazioni era senza dubbio il maestro Claudio Cottes, uomo candido e per alcuni versi ottuso, per il quale nulla esisteva al mondo fuori della musica. Romeno di nascita (sebbene pochi lo sapessero) si era stabilito in Italia giovanissimo, negli anni d'oro, al principio del secolo, quando la sua prodigiosa precocità di virtuoso lo aveva reso celebre in breve tempo. Spentisi poi nel pubblico i primi fanatismi, egli era pur sempre rimasto un magnifico pianista, forse più delicato che potente, che periodicamente faceva il giro delle maggiori città europee per cicli di concerti, invitato dai più noti enti filarmonici; questo fin verso il '40. Soprattutto gli riusciva caro ricordare i successi ottenuti, più di una volta, suonando nelle stagioni sinfoniche della Scala. Ottenuta la cittadinanza italiana, aveva sposato una milanese e occupato con molta probità, al Conservatorio, la cattedra di pianoforte nel corso superiore. Ormai si considerava milanese e bisogna ammettere che pochi, nell'ambiente, sapessero parlare in dialetto meglio di lui.

Benché in pensione – gli restava solo l'incarico onorifico di commissario in alcune sessioni di esami al Conservatorio – Cottes continuava a vivere solo per la musica, non frequentava che musicisti e musicomani, non mancava a un concerto e seguiva, con una specie di trepidante timidezza, le affermazioni del figlio Arduino, ventiduenne compositore di ingegno promettente. Diciamo timidezza, perché Arduino era un ragazzo molto chiuso in sé, avarissimo di confidenze ed espansioni, di una sensibilità perfino esagerata. Da che era rimasto vedovo, il vecchio Cottes si trovava, per così dire, disarmato e impacciato di fronte a lui. Non lo capiva. Non sapeva che vita conducesse. Si rendeva conto che i propri consigli, anche in materia musicale, cadevano nel vuoto.

Cottes non era mai stato un gran bell'uomo. Adesso, a 67 anni, era un bel vecchio, di quelli che si usano chiamar decorativi. Con l'età una vaga assomiglianza a Beethoven si era accentuata; compiacendosene forse senza saperlo, egli curava con amore i capelli bianchi, lunghi e vaporosi che gli facevano una corona molto "artistica". Un Beethoven non tragico, anzi bonario, pronto al sorriso, socievole, disposto a trovare il bene quasi dovunque; "quasi", perché in fatto di pianisti era ben raro ch'egli non torcesse il naso. Era l'unica sua debolezza e gliela si perdonava volentieri. «Ebbè, maestro?» gli chiedevano gli amici, durante gli intervalli. «Tutt ben per mi. Ma se ghe fuss staa el Beethoven?» rispondeva; oppure: «Perché? Lu l'ha minga sentì? El s'è indormentaa?» o analoghe facili facezie di vecchio stampo, suonassero pure Backhaus, Cortot o Gieseking.

Questa naturale bonomia – egli non era affatto invelenito di trovarsi escluso, a causa dell'età, dall'attiva vita artistica – lo rendeva simpatico a tutti quanti e gli assicurava, da parte della direzione della Scala, un trattamento di riguardo. Nella stagione lirica non è mai questione di pianisti e la presenza in platea del buon Cottes, nelle serate un po' difficili, costituiva un sicuro piccolo nucleo di ottimismo. Per lo meno sui suoi personali battimani si poteva contare come regola; e l'esempio di un concertista già famoso era presumibile inducesse molti dissenzienti a moderarsi, gli indecisi ad approvare, i tepidi a un consenso più manifesto. Ciò senza contare il suo aspetto molto "scaligero" e le passate benemerenze di pianista. Il suo nome quindi figurava nella segreta e avara lista degli "abbonati perpetui non paganti". Al mattino di ogni giorno di *première*, la busta col biglietto per una poltrona compariva immancabilmente nella cassetta della sua posta, alla portineria di via della Passione, 7. Solo per le "prime" che si prevedevano povere d'incassi, le poltrone erano due, una per lui e l'altra per il figlio. Del resto Arduino non ci teneva; preferiva arrangiarsi da solo, con gli amici, assistendo alle prove generali dove non c'è l'obbligo di andar vestiti bene.

Per l'appunto, della *Strage degli innocenti*, Cottes junior aveva ascoltato il giorno prima l'ultima prova. Ne aveva anche parlato col padre a colazione, in termini molto nebbiosi come era sua abitudine. Aveva accennato a certe "interessanti risoluzioni timbriche", a una "polifonia molto scavata", a delle "vocalizzazioni più deduttive che induttive" (parole queste pronunciate con una smorfia di disprezzo) e così via. L'ingenuo padre non era riuscito a capire se il lavoro fosse buono o no, o quanto meno se al figlio fosse piaciuto o dispiaciuto. Non insistette per sapere. I giovani lo avevano abituato al loro gergo misterioso; alle porte del quale anche stavolta ristette intimidito.

Adesso si trovava solo in casa. La donna di servizio, che veniva a ore, se n'era andata. Arduino a pranzo fuori e il pianoforte, grazie al Cielo, muto. Il "grazie al Cielo" era senza dubbio nel cuore del vecchio concertista; mai però egli avrebbe avuto il coraggio di confessarlo. Quando il figlio componeva, Claudio Cottes entrava in uno stato di estrema agitazione interna. Da quegli accordi apparentemente inesplicabili di momento in momento egli aspettava, con una speranza quasi viscerale, che uscisse infine qualche cosa di simile alla musica. Capiva che era una debolezza da sorpassato, che non si poteva battere di nuovo le antiche strade. Si ripeteva che proprio il gradevole doveva essere evitato quale segno di impotenza, decrepitezza, marcia nostalgia. Sapeva che la nuova arte doveva soprattutto far soffrire gli ascoltatori e qui era il segno, dicevano, della sua vitalità. Ma era più forte di lui. Nella stanza vicina, ascoltando, egli talora intrecciava le dita delle mani così forte da farle scricchiolare, come se con questo sforzo aiutasse il figlio a "liberarsi". Il figlio invece non si liberava; le note, faticando, si aggrovigliavano sempre di più, gli accordi assumevano suoni ancor più ostili, tutto restava lì sospeso o addirittura si rovesciava a piombo in più caparbi attriti. Che Dio lo benedisse. Deluse, le mani del padre si separavano, tremando un poco si affaccendavano ad accendere una sigaretta.

Cottes era solo, si sentiva bene, un'aria tepida entrava dalle finestre aperte. Le otto e mezzo, ma il sole splendeva ancora. Mentre egli si vestiva, suonò il telefono. «C'è il maestro Cottes?» fece una voce sconosciuta. «Sì, sono io» rispose. «Il maestro Arduino Cottes?» «No, io sono Claudio, il padre.» La comunicazione fu troncata. Tornò alla camera da letto e il telefono suonò di nuovo. «Ma c'è o non c'è Arduino?» domandò la stessa voce di prima, in tono quasi villano. «No, el gh'è no» rispose il padre cercando di pareggiare la bruschezza. «Peggio per lui!» fece l'altro e tolse il contatto. Che modi, pensò Cottes, e chi poteva essere? Che razza di amici frequentava adesso Arduino? E che cosa poteva significare quel "peggio per lui"? La telefonata gli lasciò una punta di fastidio. Durò per fortuna pochi istanti.

Nello specchio dell'armadio, il vecchio artista ora rimirava il proprio frac di antico stile, largo, a sacco, adatto alla sua età e nello stesso tempo molto *bohémien*. Ispirato, pare, dall'esempio del leggendario Joachim, Cottes aveva la civetteria, proprio per distinguersi dal piatto conformismo, di mettere il panciotto nero. Come i camerieri, esattamente, ma chi al mondo, fosse pure cieco, avrebbe mai scambiato lui, Claudio Cottes, per un cameriere? Benché avesse caldo, indossò un leggero soprabito per evitare la curiosità indiscreta dei passanti, e preso un piccolo binocolo, uscì di casa, sentendosi pressoché felice.

Era una sera incantevole di prima estate, quando perfino Milano riesce a recitare la parte di città romantica: con le strade quiete e semideserte, il profumo dei tigli che usciva dai giardini, una falce di luna in mezzo al cielo. Pregustando la brillante serata, l'incontro con tanti amici, le discussioni, la vista delle belle donne, lo spumante prevedibile al ricevimento annunciato dopo lo spettacolo nel ridotto del teatro, Cottes si avviò per via Conservatorio; allungava così di poco il cammino ma risparmiava la vista, a lui ingratissima, dei Navigli coperti.

Ivi il maestro si imbatté in uno spettacolo curioso. Un giovanotto dai lunghi capelli ricci cantava sul marciapiede una romanza napoletana tenendo un microfono a pochi centimetri dalla bocca. Un filo correva dal microfono a una cassetta, con accumulatore, impianto di amplificazione e altoparlante, da cui la voce usciva con tracotanza, così da rimbombare tra le case. C'era in quel canto una specie di sfogo selvaggio, un'ira, e benché le note parole fossero di amore, si sarebbe detto che il giovane stesse minacciando. Intorno, sette otto ragazzetti dall'aria imbambolata e basta. Le finestre, da una parte e dall'altra della via, erano chiuse, sprangate le persiane, come se si rifiutassero di ascoltare. Tutti vuoti questi appartamenti? O gli inquilini si erano chiusi dentro, simulando l'assenza, per paura di qualche cosa? Al passaggio di Claudio Cottes, il cantante, senza muoversi, accrebbe l'intensità delle emissioni tanto che l'altoparlante cominciò a vibrare: era un invito perentorio a mettere dei soldi sul piattello collocato sopra la cassetta. Ma il maestro, disturbato nell'animo, non sapeva neppure lui come, continuò dritto accelerando il passo. E per parecchi metri sentì sulle spalle il peso dei due occhi vendicativi.

"Tanghero e cane!" inveì mentalmente il maestro contro il posteggiatore. La sguaiataggine dell'esibizione gli aveva guastato il buon umore, chissà perché. Ma ancor più fastidio gli procurò, quando stava per raggiungere San Babila, un breve incontro con Bombassei, ottimo giovane che era stato suo allievo al Conservatorio e adesso faceva il giornalista. «È di Scala, maestro?» gli chiese scorgendo nello scollo del soprabito la cravattina bianca.

«Vorresti insinuare, o insolente ragazzo, che alla mia età sarebbe ora...?» fece lui sollecitando, ingenuo, un complimento.

«Lo sa bene anche lei» disse l'altro «che la Scala non si chiamerebbe Scala senza il maestro Cottes. Ma Arduino? Come mai non è venuto?»

«Arduino ha già visto la prova generale. Stasera era impegnato.»

«Ah, capisco» disse Bombassei con un sorriso di furba comprensione. «Stasera... avrà preferito stare a casa...»

«E perché mai?» domandò Cottes avvertendo il sottinteso.

«Ci sono troppi amici in giro, stasera» e il giovane fece un cenno con la testa ad indicare la gente che passava. «... Del resto, nei suoi panni, io farei altrettanto... Ma mi scusi, maestro, c'è qui il mio tram... Buon divertimento!»

Il vecchio rimase là sospeso, inquieto, senza capire. Guardò la folla e non riuscì a scorgere niente di strano: tranne che forse ce ne era meno del solito, e quella poca aveva un'aria sciatta e in certo modo piena d'affanno. E allora, pur restando un enigma il discorso di Bombassei, ricordi rotti e confusi affioravano, di certe mezze frasi dette dal figlio, di certi nuovi compagni sbucati fuori negli ultimi tempi, di certi impegni serali che Arduino non aveva mai spiegato, eludendo le sue domande con vaghi pretesti. Che il figlio si fosse messo in qualche pasticcio? Ma che cosa aveva poi di speciale quella sera? Chi erano i "troppi amici in giro"?

Rimestando questi problemi giunse in piazza della Scala. Ed ecco i pensieri sgradevoli fuggire via alla vista consolante del fermento alla porta del teatro, delle signore che si affrettavano in un precipitoso ondeggiar di strascichi e di veli, della folla che stava a vedere, delle automobili stupende in lunga coda, attraverso i cui vetri si intravedevano gioielli, sparati bianchi, spalle nude. Mentre stava per cominciare una notte minacciosa, forse anche tragica, la Scala, impassibile, mostrava lo splendore degli antichi tempi. Mai, nelle ultime stagioni, si era vista una armonia tanto ricca e fortunata di uomini, di spiriti e di cose. La stessa inquietudine che aveva cominciato a spandersi per la città accresceva probabilmente l'animazione. A chi sapeva, parve che tutto un mondo dorato ed esclusivo si rifugiasse nella sua amata cittadella, come i Nibelunghi nella reggia all'arrivo di Attila, per un'estrema folle notte di gloria. In realtà pochi sapevano. Anzi, la maggioranza ebbe l'impressione, tanta era la dolcezza della sera, che un periodo torbido fosse finito con l'ultima traccia dell'inverno, e che venisse avanti una grande serena estate.

Portato nel gorgo della folla, ben presto, senza quasi accorgersene, Claudio Cottes si ritrovò nella platea, nel pieno fulgore delle luci. Erano le nove meno dieci, il teatro era già gremito. Cottes guardò intorno, estasiato come un ragazzetto. Avevano un bel passare gli anni, la prima sensazione ogni volta che lui entrava in quella sala, si manteneva pura e vivida, come dinanzi ai grandi spettacoli della natura. Molti altri, con cui andava scambiando fuggevoli segni di saluto, provavano lo stesso, lo sapeva. Proprio di qui nasceva una speciale fratellanza, una sorta di innocua massoneria che agli estranei, a chi non vi partecipava, doveva forse sembrare un po' ridicola.

Chi mancava? Gli sguardi esperti di Cottes ispezionarono, settore per settore, il grande pubblico, trovando tutti a posto.

Accanto a lui sedeva il celebrato pediatra Ferro che avrebbe lasciato morire di crup migliaia di piccoli clienti pur di non perdere una "prima" (il pensiero suggerì anzi a Cottes un grazioso gioco di parole con allusione a Erode e ai bimbi galilei, che si promise di utilizzare in seguito). A destra, la coppia ch'egli aveva definito dei "parenti poveri", marito e moglie già attempati, con abiti da sera sì, ma lisi e sempre quelli, che non mancavano a nessuna "prima", applaudivano con la stessa foga qualsiasi cosa, non parlavano con nessuno, non salutavano nessuno, non scambiavano neanche l'un l'altro una parola; tanto che tutti li consideravano *claqueurs* di lusso, dislocati nella parte più aristocratica della platea per dare il via ai battimani. Più in là l'ottimo professore Schiassi, economista, famoso per avere seguito anni e anni Toscanini dovunque si recasse a dar concerti; e siccome allora era a corto di denari, viaggiava in bicicletta, dormiva nei giardini e mangiava le provviste portate nel sacco da montagna; parenti e amici lo consideravano un po' matto ma lo amavano ugualmente. Ecco l'ing. Beccian, idraulico, ricco forse a miliardi, melomane umile e infelice, che da un mese in qua, essendo stato nominato consigliere alla Società del Quartetto (per cui aveva palpitato da decenni come un innamorato e fatto indicibili sforzi diplomatici) era all'improvviso montato, in casa e in ditta, a un tale grado di superbia da diventare insopportabile; e trinciava giudizi su Purcell e D'Indy, lui che prima non osava rivolgere la parola all'ultimo dei contrabbassi. Ecco, col minuscolo marito, la bellissima Maddi Canestrini, ex-commessa, che ad ogni nuova opera si faceva catechizzare nel pomeriggio da un docente di storia della musica per non fare brutte figure; il suo celebre petto mai si era potuto ammirare in tanta completezza e veramente risplendeva tra la folla, disse uno, come il faro al Capo di Buona Speranza. Ecco la principessa Wurz-Montague, dal gran naso d'uccello, venuta apposta dall'Egitto con le quattro figlie. Ecco, nel più basso palco di proscenio, luccicare i cupidi occhi del barbuto conte Noce, assiduo alle sole opere che promettessero la comparsa di ballerine; e infaticabile, a memoria d'uomo, in tale circostanza, nell'esprimere la soddisfazione con la invariata formula: "Ah, che personale! Ah, che polpe!". Ecco in un palco della prima fila l'intera tribù dei Salcetti, vecchia famiglia milanese, che si vantava di non aver mai perso una "prima" della Scala a partire dal 1837. E in quarta fila, quasi sul proscenio, le povere marchese Marizzoni, madre, zia e figlia nubile, sbircianti con amarezza al sontuoso palco 14 di seconda fila, loro feudo, dovuto quest'anno abbandonare per ristrettezze: adattatesi a un ottavo di abbonamento da consumare lassù, tra i piccioni, si tenevano rigide e compassate come upupe, cercando di passare inosservate. Intanto, vigilato da un aiutante di campo in uniforme, un pingue principe indiano non bene identificato stava addormentandosi e al ritmo del respiro l'*aigrette* del turbante oscillava su e giù, sporgendo fuor del palco. Poco lontana, con un vestito color fiamma da sbalordire, aperto davanti fino alla cintura, le braccia nude con attorcigliato a biscia un cordone nero, stava in piedi, proprio a farsi ammirare, una impressionante donna sui trent'anni; un'attrice di Hollywood dicevano, ma i pareri sul nome erano discordi. E accanto le sedeva, immoto, un bambino bellissimo e spaventosamente pallido che pareva dovesse morire da un momento all'altro. In quanto ai due circoli rivali della nobiltà e della ricca borghesia avevano entrambi rinunciato alla elegante consuetudine di lasciare le barcacce semivuote. I "signorini" meglio provveduti della Lombardia vi si congestionavano in serrati grappoli di volti abbronzati, di camicie a specchio, di marsine da grande firma. A confermare il successo eccezionale della serata si notava poi, contro il solito, un forte numero di donne belle con *décolletés* estremamente impegnativi. Il Cottes si propose di ripetere, durante un intervallo, una distrazione che usava concedersi nei verdi anni: di contemplare cioè la profondità di tali prospettive dall'alto in basso. E in cuor suo scelse, quale osservatorio, il palco in quarta fila dove scintillavano gli smeraldi giganteschi di Flavia Sol, ottima contralto e buona amica.

A tale frivolo splendore un solo palco contrastava, simile a un occhio tenebroso e fisso in mezzo a un tremolio di fiori. Era in terza fila e vi stavano, due seduti ai lati e il terzo in piedi, tre signori dai trenta ai quarant'anni, con vestiti neri a doppio petto, cravatte scure, volti magri e tetri. Immobili, atoni, stranieri a tutto ciò che succedeva intorno, volgevano con ostinazione gli sguardi al sipario, come se fosse l'unica cosa degna d'interesse: parevano non spettatori venuti per godere, ma giudici di un sinistro tribunale che, data la sentenza, ne aspettassero l'esecuzione; e nell'attesa preferissero non guardare i condannati, non già per pietà, bensì a motivo della repulsione. Più di uno si trattenne a osservarli, provandone disagio. Chi erano? Come si permettevano di contristare la Scala col loro aspetto funerario? Era una sfida? E a che scopo? Anche il maestro Cottes, come li notò, rimase un po' perplesso. Una maligna stonatura. E n'ebbe un oscuro senso di timore, tanto che non osò alzare verso di loro il suo binocolo. In quel mentre si spensero le luci. Spiccò nel buio il bianco riverbero che saliva dall'orchestra e vi sorse la scarna figura di Max Nieberl, direttore, lo specialista di musiche moderne.

Se mai nella sala si trovavano, quella sera, degli uomini timorosi o inquieti, certo la musica di Grossgemüth, le smanie del Tetrarca, gli impetuosi e quasi ininterrotti interventi del coro appollaiato come un branco di corvi su una specie di rupe conica (le sue invettive piombavano come cateratte sul pubblico, facendolo spesso sobbalzare), le scene allucinate, non erano certo fatte per rasserenarli. Sì, c'era dell'energia, ma a quale prezzo. Strumenti, suonatori, coro, cantanti, massa di ballo (che era di scena quasi sempre per minuziose esplicazioni mimiche, mentre i protagonisti si muovevano di rado), direttore e perfino spettatori erano sottoposti al massimo sforzo che si potesse pretendere da loro. Al termine della prima parte l'applauso esplose non tanto a scopo di consenso quanto per il comune bisogno fisico di sfogare la tensione. La meravigliosa sala vibrava tutta. Alla terza chiamata comparve tra gli interpreti la torreggiante sagoma di Grossgemüth il quale rispondeva con brevissimi e quasi stentati sorrisi, piegando ritmicamente il capo. Claudio Cottes si ricordò dei tre lugubri signori e, continuando a battere le mani, alzò gli occhi a guardarli: erano ancora là, immobili e inerti come prima, non si erano spostati di un millimetro, non applaudivano, non parlavano, non sembravano neanche persone vive. Che fossero dei manichini? Restarono nella stessa posizione anche quando la maggior parte della gente si fu riversata nel ridotto.

Appunto durante il primo intervallo le voci che fuori, nella città, stesse covando una specie di rivoluzione, si fecero strada in mezzo al pubblico. Anche qui esse procedettero in sordina, a poco a poco, grazie ad un istintivo ritegno della gente. Né riuscirono certo a sopraffare le accese discussioni sull'opera di Grossgemüth a cui il vecchio Cottes prese parte, senza esprimere giudizi, con scherzosi commenti in meneghino. Suonò infine il campanello per annunciare la fine dell'*entr'acte*. Avviatosi giù per la scala dalla parte del Museo teatrale, Cottes si trovò fianco a fianco con un conoscente di cui non ricordava il nome e il quale, accortosi di lui, gli sorrise con espressione astuta.

«Bene, caro maestro» disse «sono proprio contento di vederla, avevo appunto desiderio di dirle una cosa...» Parlava adagio con pronuncia molto affettata. Intanto scendevano. Ci fu un ingorgo, per un istante furono separati. «Ah eccola» riprese il conoscente quando si ritrovarono vicini, «dove mai era sparito? Sa che per un momento ho creduto che lei fosse sparito sottoterra?... Come Don Giovanni!» E gli parve di aver trovato un accostamento molto spiritoso perché si mise a ridere di gusto; e non finiva mai. Era un signore scialbo, dall'aspetto incerto, un intellettuale di buona famiglia andato al meno, si sarebbe detto a giudicare dallo *smoking* di taglio sorpassato, dalla camicia floscia di dubbia freschezza, dalle unghie listate di grigio. Imbarazzato, il vecchio Cottes attendeva. Erano giunti quasi in fondo.

«Bene» riprese, circospetto, il conoscente incontrato chissà dove, «lei deve promettermi di considerare ciò che le dirò come una comunicazione confidenziale... confidenziale, mi spiego?... Non s'immagini insomma cose che non ci sono... Non le venga in mente di considerarmi, come dire?, di considerarmi un rappresentante officioso... un portavoce, questo è il termine oggi usato, vero?»

«Sì, sì» disse il Cottes, sentendo rinascere l'identico malessere provato nell'incontro con Bombassei, però ancora più acuto, «sì... Ma le assicuro che non capisco niente...» Suonò il secondo campanello di avvertimento. Erano nel corridoio che corre, a sinistra, di fianco alla platea. Stavano per imbucare la scaletta che porta alle poltrone.

Qui lo strano signore si fermò. «Ora devo lasciarla» disse. «Io non sono in platea... Ebbene... basterà le dica questo: suo figlio, il musicista... sarebbe forse meglio... un po' più di prudenza, ecco... non è più un ragazzino, vero, maestro?... Ma vada, vada, che hanno già spento... E io ho parlato perfino troppo, sa?» Rise, chinò il capo senza dare la mano, se ne andò svelto, quasi correndo, sul tappeto rosso del corridoio deserto.

Meccanicamente il vecchio Cottes s'inoltrò nella sala già buia, chiese scusa, raggiunse il suo posto. In lui era il tumulto. Che cosa stava combinando quel pazzo di Arduino? Sembrava che tutta Milano lo sapesse mentre lui, padre, non riusciva neanche a immaginarlo. E chi era questo signore misterioso? Dove gli era stato presentato? Senza successo si sforzava di ricordare le circostanze della prima conoscenza. Gli parve di poter escludere gli ambienti musicali. Dove allora? Forse all'estero? In qualche albergo durante la villeggiatura? No, assolutamente non riusciva a ricordare. Intanto, sulla scena, avanzava con mosse da biscia la provocante Martha Witt, in nudità barbariche, a incarnare la Pàura, o cosa del genere, che entrava nel palazzo del Tetrarca.

Come Dio volle si giunse anche al secondo *entr'acte*. Non appena si accesero le luci il vecchio Cottes cercò intorno, ansiosamente, il signore di prima. Lo avrebbe interpellato, si sarebbe fatto spiegare; una motivazione non gli poteva essere rifiutata. Ma l'uomo non si vedeva. Alla fine, singolarmente attratto, il suo sguardo posò sul palco dei tre tipi tenebrosi. Non erano più tre, ce n'era un quarto che si teneva un poco indietro, in *smoking* questi, però squallido anche lui. Uno *smoking* di taglio sorpassato (adesso Cottes non esitò a guardare col binocolo), una camicia floscia di dubbia freschezza. E a differenza degli altri tre, rideva, il nuovo venuto, con espressione astuta. Un brivido corse per la schiena del maestro Cottes.

Si volse al professor Ferro, come chi, sprofondando nell'acqua, afferra senza badare il primo sostegno che si offre. «Scusi, professore» domandò con precipitazione «mi sa dire chi sono quei brutti tipi in quel palco, là in terza fila, subito a sinistra di quella signora in viola?»

«Quei negromanti?» fece ridendo il pediatra «ma è lo Stato Maggiore! lo Stato Maggiore pressoché al completo!»

«Stato Maggiore? Che Stato Maggiore?»

Il Ferro sembrava divertito: «Almeno lei, maestro, vive sempre nelle nuvole. Beato lei».

«Che Stato Maggiore?» insistette il Cottes impazientito.

«Ma dei Morzi, benedetto Iddio!»

«Dei Morzi?» fece eco il vecchio, assalito da pensieri ancor più foschi. I Morzi, nome tremendo. Lui Cottes non era pro né contro, non se ne intendeva, non aveva mai voluto interessarsene, sapeva solo che erano pericolosi, che era meglio non stuzzicarli. E quello sciagurato di Arduino gli si era messo contro, se ne era tirato addosso l'inimicizia. Non c'erano altre spiegazioni. Di politica, di intrighi si occupava dunque quel ragazzo senza cervello invece di mettere un po' di senso comune nelle sue musiche. Padre indulgente sì, discreto, comprensivo quanto si voleva; ma all'indomani si sarebbe fatto perdio sentire! Rischiare di rovinarsi per una smania idiota! Nello stesso tempo rinunciò all'idea di interpellare il signore di poco prima. Capiva che sarebbe stato inutile, se non dannoso. Gente che non scherzava i Morzi. Bontà loro se avevano avuto la finezza di metterlo sull'avviso. Si guardò alle spalle. Aveva la sensazione che tutta la sala lo fissasse, disapprovando. Brutti tipi i Morzi. E potenti. Inafferrabili. Perché andarli a provocare?

Si riscosse con fatica. «Maestro, non si sente bene?» gli chiedeva il prof. Ferro.

«Come?... Perché...» rispose tornando progressivamente a galla.

«L'ho visto diventare pallido... Alle volte succede con questo caldo... Mi scusi...»

Lui disse: «Anzi... la ringrazio... ho avuto infatti un colpo di stanchezza... Eh, sont vecc!». Si raddrizzò, avviandosi all'uscita. E come al mattino il primo raggio del sole cancella gli incubi che per tutta notte hanno ossessionato l'uomo, così, tra i marmi del ridotto, lo spettacolo di tutta quell'umanità ricca, piena di salute, elegante, profumata e viva, trasse il vecchio artista dall'ombra in cui la rivelazione lo aveva fatto sprofondare. Deciso a distrarsi, si avvicinò a un gruppetto di critici che stavano discutendo. «In ogni caso» diceva uno «i cori restano, non si può negare.»

«I cori stanno alla musica» fece un secondo «come le teste di vecchio stanno alla pittura. Si fa presto a raggiungere l'effetto, ma dell'effetto non si diffida mai abbastanza.»

«Bene» disse un collega noto per il suo candore. «Ma di questo passo?... La musica di adesso non cerca effetti, non è frivola, non è passionale, non è orecchiabile, non è istintiva, non è facile, non è plateale, tutto benissimo. Ma mi sa dire che cosa rimane?» Cottes pensò alle musiche del figlio.

Fu un gran successo. È molto dubbio che in tutta la Scala ci fosse uno a cui la musica della *Strage* piacesse sinceramente. Ma c'era nella generalità il desiderio di mostrarsi all'altezza della situazione, di figurare all'avanguardia. In questo senso una specie di gara si accese tacitamente a superarsi. E poi, quando con tutto l'impegno ci si mette all'agguato di una musica per scoprire ogni possibile bellezza, genialità inventiva, riposto significato, allora l'autosuggestione lavora senza limiti. Inoltre: quando mai, con le opere moderne, ci si era divertiti? Si sapeva in partenza che i nuovi capiscuola rifuggono dal divertire. Goffaggine imperdonabile pretenderlo da loro. Per chi chiedeva di divertirsi non c'era il varietà, non c'erano i "luna park" sui bastioni? Quella stessa esasperazione nervosa a cui portavano l'orchestra di Grossgemüth, le voci tese sempre al massimo registro e specialmente i cori martellanti, non era del resto da buttar via. Sia pure brutalmente, il pubblico in un certo senso era stato commosso, come negarlo? La smania che si accumulava negli spettatori e li costringeva, appena fattosi silenzio, a battere le mani, a gridare bravo, ad agitarsi, non era un fior di risultato per un musicista?

Il vero entusiasmo fu però dovuto all'ultima, lunga, incalzante scena dell'"oratorio", quando i soldati di Erode irruppero in Betlemme alla ricerca dei bambini e le madri glieli contesero sulla soglia delle case finché quelli ebbero il sopravvento e allora il cielo si oscurò, e un accordo altissimo di trombe, dal fondo del palcoscenico, annunciò la salvezza del Signore. Bisogna dire che scenografo, figurinista e soprattutto Johan Monclar, autore della coreografia e ispiratore di tutto l'allestimento scenico, erano riusciti ad evitare possibili interpretazioni dubbie: il quasi scandalo successo a Parigi li aveva messi in guardia. Cosicché Erode non che assomigliasse a Hitler ma certo aveva un deciso aspetto nordico ricordando più Siegfried che il padrone della Galilea. E i suoi armati, specialmente per la forma dell'elmo, non permettevano di certo equivoci. «Ma sta chì» disse Cottes «l'è minga la reggia d'Erode. Che doveven scriv su Oberkommandantur!»

I quadri scenici parvero molto belli. Di effetto irresistibile, come si è detto, fu l'ultima tragica danza dei massacratori e delle madri, mentre dalla sua rupe smaniava il coro. Il trucco, per così dire, di Monclar (non nuovissimo del resto) fu di estrema semplicità. I soldati erano tutti neri compreso il volto; le madri tutte bianche; e i bambini erano rappresentati da certi pupi fatti al tornio (su disegno, c'era scritto sul programma, dello scultore Ballarin) di colore rosso vivo, tirati a lucido e per questo loro fulgore emozionanti. Le successive composizioni e scomposizioni di quei tre elementi, bianco, nero e rosso, sullo sfondo violaceo del paese, precipitanti in un ritmo sempre più affannato, furono interrotte più volte dagli applausi. «Guarda Grossgemüth com'è raggiante» esclamò una signora dietro a Cottes quando l'autore venne alla ribalta. «Bella forza!» ribatté lui. «El gha on crapon ch'el par on specc!» Il celebre compositore era infatti calvo (o rasato?) come un uovo.

Il palco dei Morzi in terza fila era già vuoto.

In questa atmosfera di soddisfazione, mentre la maggior parte del pubblico se n'andava a casa, la *crème* affluì rapidamente nel ridotto per il ricevimento. Sontuosi vasi di ortensie bianche e rosa erano stati collocati negli angoli della lucente sala, che prima, durante gli intervalli, non si eran visti. Alle due porte stavano a ricevere gli ospiti da una parte il direttore artistico, maestro Rossi-Dani, dall'altra il sovrintendente dottor Hirsch, con la brutta ma garbata moglie. Poco dietro a loro, perché amava far sentire la sua presenza ma nello stesso tempo non voleva ostentare un'autorità che non le apparteneva ufficialmente, la signora Portalacqua, chiamata più frequentemente "donna Clara", chiacchierava col venerando maestro Corallo. Già segretaria e braccio destro, molti anni prima, del maestro Tarra, allora direttore artistico, la Portalacqua, rimasta vedova a meno di trent'anni, ricca di casa, imparentata con la migliore borghesia industriale di Milano, era riuscita a farsi considerare indispensabile anche dopo che il Tarra era defunto. Aveva naturalmente dei nemici i quali la definivano un'intrigante: anche essi però pronti a ossequiarla se l'incontravano. Benché probabilmente non ce ne fosse alcun motivo, era temuta. I successivi direttori artistici e i sovrintendenti avevano subito intuito il vantaggio di tenersela buona. La interpellavano quando c'era da formare il cartellone, la consultavano sulla scelta degli interpreti e quando con le autorità e con gli artisti nasceva qualche grana era sempre lei chiamata a districarla; dove, bisogna dire, era bravissima. Del resto, per salvar le form , da anni immemorabili, donna Clara era consigliera dell'Ente autonomo: un seggio praticamente vitalizio che nessuno si era mai sognato di insidiare. Un solo sovrintendente, creato dal fascismo, il comm. Mancuso, ottima pasta d'uomo ma sprovveduto nella navigazione della vita, aveva cercato di metterla da parte; dopo tre mesi, non si sa come, fu sostituito.

Donna Clara era una donna bruttina, piccola, magra, insignificante nell'aspetto, trasandata nel vestire. Una frattura del femore sofferta in gioventù per una caduta da cavallo l'aveva lasciata un poco zoppa (donde il nomignolo di "diavola zoppa" nel clan avversario). Dopo pochi minuti sorprendeva però l'intelligenza che illuminava la sua faccia. Più d'uno, benché sembri strano, se ne era innamorato. Adesso, a oltre sessant'anni, anche per quella specie di prestigio che le dava l'età, vedeva affermarsi come non mai il suo potere. In realtà sovrintendente e direttore eran poco più che dei funzionari a lei subordinati; ma sapeva manovrare con tanto tatto che quelli non se n'accorgevano, anzi erano illusi di essere nel teatro poco meno che dei dittatori.

La gente entrava a fiotti. Uomini celebri e rispettati, ruscelli di sangue blu, *toilettes* giunte fresche da Parigi, gioielli celebri, bocche, spalle e seni a cui anche gli occhi più morigerati non si rifiutavano. Ma insieme entrava ciò che fino allora era soltanto balenato fuggevolmente tra la folla, eco remota e non credibile, senza ferirla: entrava la paura. Le varie e difformi voci avevano finito per incontrarsi e, confermandosi a vicenda, per fare presa. Qua e là si bisbigliava, confidenze all'orecchio, risolini scettici, esclamazioni incredule di quelli che voltavano tutto in un burla. In quel mentre, seguito dagli interpreti, comparve nella sala Grossgemüth. Ci furono, in francese, le presentazioni alquanto laboriose. Poi il musicista, con l'indifferenza di prammatica, fu guidato verso il buffet. Al fianco gli era donna Clara.

Come succede in questi casi, le conoscenze di lingue estere furono messe a dura prova.

«Un *chef-d'oeuvre, véritablement, un vrai chef-d'oeuvre!*» continuava a ripetere il dott. Hirsch, sovrintendente, napoletano nonostante il nome, e sembrava non sapesse dire altro. Anche Grossgemüth, sebbene stabilito da decenni in Delfinato, non si mostrava troppo disinvolto: e il suo accento gutturale rendeva ancora più difficile la comprensione. A sua volta il direttore d'orchestra, maestro Nieberl, pure tedesco, di francese ne sapeva poco. Ci volle un po' di tempo prima che la conversazione si avviasse sui suoi binari. Unica consolazione per i più galanti: la sorpresa che Martha Witt, la danzatrice di Brema, parlasse discretamente l'italiano, anzi con un curioso accento bolognese.

Mentre i camerieri sgusciavano tra la folla con vassoi di spumante e pasticcini, i gruppi si formarono.

Grossgemüth parlava sottovoce con la segretaria di cose, pareva, molto importanti.

«*Je parie d'avoir aperçu Lenotre*» le diceva. «*Etes-vous bien sûre qu'il n'y soit pas?*» Lenotre era il critico musicale del «Le Monde» che lo aveva stroncato malamente alla "prima" di Parigi; se questa sera fosse stato presente significava per lui, Grossgemüth, una formidabile rivincita. Ma monsieur Lenotre non c'era.

«*A quelle heure pourra-t-on lire le "Corriere della Sera"?*» chiedeva ancora il caposcuola con la sfrontatezza propria dei grandi, a donna Clara. «*C'est le journal qui a le plus d'autorité en Italie n'est-ce-pas, Madame?*»

«*Au moins on le dit*» rispose sorridendo donna Clara. «*Mais jusqu'à demain matin...*»

«*On le fait pendant la nuit, n'est-ce-pas, Madame?*»

«*Oui, il paraît le matin. Mais je crois vous donner la certitude que ce sera une espèce de panégyrique. On m'a dit que le critique, le maître Frati, avait l'air rudement bouleversé.*»

«*Oh, bien, ça serai trop, je pense.*» Cercò di escogitare un complimento. «*Madame, cette soirée a la grandeur, et le bonheur aussi, de certains rêves... Et, à propos, je me rappelle un autre journal... le "Messaro", si je ne me trompe pas...*»

«*Le "Messaro"?*» Donna Clara non capiva.

«*Peut-être le "Messaggero"?*» suggerì il dott. Hirsch.

«*Oui, oui, le "Messaggero" je voulais dire...*»

«*Mais c'est à Rome, le "Messaggero"!*»

«*Il a envoyé tout de même son critique*» annunciò uno che purtroppo nessuno conosceva con tono di trionfo; poi pronunciò la frase restata celebre e di cui il solo Grossgemüth parve non afferrare la bellezza. «*Maintenant il est derrière à téléphoner son reportage!*»

«*Ah, merci bien. J'aurais envie de la voir, demain, ce "Messaggero"*» fece Grossgemüth chinandosi verso la segretaria; e spiegò: «*Après tout c'est un journal de Rome, vous comprenez?*».

Qui il direttore artistico comparve offrendo a Grossgemüth, a nome dell'Ente autonomo della Scala, una medaglia d'oro incisa con la data e il titolo dell'opera, in un astuccio di raso blu. Seguirono le consuete proteste del festeggiato, i ringraziamenti, per qualche istante il gigantesco musicista parve proprio commosso. Poi l'astuccio fu passato alla segretaria. La quale aprì per ammirare, sorrise estasiata, sussurrò al maestro: «*Epatant! Mais ça, je m'y connais, c'est du vermeil!*».

La massa degli invitati si interessava d'altro. Una diversa strage e non quella degli innocenti li preoccupava. Che si prevedesse un'azione dei Morzi non era più il segreto di pochi bene informati. La voce, a forza di girare, aveva ormai raggiunto anche coloro che erano soliti stare nella luna, come il maestro Claudio Cottes. Ma in fondo, per dire la verità, non molti ci credevano. «Anche in questo mese la polizia è stata rinforzata. Sono più di ventimila agenti nella sola città. E poi i carabinieri... E poi l'esercito...» Dicevano. «L'esercito! Ma chi ci garantisce che cosa farà la truppa al momento buono? Se ci fosse l'ordine di aprire il fuoco, sparerebbero?» «Io ho parlato proprio l'altro giorno col generale De Matteis. Lui dice che può rispondere del morale delle truppe... Certo che le armi non sono adatte...» «Adatte a che cosa?» «Adatte alle operazioni di ordine pubblico... Ci vorrebbero più bombe lacrimogene... e poi diceva che in questi casi non c'era niente di meglio che la cavalleria... Ma dove è adesso la cavalleria?... Pressoché innocua, di effetto strepitoso...» «Ma senti, caro, non sarebbe meglio andare a casa?» «A casa? Perché a casa? Credi che a casa saremmo più sicuri?» «Per carità, signora, adesso non esageriamo. Prima di tutto bisogna vedere se succederà... e poi, se succederà, sarà questione di domani, domani l'altro... Mai si è vista una rivoluzione scoppiare nella notte... le case chiuse... le strade deserte... per la forza pubblica sarebbe come andare a nozze...!» «Rivoluzione? Misericordia, hai sentito, Beppe?... Quel signore ha detto che c'è rivoluzione... Beppe, dimmi, che cosa faremo?... Ma parla, Beppe, scuotiti... stai lì come una mummia!» «Avete notato? Al terzo atto, nel palco dei Morzi, non c'era più nessuno.» «Ma neppure in quello della Questura e della Prefettura, caro mio... e neanche in quelli dell'esercito, neanche le signore... fuga generale... sembrava una parola d'ordine.» «Ah, non dormono mica in Prefettura... ci sanno... tra i Morzi ci sono informatori del Governo anche nelle logge periferiche.» E così via. Ciascuno in cuor suo avrebbe preferito trovarsi a quell'ora in casa sua. D'altra parte non osava andar via. Avevano paura di sentirsi soli, paura del silenzio, di non aver notizie, di aspettare, fumando in letto, l'esplosione delle prime urla. Mentre là, tra tanta gente conosciuta, in un ambiente estraneo alla politica, con tanti personaggi pieni di autorità, si sentivano quasi protetti, in terra intoccabile, come se la Scala fosse una sede diplomatica. Era poi immaginabile che tutto questo vecchio mondo, lieto, nobile e civile, ancora così solido, tutti questi uomini d'ingegno, tutte queste donne così gentili e amanti delle cose buone, possibile che venisse spazzato via d'un colpo?

Con mondano cinismo che a lui pareva molto di buon gusto, Teodoro Clissi, l'"Anatole France italiano" come era stato definito trent'anni prima, ben portante, il volto roseo da cherubino vizzo, due baffi grigi fedeli a un modello tramontatissimo di intellettuale, descriveva piacevolmente, poco più in là, quello che tutti temevano avvenisse.

«Prima fase» diceva in finto tono cattedratico, prendendo con le dita della mano destra il pollice sinistro come quando si insegna ai bambini la numerazione «prima fase: occupazione dei cosiddetti centri nevralgici della città... e il Cielo non voglia che si sia già a buon punto», consultò ridendo l'orologio a polso. «Seconda fase, cari signori miei: prelevamento degli elementi ostili...»

«Dio mio» scappò detto a Mariù Gabrielli, la moglie del finanziere. «I miei piccoli, soli, a casa!»

«Niente piccoli, cara signora, non abbia paura» fece Clissi. «Questa è caccia grossa: niente bambini, soltanto adulti, e bene sviluppati!»

Rise della facezia.

«E poi a casa non hai la *nurse*?» esclamò la bella Ketti Introzzi, oca come al solito.

Intervenne una voce fresca e petulante insieme.

«Ma scusi, Clissi, le trova proprio spiritose queste storie?»

Era Liselore Bini, forse la giovane signora più brillante di Milano, simpatica ugualmente per la faccia piena di vita e per la sincerità senza freni, quale danno soltanto o grande spirito o forte superiorità sociale.

«Ecco» disse il romanziere, un po' interdetto, sempre scherzando. «Trovo opportuno instradare queste dame verso la novità che...»

«Scusi, sa?, Clissi, ma mi risponda: farebbe qui, stasera, questi discorsi, se lei non si sentisse assicurato?»

«Perché assicurato?»

«Oh, Clissi, non mi costringa a dire quello che tutti sanno. Del resto, perché rimproverarla se lei ha dei buoni amici anche tra, come dire, anche tra i rivoluzionari?... Anzi, ha fatto bene, benissimo... Forse tra poco lo constateremo... Lo sa bene anche lei di poter contare sull'esonero...»

«Che esonero? Che esonero?» disse lui impallidito.

«Diamine! L'esonero dal muro!» E gli voltò le spalle tra le soffocate risa dei presenti.

Il gruppo si divise. Clissi restò pressoché solo. Gli altri fecero circolo poco più in là, intorno a Liselore. Come se quello fosse una specie di bivacco, l'ultimo disperato bivacco del suo mondo, la Bini si accoccolò languidamente a terra, spiegazzando tra i mozziconi di sigaretta e le chiazze di *champagne* la *toilette* di Balmain costata a occhio e croce duecentomila lire. E vivamente polemizzò con un accusatore immaginario, prendendo le difese della sua classe. Ma siccome non c'era alcuno che la contraddicesse, aveva l'impressione di non essere capita bene, e infantilmente si accaniva, alzando il capo agli amici rimasti in piedi. «Sanno o non sanno i sacrifici che si sono fatti? Sanno o no che non abbiamo più un soldo in banca?... I gioielli! Ecco, i gioielli!» e faceva l'atto di sfilare un braccialetto d'oro con un topazio di due etti. «Bella roba! quand'anche dessimo la chincaglieria, che cosa si risolverebbe?... No, non è per questo» la voce si faceva prossima al pianto. «È proprio perché odiano le nostre facce... Non sopportano che ci sia gente civile... non sopportano che noi non puzziamo come loro... ecco la "nuova giustizia" che vogliono quei porci!...»

«Prudenza, Lisetore» disse un giovanotto. «Non si sa mai chi ci sta a sentire.»

«Prudenza un corno! Credi che non sappia che mio marito ed io siamo i primi nella lista? Prudenza anche ci vorrebbe? Ne abbiamo avuto troppa di prudenza, questo il guaio. E adesso forse...» si interruppe. «Be', è meglio che la smetta.»

L'unico tra tutti, a perdere subito la testa, era stato proprio il maestro Claudio Cottes. Come un esploratore, per fare un paragone di vecchio stampo, che, costeggiata a gran distanza, per non aver noie, la plaga dei cannibali, dopo parecchi giorni di continuo viaggio per terre sicure, quando ormai non ci si pensa più, vede spuntare dai cespugli dietro la sua tenda, a centinaia, i giavellotti dei niam niam e scorge, di tra i rami, brillare fameliche pupille, così il vecchio pianista tremò alla notizia che i Morzi entravano in azione. Tutto era piombato su di lui nello spazio di poche ore: il primo disagio premonitore per la telefonata, le ambigue parole del Bombassei, il monito del problematico signore e adesso la catastrofe imminente. Quell'imbecille di Arduino! Se succedeva un patatrac i Morzi lo avrebbero sistemato tra i primissimi. E ormai era troppo tardi per rimediare. Poi per consolarsi si diceva: "Ma se il signore di poco fa mi ha avvertito, non è buon segno? Non significa che contro Arduino ci sono soltanto dei sospetti? Già" interveniva dentro di lui una voce opposta "perché nelle insurrezioni si guarda tanto per il sottile! E come escludere che l'avvertimento sia stato fatto proprio questa sera, a scopo di pura malvagità, non essendoci più per Arduino il tempo di salvarsi?". Fuori di sé, il vecchio passava da gruppo a gruppo, nervosamente, il volto ansioso, nella speranza di raccogliere qualche notizia tranquillizzante. Ma di buone notizie non ce n'erano. Abituato a vederlo sempre gioviale e di lingua lesta, gli amici si meravigliavano che fosse così stravolto. Ma avevano da pensare abbastanza ai propri casi per preoccuparsi di quell'innocuo vecchio, proprio di lui che non aveva motivo di temere nulla.

Così vagando, pur di appoggiarsi a qualche cosa che gli desse sollievo, tranguggiava distrattamente, uno dopo l'altro, i bicchieri di spumante che i camerieri gli offrivano senza risparmio. E si aggravava la confusione in testa.

Finché gli venne in mente la risoluzione più semplice. E si meravigliò di non averci pensato prima: tornare a casa, avvertire il figlio, farlo nascondere in qualche appartamento. Di amici disposti ad ospitarlo certo non mancavano. Guardò l'orologio: le une e dieci. Si avviò verso la scala.

Ma a pochi passi dalla porta fu fermato. «Dove va, maestro benedetto, a quest'ora? E perché ha quella faccia? Non si sente bene?» Era nientemeno che donna Clara, staccatasi dal gruppo più autorevole e ferma lì, presso l'uscita, insieme con un giovanotto.

«Oh, donna Clara» fece Cottes riprendendosi. «E dove pensa che possa andare a un'ora simile? Alla mia età? Vado a casa, naturalmente.»

«Senta, maestro» e qui la Passalacqua prese un tono di stretta confidenza. «Dia retta a me: aspetti ancora un poco. Meglio non uscire... Fuori c'è qualche movimento, mi capisce?»

«Come, hanno già cominciato?»

«Non si spaventi, caro maestro. Non c'è pericolo. Tu Nanni vuoi accompagnare il maestro a prendere un cordiale?»

Nanni era il figlio del maestro Gibelli, compositore, suo vecchio amico. Mentre donna Clara si allontanava per fermare altri all'uscita, il giovanotto, accompagnando il Cottes al *buffet*, lo mise al corrente. Pochi minuti prima era arrivato l'avvocato Frigerio, uno sempre informatissimo, intrinseco del fratello del prefetto. Era corso alla Scala per avvertire che nessuno si muovesse. I Morzi si erano concentrati in vari punti della periferia e stavano per affluire in centro. La Prefettura era già praticamente circondata. Diversi reparti della polizia si trovavano isolati e privi di automezzi. Insomma si era alle strette. Uscire dalla Scala, per di più in abito da sera, non era consigliabile. Meglio aspettare là. Certo i Morzi non sarebbero venuti a invadere il teatro.

Il nuovo annuncio, passato di bocca in bocca, con sorprendente rapidità, fece sugli invitati un tremendo effetto. Non era più, dunque, il tempo di scherzare. Il brusio si spense, una certa animazione rimase solo intorno a Grossgemüth, non sapendosi come sistemarlo. Sua moglie, stanca, già da un'ora aveva raggiunto in automobile l'albergo. Come adesso accompagnare lui per le strade già presumibilmente invase dal tumulto? Sì, era un artista, un vecchio, uno straniero. Perché avrebbero dovuto minacciarlo? Ma era pur sempre un rischio. L'albergo era lontano, di fronte alla stazione. Forse dargli una scorta d'agenti? Sarebbe stato probabilmente peggio.

A Hirsch venne un'idea: «Senta, donna Clara. Se si potesse trovare qualche pezzo grosso dei Morzi... Non ne ha visti qui?... Sarebbe un salvacondotto proprio ideale».

«Eh già» assentì donna Clara, e meditava. «... Ma sì, ma sa che è un'idea stupenda?... E siamo fortunati... Ne ho intravisto uno poco fa. Non proprio grosso calibro, ma sempre un deputato. Lajanni, voglio dire... Ma sì, ma sì, vado a vedere subito.»

Questo on. Lajanni era un uomo scialbo e dimesso nel vestire. Aveva quella sera uno *smoking* di taglio sorpassato, una camicia di freschezza dubbia, le unghie delle mani contornate da strisce grigie. Per lo più incaricato di svolgere vertenze agrarie, veniva a Milano raramente e pochi lo conoscevano di vista. Fino allora, del resto, invece di correre al *buffet*, se n'era andato solo soletto a visitare il Museo teatrale. Tornando nel ridotto pochi minuti prima, si era seduto su un sofà in disparte, fumando una sigaretta Nazionale.

Donna Clara gli andò diritta incontro. Lui si levò in piedi.

«Dica la verità, onorevole» fece la Passalacqua senza preamboli. «Dica la verità: lei è qui a farci la guardia?»

«La guardia? Proprio? E perché mai?» esclamò il deputato alzando le sopracciglia a indicar stupore.

«Me lo domanda? Saprà pur qualcosa, lei che è dei Morzi!»

«Oh, se è per questo... certo che qualcosa so... E lo sapevo anche da prima, per essere sincero... Sì, conoscevo il piano di battaglia, purtroppo.»

Donna Clara, senza rilevare quel "purtroppo", continuò decisa: «Senta, onorevole, capisco che può sembrarle un poco comico, ma ci troviamo in una situazione imbarazzante. Grossgemüth è stanco, ha voglia di dormire, e noi non sappiamo come fargli raggiungere l'albergo. Capisce? per le strade c'è agitazione... Non si sa mai... un malinteso... un incidente... è un momento... D'altra parte come fare a spiegargli la difficoltà? Mi parrebbe poco simpatico, con uno straniero? E poi...».

Lajanni la interruppe: «Insomma, se non vado errato, si vorrebbe che lo accompagnassi io, che lo coprissi con la mia autorità, vero? Ah, ah...». Scoppiò a ridere in modo tale che donna Clara restò di stucco. Sghignazzava facendo dei cenni con la mano destra come a dire che lui capiva, sì, era villano ridere così, chiedeva scusa, era mortificato, ma il caso era troppo divertente. Fin che riprese fiato e si spiegò.

«L'ultimo, egregia signora!» fece col suo accento manierato, ancora scosso dai singulti del riso. «Sa che cosa vuol dir l'ultimo? L'ultimo di quanti sono qui alla Scala, comprese le maschere e i camerieri... l'ultimo che possa proteggere il bravo Grossgemüth, l'ultimo son proprio io... La mia autorità? Questa è magnifica! Ma sa lei chi i Morzi farebbero fuori per primo, di quanti sono qui presenti? Lo sa lei?...» E aspettava la risposta.

«Non saprei...» disse donna Clara.

«Il sottoscritto, signora egregia! Proprio con me regolerebbero il conto con assoluta precedenza.»

«Sarebbe come dire caduto in disgrazia?» fece lei che non le mandava a dire.

«Precisamente, ecco.»

«E così di colpo? Proprio stasera?»

«Sì. Cose che succedono. Esattamente tra il secondo e il terz'atto, nel corso di una breve discussione. Ma penso che la meditassero da mesi.»

«Be', almeno lei non ha perso il buon umore...»

«Oh, noialtri!» spiegò in tono amaro. «Noi siamo sempre pronti al peggio... È la nostra abitudine mentale... Guai, se no...»

«Bene. L'ambasceria è andata a vuoto, pare. Mi scusi... e tanti auguri, se crede il caso...» aggiunse donna Clara volgendo indietro il capo perché già si allontanava. «Niente da fare» annunciò poi al sovrintendente. «L'onorevole non conta più di quel che si dice un fico secco... Non si dia pensiero... a Grossgemüth ci penso io...»

Da una certa distanza, quasi in silenzio, gli invitati avevano seguito l'incontro e colto a volo alcune frasi. Né alcuno sgranò gli occhi quanto il vecchio Cottes: colui che ora gli indicavano come l'on. Lajanni altri non era se non il signore misterioso che gli aveva parlato di Arduino.

Il colloquio di donna Clara e la sua disinvoltura col deputato dei Morzi, il fatto inoltre che ad accompagnare Grossgemüth attraverso la città andasse proprio lei, ebbero moltissimi commenti. C'era dunque del vero, si pensò, in quello che si andava mormorando da parecchio tempo: donna Clara tresca-va coi Morzi. Con l'aria di tenersi fuori della politica, si destreggiava tra l'una e l'altra parte. Logico del resto, cono-scendosi che donna fosse. Era verosimile che donna Clara, per restare in sella, non avesse preveduto ogni ipotesi e non si fosse procurata anche tra i Morzi le amicizie sufficienti? Molte signore erano indignate. Gli uomini invece si mostravano propensi a compatirla.

Ma la partenza di Grossgemüth con la Passalacqua, dando fine al ricevimento, accentuò l'orgasmo generale. Ogni pretesto mondano per rimanere era esaurito. La finzione cadeva. Sete, _décolletés_, marsine, gioielli, tutto l'armamentario della festa ebbero di colpo l'amaro squallore delle maschere a carnevale terminato allorché la pesante vita di tutti i giorni si riaffaccia. Ma stavolta non c'era dinanzi la quaresima, qualcosa di ben più temibile stava in attesa al traguardo della prossima mattina.

Un gruppo uscì sulla terrazza a vedere. La piazza era deserta, le automobili stavano assopite, nere come non mai, abbando-nate. E gli autisti? Dormivano invisibili, sui divani posteriori?

O anch'essi erano fuggiti per partecipare alla rivolta? Ma i globi della luce risplendevano regolarmente, tutto dormiva, si tendeva le orecchie per avvertire un lontano rombo che si avvicinasse, eco di tumulti, spari, rombo di carriaggi. Non si udiva niente. «Ma siamo matti?» gridò uno. «Ci pensate se vedono tutta questa luminaria? Uno specchietto per chiamarli!» Rientrarono, loro stessi chiusero le imposte esterne, mentre qualcuno andava a cercare l'elettricista. Poco dopo i grandi lampadari del ridotto si spensero. Le "maschere" portarono una dozzina di candelieri e li deposero per terra. Anche questo gravò sugli animi come un malaugurio.

Stanchi, uomini e donne, perché i divani erano pochi, cominciarono a sedersi in terra, dopo avere disteso i soprabiti per non sporcarsi. Dinanzi a uno studiolo, presso il Museo, dove c'era un telefono, si formò una coda. Pure Cottes aspettò il turno, per tentare almeno questo: che Arduino fosse avvertito del pericolo. Nessuno più intorno a lui scherzava, nessuno ricordava più la *Strage* e Grossgemüth.

Aspettò almeno tre quarti d'ora. Come si trovò solo nello stanzino (qui, non essendoci finestre, la luce elettrica era accesa) sbagliò due volte a formare il numero perché gli tremavano le mani. Finalmente udì il segnale di linea libera. Gli parve suono amico, voce rassicurante di casa sua. Ma perché nessuno gli rispondeva? Che ancora Arduino non fosse rientrato? Eppure le due erano passate. E se i Morzi lo avessero già preso? Stentava a reprimere l'affanno. Dio, perché nessuno rispondeva? Ah, finalmente.

«Pronto, pronto» era la voce assonnata di Arduino. «Chi è, Cristo, a quest'ora?»

«Pronto, pronto» disse il padre. Ma immediatamente si pentì. Quanto meglio se avesse taciuto: perché in questo istante gli venne in mente che la linea potesse essere controllata. Che cosa dirgli adesso? Consigliarlo a fuggire? Spiegargli che cosa stava succedendo? E se quelli stavano in ascolto?

Cercò un pretesto indifferente. Per esempio, che venisse subito alla Scala per combinare un concerto di musiche sue. No, perché a Arduino sarebbe toccato uscire. Un pretesto banale, allora? Dirgli che aveva dimenticato il portafogli e che era in pensiero? Peggio. Il figlio non avrebbe saputo ciò che occorreva e i Morzi, che certo ascoltavano, si sarebbero insospettiti.

«Senti, senti...» disse per guadagnare tempo. Forse l'unica era dirgli di aver dimenticato la chiave del portello: sola giustificazione plausibile e innocente di una telefonata così tarda.

«Senti» ripeté «ho dimenticato le chiavi di casa. Tra venti minuti sarò dabbasso.» Lo prese un'onda di terrore. E se Arduino fosse sceso ad aspettarlo e uscito per la strada? Forse qualcuno era stato spedito a prelevarlo e stazionava nella via.

«No, no» rettificò «aspetta a scendere che io sia arrivato. Mi sentirai fischiettare.» Che idiota, si disse ancora, questo è insegnare ai Morzi il sistema più facile per catturarlo.

«Sentimi bene» disse «sentimi bene... non scendere fin che mi sentirai fischiettare il motivo della *Sinfonia romanica*... Lo conosci, vero?... Siamo intesi. Mi raccomando.»

Troncò il contatto per evitare domande pericolose. Che razza di pasticcio aveva combinato? Arduino ancora all'oscuro del pericolo, i Morzi messi sul chi vive. Forse qualche musicologo, tra di loro, ci poteva essere che conoscesse la *Sinfonia* convenuta. Forse, arrivando, egli avrebbe trovato nella via i nemici in attesa. Più stupidamente di così non avrebbe potuto agire. Telefonargli di nuovo, allora, e parlar chiaro? Ma in quel mentre l'uscio si socchiuse, si affacciò il volto apprensivo di una ragazzina. Cottes uscì asciugandosi il sudore.

In ridotto, alle fioche luci, trovò aggravata l'aria di disfacimento. Signore rattrappite e freddolose, strette l'una di fianco all'altra sui divani, sospiravano. Molte si erano tolti i gioielli più vistosi riponendoli nelle borsette, altre, lavorando dinanzi alle specchiere, avevano ridotto la pettinatura a forme meno provocanti, altre si erano curiosamente acconciate con le mantelline e i veli sì da parere quasi delle penitenti. «Ma è spaventosa questa attesa, meglio finirla in qualsiasi modo.» «No, questa non ci voleva... e io che pareva che me la sentissi...

Proprio oggi si doveva partire per Tremezzo, poi Giorgio ha detto ma è un peccato perdere la prima di Grossgemüth, io gli dico ma lassù ci aspettano, be' non importa dice lui con una telefonata rimediamo, no non mi sentivo, adesso anche l'emicrania... mia povera testa...» «Oh te, scusa, non lamentarti, te ti lasceranno in pace, te non sei compromessa...» «Sa che Francesco, il mio giardiniere, dice di averle viste coi suoi occhi, le liste nere?... È dei Morzi, lui... dice che sono più di quarantamila nomi nella sola Milano.» «Dio mio, possibile una tale infamia?...» «Ci sono notizie nuove?» «No, non si sa niente.» «Arriva gente?» «No, dicevo che non si sa niente.» Qualcuna tiene le mani giunte come per caso e sta pregando, qualcuna bisbiglia fitto fitto nell'orecchio dell'amica senza interruzione, come presa da una frenesia. E poi uomini distesi a terra, molti senza scarpe, i colletti slacciati, le cravatte bianche penzolanti, fumano, sbadigliano, ronfano, discutono a voce bassa, scrivono chissà cosa con matite d'oro sul risvolto del programma. Quattro cinque, gli occhi agli interstizi delle persiane, fanno da sentinella, pronti a segnalare novità all'esterno. E in un angolo, solo, l'on. Lajanni, pallido, un po' curvo, gli occhi sbarrati, che fuma Nazionali.

Ma durante l'assenza del Cottes la situazione degli assediati si era cristallizzata in modo strano. Poco prima ch'egli andasse a telefonare, fu visto l'ing. Clementi, il proprietario delle rubinetterie, trattenersi col sovrintendente Hirsch e poi trarlo in disparte. Confabulando, si avviarono verso il Museo teatrale e qui, al buio, rimasero vari minuti. Poi l'Hirsch ricomparve nel ridotto, mormorò qualche cosa successivamente a quattro persone, le quali lo seguirono: erano lo scrittore Clissi, la soprano Borri, un certo Prosdocimi, commerciante in tessuti e il giovane conte Martoni. Il gruppetto raggiunse l'ing. Clementi ch'era rimasto di là, al buio, e si formò una specie di conciliabolo. Una "maschera", senza dare spiegazioni venne quindi a prendere uno dei candelieri dal ridotto e lo portò nella saletta del Museo dove quelli si erano ritirati.

Il movimento, dapprima inosservato, destò la curiosità, anzi l'allarme; bastava poco a insospettire, in quello stato d'animo.

124

Qualcuno, con l'aria di capitare là per caso, andò a dare un'occhiata; di questi non tutti fecero ritorno nel ridotto. Infatti l'Hirsch e il Clementi, a seconda dei volti che si affacciavano alla porta della saletta, sospendevano la discussione oppure invitavano ad entrare in forma assai obbligante. In poco tempo il gruppo dei secessionisti raggiunse la trentina.

Non fu difficile capire, conoscendo i tipi. Clementi, Hirsch e compagni tentavano di far parte a sé, di schierarsi anticipatamente dalla parte dei Morzi, di far capire che non avevano niente da spartire con tutti quei marci ricconi rimasti nel ridotto. Di alcuni già si sapeva che in occasioni precedenti, più per paura probabilmente che per sincera convinzione, si erano mostrati teneri o indulgenti verso la potente setta. Dell'ing. Clementi, pur di mentalità dispotica e padronale, non ci si meravigliò, sapendosi che uno dei suoi figli, degenere, occupava addirittura un posto di comando nelle file dei Morzi. Poco prima lo si era visto, il padre, entrare nello sgabuzzino del telefono e quelli che aspettavano di fuori avevano dovuto pazientare più di un quarto d'ora; si suppose che, vistosi in pericolo, Clementi avesse chiesto per telefono aiuto al figlio e costui, non volendo esporsi personalmente, gli avesse consigliato di agire subito per conto suo: riunendo una specie di comitato favorevole ai Morzi, quasi una giunta rivoluzionaria della Scala, che i Morzi poi, arrivando, avrebbero tacitamente riconosciuto e, quel che più importa, risparmiato. Dopo tutto, notò qualcuno, il sangue non era acqua.

Ma per parecchi altri secessionisti c'era da sbalordire. Erano tipici campioni della categoria sopra tutte aborrita dai Morzi, proprio ad essi o per lo meno a gente come loro potevano imputarsi molti dei guai che ai Morzi troppo spesso offrivano facili spunti di propaganda o agitazione. Eccoli adesso schierarsi all'improvviso dalla parte dei nemici, rinnegando tutto il passato oltre ai discorsi tenuti fino a pochi minuti prima. Evidentemente da tempo trescavano nel campo avversario, non badando a spese, per garantirsi una scappatoia al momento buono; ma di nascosto, per interposta persona, così da non perdere la faccia nel mondo elegante ch'essi frequentavano.

Venuta infine l'ora del pericolo, si erano affrettati a rivelarsi, incuranti di salvare le apparenze: andassero pure all'inferno le relazioni, le nobili amicizie, il posto in società, adesso si trattava della vita.

La manovra, se all'inizio procedette in sordina, ben presto preferì manifestarsi chiaramente, proprio allo scopo di definire le rispettive posizioni. Nella saletta del Museo venne riaccesa la luce elettrica e spalancata la finestra affinché di fuori si vedesse bene e i Morzi, arrivando in piazza, capissero subito di avere lassù dei sicuri amici.

Rientrato dunque nel ridotto, il maestro Cottes si accorse della novità, notando il bianco riverbero che, rimandato di specchio in specchio, veniva dal Museo e udendo l'eco della discussione che vi si svolgeva. Però non ne capiva le ragioni. Perché nel Museo avevano riacceso la luce e nel ridotto no? Che stava succedendo?

«E che cosa fanno quelli di là?» domandò infine ad alta voce.

«Che cosa fanno?» gridò con la sua simpatica vocetta Liselore Bini accoccolata a terra, la schiena contro il fianco del marito. «Beati gli innocenti, caro maestro!... Hanno fondato la cellula scaligera, quei machiavelli. Non hanno perso tempo. Si affretti, maestro, pochi minuti ancora e poi le iscrizioni si chiudono. Brava gente, sa?... Ci hanno informato che faranno di tutto per salvarci... Adesso si spartiscono la torta, legiferano, ci hanno autorizzato a riaccendere le luci... vada a vederli, maestro, che vale la pena... Sono carini sa?... Grossi, luridi maiali!» alzò la voce «... giuro che, se non succede niente...»

«Su, Liselore, calmati» le disse il marito che a occhi chiusi sorrideva, divertendosi come se tutta quella fosse un'avventura sportiva di nuovo genere.

«E donna Clara?» chiese Cottes, sentendo confondersi le idee.

«Ah, sempre all'altezza, la zoppetta!... Ha scelto la soluzione più geniale, anche se più faticosa... Donna Clara cammina. Cammina, capisce? Passeggia in su e in giù... due parole di qua due parole di là e così via, comunque vadano le cose lei è a posto... non si sbilancia... non si pronuncia... non si siede... un po' di qua un po' di là... fa la spola... la nostra impareggiabile presidentessa!»

Era la verità. Tornata dall'aver condotto Grossgemüth all'albergo, Clara Passalacqua ancora dominava, dividendosi imparzialmente tra i due partiti. E per questo fingeva di ignorare lo scopo di quel convegno a parte, quasi fosse un capriccio di invitati. Ma ciò la costringeva a non fermarsi mai perché fermarsi equivaleva a una scelta impegnativa. Passava e ripassava cercando di incoraggiare le donne più abbattute, provvedeva nuovi sedili e con molta intelligenza promosse un secondo abbondante turno di rinfresco. Lei stessa girava zoppicando coi vassoi e con le bottiglie, tanto da ottenere in entrambi i campi un successo personale.

«Pss, pss...» chiamò in quel mentre una delle vedette appostate dietro le persiane, e fece segno verso la piazza.

Sei sette corsero a vedere. Lungo la Banca Commerciale, proveniente da via Case Rotte, avanzava un cane: un bastardo, pareva, e a testa bassa, rasente il muro, scomparve giù per via Manzoni.

«E per chi ci hai chiamati, per un cane?»

«Mah... io pensavo che dietro il cane...»

Così la condizione degli assediati stava per diventar grottesca. Fuori, le strade vuote, il silenzio, l'assoluta pace, almeno in apparenza. Qui dentro, una visione di disfatta: decine e decine di persone ricche, stimate e potenti che, rassegnate, sopportavano quella specie di vergogna per un rischio non ancora dimostrato.

Passando le ore, se crescevano la stanchezza e l'intorpidimento delle membra, ad alcuni però si snebbiò la testa. Era ben strano, se i Morzi avevano scatenato l'offensiva, che in piazza della Scala non fosse arrivata ancora neanche una staffetta. E sarebbe stato amaro patire tanta paura gratis. Verso il gruppo dove si trovavano le signore più di riguardo, al lume tremolante delle candele ecco avanzare, una coppa di spumante nella destra, l'avvocato Cosenz, un dì celebre per le sue conquiste e ancora considerato, da alcune vecchie dame, uomo pericoloso.

«Sentite, cari amici» declamò con voce insinuante «può darsi, dico può darsi che domani sera molti di noi qui presenti si trovino, uso un eufemismo, in una condizione critica...» (qui una pausa). «Ma può anche darsi, né sappiamo quale delle due ipotesi sia più attendibile, può darsi che domani sera tutta Milano si smascelli dalle risa pensando a noi. Un momento. Non mi interrompete... Valutiamo serenamente i fatti. Che cosa ci fa credere che il pericolo sia così vicino? Enumeriamo i sintomi. Primo: la scomparsa al terzo atto dei Morzi, del prefetto, del questore, dei rappresentanti militari. Ma chi può escludere, mi sia perdonata la bestemmia, che fossero stufi della musica? Secondo: le voci, giunte da diverse parti, che stesse per scoppiare una rivolta. Terzo, e sarebbe il fatto più grave: le notizie che si dice, ripeto si dice, abbia portato il mio benemerito collega Frigerio; il quale però se ne è andato subito dopo e deve anzi avere fatto un'apparizione molto breve se quasi nessuno di noi l'ha visto. Non importa. Ammettiamo pure: Frigerio ha detto che i Morzi avevano iniziato l'occupazione della città, che la Prefettura era assediata eccetera... Io chiedo: ma da chi Frigerio ha avuto, all'una di notte, queste informazioni? Possibile che notizie così riservate gli siano state trasmesse a tarda notte? E da chi? E per quale motivo? Intanto, qui nei dintorni non si è notato, e sono ormai le tre passate, nessun sintomo sospetto. Né si sono uditi rumori di alcun genere. Insomma, c'è da restare per lo meno in dubbio.»

«E perché al telefono nessuno riesce ad aver notizie?»

«Giusto» proseguì Cosenz, dopo aver inghiottito un sorso di *champagne*. «Quarto elemento preoccupante è, per così dire, la sordità telefonica. Chi ha tentato di comunicare con la Prefettura e la Questura dice di non esserci riuscito o per lo meno di non aver potuto avere informazioni. Ebbene, se voi foste un funzionario e all'una di notte una voce sconosciuta o incerta vi chiedesse come vanno le cose pubbliche, dico, rispondereste? Questo, notate bene, mentre è in corso una fase politica di estrema delicatezza. Anche i giornali, è vero, sono stati reticenti... Vari amici delle redazioni sono stati sulle generali. Uno, il Bertini, del "Corriere", mi ha risposto testualmente: "Finora qui non si sa niente di preciso". "E di non preciso?" ho chiesto io. Ha risposto: "Di non preciso c'è che non si capisce niente". Ho insistito: "Ma voi siete preoccupati?". Lui ha risposto: "Non direi, almeno fino adesso".»

Respirò. Tutti lo ascoltavano con la voglia matta di poter approvare il suo ottimismo. Il fumo delle sigarette ristagnava, con un incerto odore misto di traspirazione umana e di profumi. Un'eco di voci concitate arrivò alla porta del Museo.

«Per concludere» disse Cosenz «circa le notizie telefoniche, o meglio le mancate notizie, non mi sembra che ci sia troppo da allarmarsi. Probabilmente anche ai giornali non si sa molto. E significa che la temuta rivoluzione, se c'è, non si è ancora ben delineata. Ve lo immaginate che i Morzi, padroni della città, lascino uscire il "Corriere della Sera"?»

Due tre risero, nel silenzio generale.

«Non è finita. Quinto elemento preoccupante potrebbe essere la secessione di quelli là» e fece un cenno verso il Museo. «Andiamo: volete che siano così imbecilli da compromettersi tanto apertamente senza la sicurezza matematica che i Morzi riusciranno? Però mi sono anche detto: nel caso che la rivolta abortisse, ammessa la rivolta, di pretesti buoni per giustificare quel complotto in separata sede non ci sarà penuria. Figuratevi, avranno solo l'imbarazzo della scelta: tentativo di mimetizzazione, per esempio, tattica del doppio gioco, premure per l'avvenire della Scala e così via... Statemi a sentire: quelli là, domani...»

Ebbe un attimo di incertezza. Restò col braccio sinistro levato senza finire. In quel brevissimo silenzio, da una lontananza che era difficile valutare, giunse un boato: rombo di un'esplosione che rintronò nel cuore dei presenti.

«Gesù, Gesù» gemette Mariù Gabrielli gettandosi in ginocchio. «I miei bambini!» «Han cominciato!» gridò un'altra istericamente. «Calma, calma, non è successo niente! Non fate le donnette!» intervenne Liselore Bini.

Allora si fece avanti il maestro Cottes. Stralunato in volto, il soprabito gettato sulle spalle, le mani aggrappate ai risvolti della marsina, fissò negli occhi l'avvocato Cosenz. E annunciò solennemente: «Io vado».

«Dove, dove va?» fecero insieme parecchie voci, con indefinibili speranze.

«A casa, vado. Dove volete mai che vada? Qua io non ci resisto.» E mosse in direzione dell'uscita. Ma barcollava, si sarebbe detto ubriaco fradicio.

«Proprio adesso? Ma no, ma no, aspetti! Tra poco è mattino!» gli gridarono dietro. Fu inutile. Due gli fecero strada con le candele fin dabbasso dove un portiere insonnolito gli aperse senza obiezioni. «Telefoni» fu l'ultima raccomandazione. Il Cottes si incamminò senza rispondere.

Su, nel ridotto, corsero ai finestroni, spiando dalle fessure delle imposte. Che sarebbe successo? Videro il vecchio attraversare i binari del tram; a passi goffi, quasi incespicando, puntare all'aiola centrale della piazza. Sorpassò la prima fila di automobili ferme, procedette nella zona sgombra. All'improvviso stramazzò di schianto in avanti, come se gli avessero dato uno spintone. Ma oltre a lui non si vedeva nella piazza anima viva. Si udì il tonfo. Restò disteso sull'asfalto, le braccia tese, a faccia in giù. Da lontano pareva un gigantesco scarafaggio spiaccicato.

A chi vide, venne a mancare il fiato. Restarono là, imbambolati dallo spavento, senza una parola. Poi sorse un grido orribile di donna: «Lo hanno accoppato!».

La piazza stava immobile. Dalle macchine in attesa nessuno uscì in aiuto del vecchio pianista. Tutto sembrava morto. E, sopra, il peso di un incubo immenso.

«Gli hanno sparato. Ho sentito il colpo» disse uno.

«Macché, sarà stato il rumore della caduta.»

«Ho sentito il colpo, giuro. Pistola automatica, me ne intendo.»

Nessuno contraddisse. Restarono così, chi seduto fumando per disperazione, chi abbandonato in terra, chi incollato alle imposte per spiare. Sentivano il destino che avanzava: concentrico, dalle porte della città verso di loro.

Finché un barlume vago di luce grigia calò sui palazzi addormentati. Un solitario ciclista passò cigolando. Si udì un fragore simile a quello dei tram lontani. Quindi nella piazza spuntò un ometto curvo spingendo un carrettino. Con calma estrema, partendo dall'imbocco di via Marino, l'ometto cominciò a spazzare. Bravo! Bastarono pochi colpi di ramazza. Scopando le carte e la sporcizia, egli scopava insieme la paura. Ecco un altro ciclista, un operaio a piedi, un camioncino. Milano si svegliava a poco a poco.

Niente era successo. Scosso finalmente dallo spazzino, il maestro Cottes soffiando si rimise in piedi, trasecolato guardò intorno, raccolse il soprabito da terra, si affrettò dondolando verso casa.

E nel ridotto, l'alba filtrando dalle persiane, si vide entrare, a passi quieti e silenziosi, la vecchia fioraia. Un'apparizione. Pareva si fosse vestita e incipriata allora allora per una serata inaugurale, la notte era passata su di lei senza sfiorarla: l'abito lungo fino a terra di tulle nero, il velo nero, le nere ombre intorno agli occhi, colmo di fiori il cestellino. Passò in mezzo alla livida assemblea e col suo sorriso malinconico porse a Liselore Bini una gardenia, intatta.

Una goccia

Una goccia d'acqua sale i gradini della scala. La senti? Disteso in letto nel buio, ascolto il suo arcano cammino. Come fa? Saltella? Tic, tic, si ode a intermittenza. Poi la goccia si ferma e magari per tutta la rimanente notte non si fa più viva. Tuttavia sale. Di gradino in gradino viene su, a differenza delle altre gocce che cascano perpendicolarmente, in ottemperanza alla legge di gravità, e alla fine fanno un piccolo schiocco, ben noto in tutto il mondo. Questa no: piano piano si innalza lungo la tromba delle scale lettera E dello sterminato casamento.

Non siamo stati noi, adulti, raffinati, sensibilissimi, a segnalarla. Bensì una servetta del primo piano, squallida piccola ignorante creatura. Se ne accorse una sera, a ora tarda, quando tutti erano già andati a dormire. Dopo un po' non seppe frenarsi, scese dal letto e corse a svegliare la padrona. «Signora» sussurrò «signora!» «Cosa c'è?» fece la padrona riscuotendosi. «Cosa succede?» «C'è una goccia, signora, una goccia che vien su per le scale!» «Che cosa?» chiese l'altra sbalordita. «Una goccia che sale i gradini!» ripeté la servetta, e quasi si metteva a piangere. «Va', va'» imprecò la padrona «sei matta? Torna in letto, marsch! Hai bevuto, ecco il fatto, vergognosa. È un pezzo che al mattino manca il vino nella bottiglia! Brutta sporca, se credi...» Ma la ragazzetta era fuggita, già rincantucciata sotto le coperte.

"Chissà che cosa le sarà mai saltato in mente, a quella stupida" pensava poi la padrona, in silenzio, avendo ormai perso il sonno. Ed ascoltando involontariamente la notte che

132

dominava sul mondo, anche lei udì il curioso rumore. Una goccia saliva le scale, positivamente.

Gelosa dell'ordine, per un istante la signora pensò di uscire a vedere. Ma che cosa mai avrebbe potuto trovare alla miserabile luce delle lampadine oscurate, pendule dalla ringhiera? Come rintracciare una goccia in piena notte, con quel freddo, lungo le rampe tenebrose?

Nei giorni successivi, di famiglia in famiglia, la voce si sparse lentamente e adesso tutti lo sanno nella casa, anche se preferiscono non parlarne, come di cosa sciocca di cui forse vergognarsi. Ora molte orecchie restano tese, nel buio, quando la notte è scesa a opprimere il genere umano. E chi pensa a una cosa, chi a un'altra.

Certe notti la goccia tace. Altre volte invece, per lunghe ore non fa che spostarsi, su, su, si direbbe che non si debba più fermare. Battono i cuori allorché il tenero passo sembra toccare la soglia. Meno male, non si è fermata. Eccola che si allontana, tic, tic, avviandosi al piano di sopra.

So di positivo che gli inquilini dell'ammezzato pensano di essere ormai al sicuro. La goccia – essi credono – è già passata davanti alla loro porta, né avrà più occasione di disturbarli; altri, ad esempio io che sto al sesto piano, hanno adesso motivi di inquietudine, non più di loro. Ma chi gli dice che nelle prossime notti la goccia riprenderà il cammino dal punto dove era giunta l'ultima volta, o piuttosto non ricomincerà da capo, iniziando il viaggio dai primi scalini, umidi sempre ed oscuri di abbandonate immondizie? No, neppure loro possono ritenersi sicuri.

Al mattino, uscendo di casa, si guarda attentamente la scala se mai sia rimasta qualche traccia. Niente, come era prevedibile, non la più piccola impronta. Al mattino del resto chi prende più questa storia sul serio? Al sole del mattino l'uomo è forte, è un leone, anche se poche ore prima sbigottiva.

O che quelli dell'ammezzato abbiano ragione? Noi del resto, che prima non sentivamo niente e ci si teneva esenti, da alcune notti pure noi udiamo qualcosa. La goccia è ancora lontana, è vero. A noi arriva solo un ticchettio leggerissimo, flebile eco attraverso i muri. Tuttavia è segno che essa sta salendo e si fa sempre più vicina.

Anche il dormire in una camera interna, lontana dalla tromba delle scale, non serve. Meglio sentirlo, il rumore, piuttosto che passare le notti nel dubbio se ci sia o meno. Chi abita in quelle camere riposte talora non riesce a resistere, sguscia in silenzio nei corridoi e se ne sta in anticamera al gelo, dietro la porta, col respiro sospeso, ascoltando. Se *la* sente, non osa più allontanarsi, schiavo di indecifrabili paure. Peggio ancora però se tutto è tranquillo: in questo caso come escludere che, appena tornati a coricarsi, proprio allora non cominci il rumore?

Che strana vita, dunque. E non poter far reclami, né tentare rimedi, né trovare una spiegazione che sciolga gli animi. E non poter neppure persuadere gli altri, delle altre case, i quali non sanno. Ma che cosa sarebbe poi questa goccia: – domandano con esasperante buona fede – un topo forse? Un rospetto uscito dalle cantine? No davvero.

E allora – insistono – sarebbe per caso una allegoria? Si vorrebbe, così per dire, simboleggiare la morte? o qualche pericolo? o gli anni che passano? Niente affatto, signori: è semplicemente una goccia, solo che viene su per le scale.

O più sottilmente si intende raffigurare i sogni e le chimere? Le terre vagheggiate e lontane dove si presume la felicità? Qualcosa di poetico insomma? No, assolutamente.

Oppure i posti più lontani ancora, al confine del mondo, ai quali mai giungeremo? Ma no, vi dico, non è uno scherzo, non ci sono doppi sensi, trattasi ahimè proprio di una goccia d'acqua, a quanto è dato presumere, che di notte viene su per le scale. Tic, tic, misteriosamente, di gradino in gradino. E perciò si ha paura.

La canzone di guerra

Il re sollevò il capo dal grande tavolo di lavoro fatto d'acciaio e diamanti.

«Che cosa diavolo cantano i miei soldati?» domandò. Fuori, nella piazza dell'Incoronazione, passavano infatti battaglioni e battaglioni in marcia verso la frontiera, e marciando cantavano. Lieve era ad essi la vita perché il nemico era già in fuga e laggiù nelle lontane praterie non c'era più da mietere altro che gloria: di cui incoronarsi per il ritorno. E anche il re di riflesso si sentiva in meravigliosa salute e sicuro di sé. Il mondo stava per essere soggiogato.

«È la loro canzone, Maestà» rispose il primo consigliere, anche lui tutto coperto di corazze e di ferro perché questa era la disciplina di guerra. E il re disse: «Ma non hanno niente di più allegro? Schroeder ha pur scritto per i miei eserciti dei bellissimi inni. Anch'io li ho sentiti. E sono vere canzoni da soldati».

«Che cosa vuole, Maestà?» fece il vecchio consigliere, ancora più curvo sotto il peso delle armi di quanto non sarebbe stato in realtà. «I soldati hanno le loro manie, un po' come i bambini. Diamogli i più begli inni del mondo e loro preferiranno sempre le loro canzoni.»

«Ma questa non è una canzone da guerra» disse il re. «Si direbbe perfino, quando la cantano, che siano tristi. E non mi pare che ce ne sia il motivo, direi.»

«Non direi proprio» approvò il consigliere con un sorriso pieno di lusinghiere allusioni. «Ma forse è soltanto una canzone d'amore, non vuol esser altro, probabilmente.»

«E come dicono le parole?» insistette il re.

«Non ne sono edotto, veramente» rispose il vecchio conte Gustavo. «Me le farò riferire.»

I battaglioni giunsero alla frontiera di guerra, travolsero spaventosamente il nemico, ingrassandone i territori, il fragore delle vittorie dilagava nel mondo, gli scalpitii si perdevano per le pianure sempre più lontano dalle cupole argentee della reggia. E dai loro bivacchi recinti da ignote costellazioni si spandeva sempre il medesimo canto: non allegro, triste, non vittorioso e guerriero bensì pieno di amarezza. I soldati erano ben nutriti, portavano panni soffici, stivali di cuoio armeno, calde pellicce, e i cavalli galoppavano di battaglia in battaglia sempre più lungi, greve il carico solo di colui che trasportava le bandiere nemiche. Ma i generali chiedevano: «Che cosa diamine stanno cantando i soldati? Non hanno proprio niente di più allegro?».

«Sono fatti così, eccellenza» rispondevano sull'attenti quelli dello Stato Maggiore. «Ragazzi in gamba, ma hanno le loro fissazioni.»

«Una fissazione poco brillante» dicevano i generali di malumore. «Caspita, sembra che piangano. E che cosa potrebbero desiderare di più? Si direbbe che siano malcontenti.»

Contenti erano invece, uno per uno, i soldati dei reggimenti vittoriosi. Che cosa potevano infatti desiderare di più? Una conquista dopo l'altra, ricco bottino, donne fresche da godere, prossimo il ritorno trionfale. La cancellazione finale del nemico dalla faccia del mondo già si leggeva sulle giovani fronti, belle di forza e di salute.

«E come dicono le parole?» il generale chiedeva incuriosito.

«Ah, le parole! Sono delle ben stupide parole» rispondevano quelli dello Stato Maggiore, sempre guardinghi e riservati per antica abitudine.

«Stupide o no, che cosa dicono?»

«Esattamente non le conosco, eccellenza» diceva uno. «Tu, Diehlem, le sai?»

«Le parole di questa canzone? Proprio non saprei. Ma c'è qui il capitano Marren, certo lui...»

«Non è il mio forte, signor colonnello» rispondeva Marren. «Potremmo però chiederlo al maresciallo Peters, se permette...»

«Su, via, quante inutili storie, scommetterei...» ma il generale preferì non terminare la frase.

Un po' emozionato, rigido come uno stecco, il maresciallo Peters rispondeva al questionario:

«La prima strofa, eccellenza serenissima, dice così:

> Per campi e paesi,
> il tamburo ha suonà
> e gli anni passà
> la via del ritorno
> la via del ritorno,
> nessun sa trovà.

«E poi viene la seconda strofa che dice: "Per dinde e per donde...".»

«Come?» fece il generale.

«"Per dinde e per donde" proprio così, eccellenza serenissima.»

«E che significa "per dinde e per donde"?»

«Non saprei, eccellenza serenissima, ma si canta proprio così.»

«Be', e poi cosa dice?»

> «Per dinde e per donde,
> avanti si va
> e gli anni passà
> dove io ti ho lasciata,
> dove io ti ho lasciata,
> una croce ci sta.»

«E poi c'è la terza strofe, che però non si canta quasi mai. E dice...»

«Basta, basta così» disse il generale, e il maresciallo salutò militarmente.

«Non mi sembra molto allegra» commentò il generale, come

il sottufficiale se ne fu andato. «Poco adatta alla guerra, comunque.»

«Poco adatta invero» confermavano col dovuto rispetto i colonnelli degli Stati Maggiori.

Ogni sera, al termine dei combattimenti, mentre ancora il terreno fumava, messaggeri veloci venivano spiccati, che volassero a riferire la buona notizia. Le città erano imbandierate, gli uomini si abbracciavano nelle vie, le campane delle chiese suonavano, eppure chi passava di notte attraverso i quartieri bassi della capitale sentiva qualcuno cantare, uomini, ragazze, donne, sempre quella stessa canzone, venuta su chissà quando. Era abbastanza triste, effettivamente, c'era come dentro molta rassegnazione. Giovani bionde, appoggiate al davanzale, la cantavano con smarrimento.

Mai nella storia del mondo, per quanto si risalisse nei secoli, si ricordavano vittorie simili, mai eserciti così fortunati, generali così bravi, avanzate così celeri, mai tante terre conquistate. Anche l'ultimo dei fantaccini alla fine si sarebbe trovato ricco signore, tanta roba c'era da spartire. Alle speranze erano stati tolti i confini. Si tripudiava ormai nelle città, alla sera, il vino correva fin sulle soglie, i mendicanti danzavano. E tra un boccale e l'altro ci stava bene una canzoncina, un piccolo coro di amici. «Per campi e paesi...» cantavano, compresa la terza strofe.

E se nuovi battaglioni attraversavano la piazza dell'Incoronazione per dirigersi alla guerra, allora il re sollevava un poco la testa dalle pergamene e dai resoconti, ascoltando, né sapeva spiegarsi perché quel canto gli mettesse addosso il malumore.

Ma per i campi e i paesi i reggimenti d'anno in anno avanzavano sempre più lunghi, né si decidevano a incamminarsi finalmente in senso inverso; e perdevano coloro che avevano scommesso sul prossimo arrivo dell'ultima e più felice notizia. Battaglie, vittorie, vittorie, battaglie. Ormai le armate marciavano in terre incredibilmente lontane, dai nomi difficili che non si riusciva a pronunciare.

Finché (di vittoria in vittoria!) venne il giorno che la piazza dell'Incoronazione rimase deserta, le finestre della reggia sprangate, e alle·porte della città il rombo di strani carriaggi stranieri che si approssimavano; e dagli invincibili eserciti erano nate, sulle pianure remotissime, foreste che prima non c'erano, monotone foreste di croci che si perdevano all'orizzonte e nient'altro. Perché non nelle spade, nel fuoco, nell'ira delle cavallerie scatenate era rimasto chiuso il destino, bensì nella sopracitata canzone che a re e generalissimi era logicamente parsa poco adatta alla guerra. Per anni, con insistenza, attraverso quelle povere note il fato stesso aveva parlato, preannunciando agli uomini ciò ch'era stato deciso. Ma le regge, i condottieri, i sapienti ministri, sordi come pietre. Nessuno aveva capito; soltanto gli inconsapevoli soldati coronati di cento vittorie, quando marciavano stanchi per le strade della sera, verso la morte, cantando.

Inviti superflui

Vorrei che tu venissi da me in una sera d'inverno e, stretti insieme dietro i vetri, guardando la solitudine delle strade buie e gelate, ricordassimo gli inverni delle favole, dove si visse insieme senza saperlo. Per gli stessi sentieri fatati passammo infatti tu ed io, con passi timidi, insieme andammo attraverso le foreste piene di lupi, e i medesimi genii ci spiavano dai ciuffi di muschio sospesi alle torri, tra svolazzare di corvi. Insieme, senza saperlo, di là forse guardammo entrambi verso la vita misteriosa, che ci aspettava. Ivi palpitarono in noi per la prima volta pazzi e teneri desideri. "Ti ricordi?" ci diremo l'un l'altro, stringendoci dolcemente, nella calda stanza, e tu mi sorriderai fiduciosa mentre fuori daran tetro suono le lamiere scosse dal vento. Ma tu – ora mi ricordo – non conosci le favole antiche dei re senza nome, degli orchi e dei giardini stregati. Mai passasti, rapita, sotto gli alberi magici che parlano con voce umana, né battesti mai alla porta del castello deserto, né camminasti nella notte verso il lume lontano lontano, né ti addormentasti sotto le stelle d'Oriente, cullata da piroga sacra. Dietro i vetri, nella sera d'inverno, probabilmente noi rimarremo muti, io perdendomi nelle favole morte, tu in altre cure a me ignote. Io chiederei "Ti ricordi?", ma tu non ricorderesti.

Vorrei con te passeggiare, un giorno di primavera, col cielo di color grigio e ancora qualche vecchia foglia dell'anno prima trascinata per le strade dal vento, nei quartieri della periferia; e che fosse domenica. In tali contrade sorgono spesso pensieri malinconici e grandi; e in date ore vaga la poesia, congiungendo i cuori di quelli che si vogliono bene. Nascono inoltre speranze che non si sanno dire, favorite dagli orizzonti sterminati dietro le case, dai treni fuggenti, dalle nuvole del settentrione. Ci terremo semplicemente per mano e andremo con passo leggero, dicendo cose insensate, stupide e care. Fino a che si accenderanno i lampioni e dai casamenti squallidi usciranno le storie sinistre delle città, le avventure, i vagheggiati romanzi. E allora noi taceremo, sempre tenendoci per mano, poiché le anime si parleranno senza parola. Ma tu – adesso mi ricordo – mai mi dicesti cose insensate, stupide e care. Né puoi quindi amare quelle domeniche che dico, né l'anima tua sa parlare alla mia in silenzio, né riconosci all'ora giusta l'incantesimo delle città, né le speranze che scendono dal settentrione. Tu preferisci le luci, la folla, gli uomini che ti guardano, le vie dove dicono si possa incontrar la fortuna. Tu sei diversa da me e se venissi quel giorno a passeggiare, ti lamenteresti di essere stanca; solo questo e nient'altro.

Vorrei anche andare con te d'estate in una valle solitaria, continuamente ridendo per le cose più semplici, ad esplorare i segreti dei boschi, delle strade bianche, di certe case abbandonate. Fermarci sul ponte di legno a guardare l'acqua che passa, ascoltare nei pali del telegrafo quella lunga storia senza fine che viene da un capo del mondo e chissà dove andrà mai. E strappare i fiori dei prati e qui, distesi sull'erba, nel silenzio del sole, contemplare gli abissi del cielo e le bianche nuvolette che passano e le cime delle montagne. Tu diresti "Che bello!". Niente altro diresti perché noi saremmo felici; avendo il nostro corpo perduto il peso degli anni, le anime divenute fresche, come se fossero nate allora.

Ma tu – ora che ci penso – tu ti guarderesti attorno senza capire, ho paura, e ti fermeresti preoccupata a esaminare una calza, mi chiederesti un'altra sigaretta, impaziente di fare ritorno. E non diresti "Che bello!", ma altre povere cose che a me non importano. Perché purtroppo sei fatta così. E non saremmo neppure per un istante felici.

Vorrei pure – lasciami dire – vorrei con te sottobraccio attraversare le grandi vie della città in un tramonto di novembre, quando il cielo è di puro cristallo. Quando i fantasmi della vita corrono sopra le cupole e sfiorano la gente nera, in fondo alla fossa delle strade, già colme di inquietudini. Quando memorie di età beate e nuovi presagi passano sopra la terra, lasciando dietro di sé una specie di musica. Con la candida superbia dei bambini guarderemo le facce degli altri, migliaia e migliaia, che a fiumi ci trascorrono accanto. Noi manderemo senza saperlo luce di gioia e tutti saran costretti a guardarci, non per invidia e malanimo; bensì sorridendo un poco, con sentimento di bontà, per via della sera che guarisce le debolezze dell'uomo. Ma tu – lo capisco bene – invece di guardare il cielo di cristallo e gli aerei colonnati battuti dall'estremo sole, vorrai fermarti a guardare le vetrine, gli ori, le ricchezze, le sete, quelle cose meschine. E non ti accorgerai quindi dei fantasmi, né dei presentimenti che passano, né ti sentirai, come me, chiamata a sorte orgogliosa. Né udresti quella specie di musica, né capiresti perché la gente ci guardi con occhi buoni. Tu penseresti al tuo povero domani e inutilmente sopra di te le statue d'oro sulle guglie alzeranno le spade agli ultimi raggi. Ed io sarei solo.

È inutile. Forse tutte queste sono sciocchezze, e tu migliore di me, non presumendo tanto dalla vita. Forse hai ragione tu e sarebbe stupido tentare. Ma almeno, questo sì almeno, vorrei rivederti. Sia quel che sia, noi staremo insieme in qualche modo, e troveremo la gioia. Non importa se di giorno o di notte, d'estate o d'autunno, in un paese sconosciuto, in una casa disadorna, in una squallida locanda. Mi basterà averti vicina. Io non starò qui ad ascoltare – ti prometto – gli scricchiolii misteriosi del tetto, né guarderò le nubi, né darò retta alle musiche o al vento. Rinuncerò a queste cose inutili, che pure io amo. Avrò pazienza se non capirai ciò che ti dico, se parlerai di fatti a me strani, se ti lamenterai dei vestiti vecchi e dei soldi. Non ci saranno la cosiddetta poesia, le comuni speranze, le mestizie così amiche all'amore. Ma io ti avrò vicina. E riusciremo, vedrai, a essere abbastanza felici, con molta semplicità, uomo con donna solamente, come suole accadere in ogni parte del mondo.

Ma tu – adesso ci penso – sei troppo lontana, centinaia e centinaia di chilometri difficili a valicare. Tu sei dentro a una vita che ignoro, e gli altri uomini ti sono accanto, a cui probabilmente sorridi, come a me nei tempi passati. Ed è bastato poco tempo perché ti dimenticassi di me. Probabilmente non riesci più a ricordare il mio nome. Io sono ormai uscito da te, confuso fra le innumerevoli ombre. Eppure non so pensare che a te, e mi piace dirti queste cose.

Racconto di Natale

Tetro e ogivale è l'antico palazzo dei vescovi, stillante salnitro dai muri, rimanerci è un supplizio nelle notti d'inverno. E l'adiacente cattedrale è immensa, a girarla tutta non basta una vita, e c'è un tale intrico di cappelle e sacrestie che, dopo secoli di abbandono, ne sono rimaste alcune pressoché inesplorate. Che farà la sera di Natale – ci si domanda – lo scarno arcivescovo tutto solo, mentre la città è in festa? Come potrà vincere la malinconia? Tutti hanno una consolazione: il bimbo ha il treno e pinocchio, la sorellina ha la bambola, la mamma ha i figli intorno a sé, il malato una nuova speranza, il vecchio scapolo il compagno di dissipazioni, il carcerato la voce di un altro dalla cella vicina. Come farà l'arcivescovo? Sorrideva lo zelante don Valentino, segretario di sua eccellenza, udendo la gente parlare così. L'arcivescovo ha Dio, la sera di Natale. Inginocchiato solo soletto nel mezzo della cattedrale gelida e deserta a prima vista potrebbe quasi far pena, e invece se si sapesse! Solo soletto non è, e non ha neanche freddo, né si sente abbandonato. Nella sera di Natale Dio dilaga nel tempio, per l'arcivescovo, le navate ne rigurgitano letteralmente, al punto che le porte stentano a chiudersi; e, pur mancando le stufe, fa così caldo che le vecchie bisce bianche si risvegliano nei sepolcri degli storici abati e salgono dagli sfiatatoi dei sotterranei sporgendo gentilmente la testa dalle balaustre dei confessionali.

Così, quella sera il Duomo; traboccante di Dio. E benché sapesse che non gli competeva, don Valentino si tratteneva perfino troppo volentieri a disporre l'inginocchiatoio del presule. Altro che alberi, tacchini e vino spumante. Questa, una serata di Natale. Senonché in mezzo a questi pensieri, udì battere a una porta.

"Chi bussa alle porte del Duomo" si chiese don Valentino "la sera di Natale? Non hanno ancora pregato abbastanza? Che smania li ha presi?" Pur dicendosi così andò ad aprire e con una folata di vento entrò un poverello in cenci.

«Che quantità di Dio!» esclamò sorridendo costui guardandosi intorno. «Che bellezza! Lo si sente perfino di fuori. Monsignore, non me ne potrebbe lasciare un pochino? Pensi, è la sera di Natale.»

«È di sua eccellenza l'arcivescovo» rispose il prete. «Serve a lui, fra un paio d'ore. Sua eccellenza fa già la vita di un santo, non pretenderai mica che adesso rinunci anche a Dio! E poi io non sono mai stato monsignore.»

«Neanche un pochino, reverendo? Ce n'è tanto! Sua eccellenza non se ne accorgerebbe nemmeno!»

«Ti ho detto di no... Puoi andare... Il Duomo è chiuso al pubblico» e congedò il poverello con un biglietto da cinque lire.

Ma come il disgraziato uscì dalla chiesa, nello stesso istante Dio disparve. Sgomento, don Valentino si guardava intorno, scrutando le volte tenebrose: Dio non c'era neppure lassù. Lo spettacoloso apparato di colonne, statue, baldacchini, altari, catafalchi, candelabri, panneggi, di solito così misterioso e potente, era diventato all'improvviso inospitale e sinistro. E tra un paio d'ore l'arcivescovo sarebbe disceso.

Con orgasmo don Valentino socchiuse una delle porte esterne, guardò nella piazza. Niente. Anche fuori, benché fosse Natale, non c'era traccia di Dio. Dalle mille finestre accese giungevano echi di risate, bicchieri infranti, musiche e perfino bestemmie. Non campane, non canti.

Don Valentino uscì nella notte, se n'andò per le strade profane, tra fragore di scatenati banchetti. Lui però sapeva l'indirizzo giusto. Quando entrò nella casa, la famiglia amica stava sedendosi a tavola. Tutti si guardavano benevolmente l'un l'altro e intorno ad essi c'era un poco di Dio.

«Buon Natale, reverendo» disse il capofamiglia. «Vuol favorire?»

«Ho fretta, amici» rispose lui. «Per una mia sbadataggine Iddio ha abbandonato il Duomo e sua eccellenza tra poco va a pregare. Non mi potete dare il vostro? Tanto, voi siete in compagnia, non ne avete un assoluto bisogno.»

«Caro il mio don Valentino» fece il capofamiglia. «Lei dimentica, direi, che oggi è Natale. Proprio oggi i miei figli dovrebbero far a meno di Dio? Mi meraviglio, don Valentino.»

E nell'attimo stesso che l'uomo diceva così Iddio sgusciò fuori dalla stanza, i sorrisi giocondi si spensero e il cappone arrosto sembrò sabbia tra i denti.

Via di nuovo allora, nella notte, lungo le strade deserte. Cammina cammina, don Valentino infine lo rivide. Era giunto alle porte della città e dinanzi a lui si stendeva nel buio, biancheggiando un poco per la neve, la grande campagna. Sopra i prati e filari di gelsi, ondeggiava Dio, come aspettando. Don Valentino cadde in ginocchio.

«Ma che cosa fa, reverendo?» gli domandò un contadino. «Vuol prendersi un malanno con questo freddo?»

«Guarda laggiù figliolo. Non vedi?»

Il contadino guardò senza stupore. «È nostro» disse. «Ogni Natale viene a benedire i nostri campi.»

«Senti» disse il prete. «Non me ne potresti dare un poco? In città siamo rimasti senza, perfino le chiese sono vuote. Lasciamene un pochino che l'arcivescovo possa almeno fare un Natale decente.»

«Ma neanche per idea, caro il mio reverendo! Chi sa che schifosi peccati avete fatto nella vostra città. Colpa vostra. Arrangiatevi.»

«Si è peccato, sicuro. E chi non pecca? Ma puoi salvare molte anime figliolo, solo che tu mi dica di sì.»

«Ne ho abbastanza di salvare la mia!» ridacchiò il contadino e nell'attimo stesso che lo diceva, Iddio si sollevò dai suoi campi e scomparve nel buio.

Andò ancora più lontano, cercando. Dio pareva farsi sempre

più raro e chi ne possedeva un poco non voleva cederlo (ma nell'atto stesso che lui rispondeva di no, Dio scompariva, allontanandosi progressivamente).

Ecco quindi don Valentino ai limiti di una vastissima landa, e in fondo, proprio all'orizzonte, risplendeva dolcemente Dio come una nube oblunga. Il pretino si gettò in ginocchio nella neve. «Aspettami, o Signore» supplicava «per colpa mia l'arcivescovo è rimasto solo, e stasera è Natale!»

Aveva i piedi gelati, si incamminò nella nebbia, affondava fino al ginocchio, ogni tanto stramazzava lungo disteso. Quanto avrebbe resistito?

Finché udì un coro disteso e patetico, voci d'angelo, un raggio di luce filtrava nella nebbia. Aprì una porticina di legno: era una grandissima chiesa e nel mezzo, tra pochi lumini, un prete stava pregando. E la chiesa era piena di paradiso.

«Fratello» gemette don Valentino, al limite delle forze, irto di ghiaccioli «abbi pietà di me. Il mio arcivescovo per colpa mia è rimasto solo e ha bisogno di Dio. Dammene un poco, ti prego.»

Lentamente si voltò colui che stava pregando. E don Valentino, riconoscendolo, si fece, se era possibile, ancora più pallido.

«Buon Natale a te, don Valentino» esclamò l'arcivescovo facendosi incontro, tutto recinto di Dio. «Benedetto ragazzo, ma dove ti eri cacciato? Si può sapere che cosa sei andato a cercar fuori in questa notte da lupi?»

da:

IL CROLLO DELLA BALIVERNA

Il crollo della Baliverna

Fra una settimana comincia il processo per il crollo della Baliverna. Che sarà di me? Verranno a prendermi?

Ho paura. Inutile ripetermi che nessuno si presenterà a testimoniare in odio a me; che della mia responsabilità il giudice istruttore non ha avuto neanche il minimo sospetto; che, anche se venissi incriminato, sarei assolto certamente; che il mio silenzio non può fare male ad alcuno; che, pur presentandomi io spontaneamente a confessare, l'imputato non ne sarebbe alleggerito. Niente di questo serve a consolarmi. Del resto, morto di malattia tre mesi fa il commissario ragionier Dogliotti, su cui pesava la principale accusa, sul banco degli imputati sarà soltanto l'allora assessore comunale all'Assistenza. Ma si tratta di una incriminazione *pro forma*; infatti come lo si potrebbe condannare se aveva preso possesso della carica da appena cinque giorni? Se mai, responsabile poteva considerarsi l'assessore precedente, ma costui era defunto il mese prima. E la vendetta della legge non entra nel buio delle tombe.

A distanza di due anni dall'avvenimento spaventoso, tutti certo ne hanno un vivo ricordo. La Baliverna era un grandissimo e piuttosto lugubre edificio di mattoni costruito fuori porta nel secolo XVII dai frati di San Celso. Estinto l'ordine, nell'Ottocento il fabbricato era servito da caserma e prima della guerra apparteneva ancora alla amministrazione militare. Lasciato poi in abbandono, vi si era installata, con la tacita acquiescenza delle autorità, una turba di sfollati e senzatetto, povera gente che aveva avuta distrutta la casa dalle bombe, vagabondi, "barboni", disperati, perfino una piccola comunità di zingari. Solo col tempo il Comune, entrato in possesso dello stabile, vi aveva messo una certa disciplina, registrando gli inquilini, sistemando gli indispensabili servizi, allontanando i tipi turbolenti. Ciononostante la Baliverna, anche a motivo di varie rapine avvenute nella zona, aveva brutta fama. Dire che fosse un covo della malavita sarebbe esagerato. Però nessuno passava volentieri di notte nei dintorni.

Benché in origine la Baliverna sorgesse in piena campagna, coi secoli i sobborghi della città l'avevano quasi raggiunta. Ma nelle immediate vicinanze non c'erano altre case. Squallido e torvo, il casermone torreggiava sul terrapieno della ferrovia, sui prati incolti, sulle miserabili baracche di lamiera, dimore di pezzenti, sparse in mezzo ai cumuli di macerie e di detriti. Esso ricordava insieme la prigionia, l'ospedale e la fortezza. Di pianta rettangolare, era lungo circa ottanta metri, e largo la metà. Nell'interno, un vasto cortile senza portici.

Laggiù accompagnavo spesso, nei pomeriggi di sabato o domenica, mio cognato Giuseppe, entomologo, che in quei prati trovava molti insetti. Era un pretesto per prendere un po' d'aria e stare in compagnia.

Devo dire che lo stato del tetro edificio mi aveva fatto senso fin dalla prima volta. La tinta stessa dei mattoni, le numerose spie infisse nei muri, le rappezzature, certi travi messi da puntello, denotavano la decrepitezza. E specialmente impressionante era la parete posteriore, uniforme e nuda, che aveva poche, irregolari e piccole aperture simili più a feritoie che a finestre; e perciò sembrava molto più alta della facciata, ariosa di loggiati e finestroni. «Non ti sembra che il muro pencoli un po' in fuori?» mi ricordo che domandai un giorno a mio cognato. Lui rise: «Speriamo bene. Ma è una tua impressione. Sempre i muri alti fanno questo effetto».

Un sabato di luglio si era laggiù per una di queste passeggiate. Mio cognato aveva portato le due figlie, ancora ragazzette, e un suo collega di università, il professor Scavezzi, zoologo anche lui, un tipo sui quarant'anni, pallido e molliccio, che non mi era mai stato simpatico per il fare gesuitico e le arie che si dava. Mio cognato diceva che era un pozzo di scienza, oltre che una bravissima persona. Io però lo stimo un imbecille: altrimenti non avrebbe con me tanto sussiego, tutto perché io sono sarto e lui scienziato.

Giunti alla Baliverna, si prese a costeggiare la parete posteriore che ho descritta. Ivi si stende un largo lembo di terreno polveroso dove i ragazzi giocavano al calcio. Da una parte e dall'altra infatti erano stati infissi dei pali a segnare le due porte. Quel giorno però di ragazzi non ce n'era. Invece varie donne coi bambini sedevano, a prendere il sole, sul bordo del campo, lungo il gradino erboso che segue la massicciata della strada.

Era l'ora della siesta e dall'interno del falansterio non giungevano che sperdute voci. Senza splendore, il sole torpido batteva sul fosco muraglione; e dalle finestre sporgevano pali carichi di panni stesi ad asciugare; i quali pendevano a guisa di morte bandiere assolutamente immobili; non c'era infatti un fiato di vento.

Già appassionato di alpinismo, mentre gli altri erano intenti alla ricerca degli insetti, mi venne voglia di provare a arrampicarmi su per lo sconnesso muro: i buchi, i bordi sporgenti di certi mattoni, vecchi ferri incastrati qua e là nelle fessure offrivano appigli convenienti. Non pensavo certo di salire fino alla cima. Era soltanto il gusto di sgranchirmi, di saggiare i muscoli. Un desiderio, se si vuole, un po' puerile.

Senza difficoltà mi innalzai un paio di metri lungo il pilastro di un portone ora murato. Giunto all'altezza dell'architrave, tesi la destra verso una raggera di arrugginite aste di ferro, foggiate a lancia, che chiudeva la lunetta (forse in questa cavità c'era stata anticamente qualche immagine di santo).

Afferrata la punta della lancia, mi tirai su di peso. Ma quella cedette, spezzandosi. Per fortuna non ero che a un paio di metri dal terreno. Tentai, ma inutilmente, di tenermi con l'altra mano. Perso l'equilibrio, saltai indietro e caddi in piedi, senza alcuna conseguenza benché prendessi un duro colpo. L'asta di ferro, spezzata, mi seguì.

Quasi contemporaneamente, dietro all'asta di ferro se ne

staccò un'altra, più lunga, che dal centro della raggera saliva verticalmente a una specie di sovrastante mensola. Doveva essere una specie di puntello messo a scopo di rabberciatura. Venuto così a mancare il suo sostegno, anche la mensola – immaginate una lastra di pietra larga come tre mattoni – cedette, senza però precipitare; restò là sbilenca, mezza dentro e mezza fuori.

Né qui ebbe fine il guasto da me involontariamente provocato. La mensola sorreggeva un vecchio palo, alto circa un metro e mezzo, che a sua volta aiutava a sostenere una specie di balcone (solo adesso mi si rivelavano tutte queste magagne, che a prima vista si confondevano nella vastità della parete). Il palo era stato semplicemente incastrato tra le due sporgenze; non fissato al muro. Spostatasi la mensola, due tre secondi dopo il palo si piegò in fuori e io feci appena in tempo a saltare indietro per non prendermelo in testa. Toccò terra con un tonfo.

Era finita? A ogni buon conto mi allontanai dal muro, verso il gruppo dei compagni distante circa trenta metri. Costoro erano in piedi, rivolti tutti e quattro verso me; non me però guardavano. Con un'espressione che non dimenticherò, fissavano il muro, molto sopra la mia testa. E mio cognato a un tratto urlò: «Mio Dio, guarda! guarda!».

Mi volsi. Al di sopra del balconcino, ma più a destra, il muraglione, in quel punto compatto e regolare, si gonfiava. Immaginate una stoffa tesa dietro la quale prema uno spigolo diritto. Fu dapprima un lieve fremito serpeggiante su per la parete; poi apparve una gibbosità lunga e sottile; poi i mattoni si scardinarono, aprendo le loro marce dentature; e, tra scoli di pulverulente frane, si spalancò una crepa tenebrosa.

Durò pochi minuti o pochi istanti? Non saprei dire. In quel mentre – dite pure che io sono matto – dalle profonde cavità dell'edificio venne un boato triste che assomigliava a una tromba militare. E tutto intorno, per vasta zona, si udì un lungo ululare di cani.

A questo punto i ricordi si accavallano: io che correvo a perdifiato cercando di raggiungere i compagni già lontani, le donne sul bordo del campo che, balzate in piedi, urlavano, una che si rotolava nella terra, una figura di ragazza seminuda che si sporgeva incuriosita da una delle più alte finestrelle mentre sotto di lei già si spalancava la voragine: e, per un baleno di secondo, la visione allucinante della muraglia rovesciantesi nel vuoto. Allora, dietro gli squarci sommitali, pure la intera retrostante massa, di là dal cortile, si mosse lentamente, tratta da irresistibile forza di rovina.

Seguì un terrificante tuono come quando le centinaia di Liberator si scaricavano insieme delle bombe. E la terra tremò, mentre si espandeva velocissima una nuvola di polvere giallastra che nascose quell'immensa tomba.

Poi mi rivedo in cammino verso casa, con l'ansia di allontanarmi dal luogo funesto e la gente, a cui la notizia era giunta con celerità prodigiosa, mi guardava spaventata, forse per i vestiti carichi di polvere. Ma soprattutto non dimentico le occhiate, cariche di orrore e di pietà, di mio cognato e delle sue due figlie. Muti, mi fissavano come si fissa un condannato a morte (o questa era una mia pura suggestione?).

A casa, quando seppero ciò che avevo visto, non si stupirono che io fossi sconvolto; né che per qualche giorno me ne stessi chiuso in camera senza parlare con nessuno e rifiutandomi anche di leggere i giornali (ne intravidi solo uno, nelle mani di mio fratello entrato a sentire come stavo; in prima pagina c'era una fotografia grandissima con una fila di furgoni neri, interminabile).

Ero stato io a provocare l'ecatombe? La rottura dell'asta di ferro aveva, per una mostruosa progressione di cause ed effetti, propagato lo sfacelo all'intero mastodontico castello? O forse gli stessi primi costruttori con diabolica malizia avevano disposto un segreto gioco di masse in equilibrio per cui bastava togliere quella minuscola asticciola per scardinare tutto quanto? Ma mio cognato, o le sue figlie, o lo Scavezzi, si accorsero di ciò che avevo fatto? E se non si accorsero di nulla, perché da allora Giuseppe sembra evitare di incontrarmi? O invece sono io stesso che, per timore di tradirmi, ho inconsciamente manovrato per vederlo il meno possibile?

In senso opposto non è inquietante l'insistenza del professor

Scavezzi nel volermi frequentare? Benché di modeste condizioni finanziarie, da allora egli si è ordinata nella mia sartoria una decina di vestiti. Alle prove ha sempre quel suo sorrisetto ipocrita e non si stanca di osservarmi. Inoltre è di una pedanteria esasperante, qui una pieghetta che non ci vorrebbe, là una spalla che non casca bene: o sono i bottoni delle maniche, o la larghezza dei *revers*, c'è sempre qualche cosa da aggiustare. Per ogni abito sei sette prove. E ogni tanto mi domanda: «Si ricorda di quel giorno?». «Che giorno?» faccio io. «Eh, quel giorno alla Baliverna!» Sembra che ammicchi con furbeschi sottintesi. Io dico: «Come potrei dimenticarmi?». Lui scuote il capo: «Già... come potrebbe?».

Naturalmente io gli faccio degli sconti eccezionali, finisco anzi per rimetterci. Ma lui fa finta di niente. «Sì sì» dice «da lei si spende, però vale la pena, lo confesso.» E allora io mi chiedo: è un idiota o si diverte con questi piccoli ignobili ricatti?

Sì. Potrebbe darsi che egli solo mi abbia visto nell'atto di rompere la fatale asta di ferro. Forse ha capito tutto, potrebbe denunciarmi, scatenare su di me l'odio della popolazione. Ma è perfido e non parla. Viene a ordinarsi un vestito nuovo, mi tiene d'occhio, pregusta la soddisfazione di inchiodarmi quando meno me lo aspetto. Io sono il topo e lui il gatto. Giocherella, finché di colpo mi darà l'unghiata. Ed aspetta il processo, preparandosi al colpo di scena. Sul più bello si alzerà in piedi. «Io soltanto so chi ha provocato il crollo» griderà «l'ho visto coi miei occhi.»

Anche oggi è venuto per provarsi un completo di flanella. Più melliflúo del solito. «Eh, siamo agli sgoccioli!» «Che sgoccioli?» «Come che sgoccioli? Il processo! Ne parla tutta la città! Si direbbe che lei viva tra le nuvole, eh, eh.» «Vuol dire il crollo della Baliverna?» «Proprio, la Baliverna... Eh, eh, chissà se salterà fuori il vero colpevole!»

Poi se ne va salutandomi con esagerate cerimonie. Lo accompagno alla porta. Aspetto a chiudere che abbia disceso una rampa di scale. Se ne è andato. Silenzio. Io ho paura.

Fino all'ultima goccia di sangue

Quando si seppe che i filibustieri stavano avvicinandosi alla nostra isola, venne nominato un comitato di difesa del quale mi chiamarono a far parte. Sperduti nell'oceano dobbiamo purtroppo provvedere a noi stessi. La gendarmeria in quei tempi era esigua e dotata di vecchie armi per lo più decorative. Il presidio militare, a causa di un avvicendamento, si trovava vacante. Eppure dovevamo difenderci. Pensammo, noi del comitato, di chiedere consiglio a sua eccellenza Imagine, il famoso generale, ritiratosi da parecchi anni a vita privata tra noi, nel palazzo di famiglia.

Il generale Antonio Imagine era ormai molto vecchio. Non si poteva pensare che assumesse personalmente il comando della difesa, diritto in piedi sugli spalti dell'antica rocca. Egli era tuttavia il concittadino più illustre; poteva dare a noi, digiuni di discipline militari, preziosi suggerimenti, e un suo proclama, ad esempio, sarebbe certo servito ad accendere gli animi della popolazione, depressa dallo spavento.

Chiesto un colloquio, ci fu risposto che il generale era indisposto. Fatta urgenza, sua eccellenza acconsentì finalmente a riceverci. Fummo pregati però di non affaticarlo e di trattenerci il meno possibile.

Ci presentammo alle quattro del pomeriggio nel palazzo Imagine che incombeva tetro e protervo sull'angusto fondaco delle Basse. Un servitore ci accompagnò su per lo scalone. I vetri a cattedrale, i pesanti tendaggi diminuivano talmente la luce che dovunque erano accese le lampadine elettriche. In anticamera si fece incontro una dignitosa e preoccupata signóra la quale rinnovò le raccomandazioni: «Vi prego... abbiate riguardi... da qualche tempo non sembra neanche più lui... ci tiene in continuo orgasmo... insomma non sta bene... vi renderete conto anche voi...». E dava frequenti occhiate circolari alludendo a chissà quali sinistri sottintesi. Quindi aprì lentamente una porta.

Era la camera da letto del generale; ammobiliata e tappezzata alla vecchia con massicci mobili scuri, scuri damaschi ai muri, spessi tappeti, un'infinità di ritratti e fotografie appesi alle pareti e due paraventi collocati negli angoli, a nascondere forse gli oggetti più intimi. Tutto era estremamente ordinato. Ma noi ci fermammo interdetti sulla soglia perché il candido letto, illuminato da una lampada, ci parve vuoto. E nella stanza non si vedeva nessuno.

Quand'ecco una cosa piccola e grigia come un animaletto, si mosse tra le bianche lenzuola. Avvicinatici, scorgemmo un uccello, circa della dimensione di un grosso passero, che con grandi sforzi cercava di ficcare il capo sotto il cuscino. Pareva uno di quei volatili randagi e derelitti che battono alle finestre delle fattorie nelle gelide sere d'inverno: il corpo macilento; le piume ispide e brutte, come succede ai canarini per malattia. La dama che ci accompagnava si fece avanti, scuotendo il capo: «Vedono anche lor signori...» mormorò «sua eccellenza è assai cambiata negli ultimi tempi... bisogna avere riguardo...».

Ci avevano detto che il generale Imagine era malandato, che il ricordo delle antiche glorie, insieme al pensiero dell'ultima nostra guerra perduta, letteralmente lo consumava. Ma in quelle condizioni, per essere sinceri, nessuno di noi lo aveva immaginato: uno sparuto e scarno uccelletto!

Il nostro presidente dottor Azanà, uomo di azione, si volse alla dama chiedendo a bassa voce: «Ma perché non gli date più da mangiare? Che so io, un po' di carne tritata?».

«Non me ne parli» sussurrò la signora. «Non si riesce più a fargli inghiottire un boccone.» Poi, chinatasi sulla bestiola, a voce alta, quasi avesse a che far con un sordo: «Eccellenza, eccellenza, perdoni... Ci sono qui i signori del comitato!».

L'uccello, o meglio il generale Imagine, ritirò di soprassalto il capo da sotto il cuscino dove l'aveva parzialmente incuneato e con sforzo si rizzò sulle zampine, guardandoci. Dal becco uscì una voce sottile sì ma stranamente decisa, piena di dignità e militaresca: «Buon giorno, signori, si accomodino, sono a vostra disposizione». Detto così, come se la fatica fosse stata eccessiva, si accasciò di nuovo sul lenzuolo ansimando.

Misurammo la difficoltà della situazione. Il generale era davvero allo stremo e ci sarebbe stato ben poco di aiuto. Neppure un breve proclama era lecito sperare da lui. Tra l'altro, come avrebbe potuto scriverlo? Intingendo forse il becco nel calamaio?

Il dottor Azanà non si scompose. «Eccellenza» cominciò solenne. «I pirati sono già in vista dell'isola. Il presidio militare è assente. Dobbiamo pensare a difenderci. Non avremmo mai osato importunarla se non fossimo sicuri di trovare in lei la guida più autorevole!»

Passò qualche istante e con penosi stenti il vecchio generale riuscì a rizzarsi nuovamente sulle zampette, oscillando un poco. Sulle piume del magro petto, a sinistra, scorgemmo delle piccole macchie variopinte, ciò che restava, si pensò, delle sue innumerevoli medaglie.

Il becco si aprì, la esile ma autoritaria voce si fece udire: «Amici, ai bei tempi la mia consegna era una sola: *fino all'ultima goccia di sangue*». Scandì le sillabe aprendo e chiudendo il becco con secchi colpetti. Sembrava che pronunciare quelle parole gli desse un piacere immenso. Ma a noi che potevano servire? Il dottor Azanà insistette, specificando:

«Eccellenza, siamo in dubbio se impegnare la resistenza sulla spiaggia o dal ciglio delle mura.»

L'uccello, che stava già per afflosciarsi, si irrigidì di nuovo, piegò giù il becco in atto di meditazione, quindi domandò bruscamente:

«Di quanti fucili disponete?»

«Ne abbiamo raccolti più di cinquecento...» rispose Azanà.

A queste parole il generale visibilmente si gonfiò, assumendo la forma e le dimensioni di un grosso gomitolo. Il fenomeno era impressionante. Un inaspettato flusso di energia e di fiducia lo pervase. Tenendosi ben impettito, assentì con il capo.

«Magnifico!» commentò. «Bravi i miei concittadini!... Inquantoché cinquecento fucili sono già qualche cosa per incominciare.»

«Non sono, a dire la verità» notò il nostro presidente «tutti fucili da...»

«Miserabili barbari!» lo interruppe il generale alzando nell'enfasi un'aluccia spennacchiata. «Prepareremo loro una degna accoglienza! Non trascureremo alcuna strategia, agiremo senza indugi... Anime mie, vi ringrazio di aver sollevato il cuore di un vecchio e fedele soldato!... Su questa piccola isola sento passare un vento di epopea!... E se dovessi cadere... no, non posso chiedere nulla di meglio all'Onnipotente!»

Questo non lo aspettavamo, che il generale Imagine, ridotto in quelle forme e condizioni, intendesse accettare addirittura il comando della difesa. Era molto imbarazzante. Come pretendere dai nostri uomini che obbedissero agli ordini di un uccello?

Nel frattempo una nuova idea doveva essersi affacciata al generale: perché di colpo la sua baldanza vacillò, la convessità del petto ebbe una rapida diminuzione e dal becco uscirono parole ansiose:

«Ma ditemi... ditemi, cari figlioli... quanti uomini saranno a bordo del palischermo? Cento? Duecento?»

«Secondo gli avvistamenti fatti finora» rispose preciso Azanà «si tratta di ventidue bastimenti... Calcoliamo circa settemila uomini...»

«Cip, cip» fece il generale duramente colpito. «Settemila, ha detto?»

«Settemila, eccellenza.»

Ebbe un sussulto, sembrò svuotarsi improvvisamente di vita, si abbandonò sul lenzuolo languidamente.

«Gesummio!» esclamò la dama costernata «... ora si sente male... lo sapevo... non potete restare, signori... prego, prego di qui...» e accennava alla porta.

Vedendoci alzare dalle sedie il generale parve spaventarsi

ancora di più: «No, no» si mise a pigolare furiosamente «aspettate... io non mi sento bene... cip, cip... in verità non posso accettare... ma è mio dovere ammonirvi... soltanto un consiglio... la strategia che si impone deve essere molto cauta...».

«Cauta? In che senso eccellenza?» chiese Azanà, interdetto da quella subitanea metamorfosi.

«Voglio dire...» fece con voce querula il leggendario *Tenaglia di ferro*, come era stato definito una volta per la potenza delle sue manovre avvolgenti «... noi non sappiamo ancora quali intenzioni abbiano questi stranieri... E se venissero come amici? Se avessero scopi di onesti traffici?... In tal caso, signori...»

«A ferro e fuoco, dovunque sono arrivati» disse severamente il dottor Azanà. «Queste, eccellenza, le loro intenzioni.»

L'uccello era prostrato. Lo vedemmo smaniare sulle lenzuola come un bambino che fa i capricci.

«Ma non bisogna dare retta alle voci!» supplicò. «Non dovete intestardirvi... Con la vostra irruzione mi avete frastornato... non avevo capito bene... mi avete frainteso... io sono vecchio... io sono vecchio... ho bisogno di vita tranquilla... sulle navi filibustiere ci sono degni soldati e onestuomini... sarei io il primo a esortarvi alla lotta... l'onore della bandiera, posso dire, è sempre stato la mia legge suprema... Ma ora non si tratta di guerra... mi sembra piuttosto opportuno che vi prepariate a festeggiare i naviganti...»

Ma Azanà, duro: «Eccellenza, noi ci difenderemo».

Nella collera, la gola dell'uccelletto si tendeva, gracchiando:

«Brec, brec... l'impazienza vi acceca, giovanotti... gli stranieri vengono, lo so, con mansuete intenzioni... la bellezza della nostra isola li attira...»

Ci guardammo sgomenti. «Eccellenza» ripeté il nostro presidente, quasi minaccioso, avanzando di un passo. «Noi ci difenderemo!»

Lui ancora gemette: «No, no, no, io non mi farò vostro complice... io ci tengo a tenere ben distinte le posizioni... io sono un militare... brec, brec... io mi rifiuto di entrare in una macchinazione così folle!».

Vederlo era una pena. Un febbrile tremito gli faceva vibrare le penne. Ma di che cosa aveva paura – mi chiedevo – un rudere simile? Per salvare quale recondito bene il grande condottiero strisciava così miserabilmente dinanzi a noi estranei? Che gli poteva dare ancora la vita? Visto inutile ogni sforzo per persuaderci, ora egli nuovamente tentava, con piccole spinte, di ficcarsi sotto il cuscino.

Schifato, sollevai con una mano il guanciale, affinché l'insigne stratega potesse nascondersi del tutto; come lui immediatamente fece. Quindi noi ce n'andammo in silenzio.

Qualcosa era successo

Il treno aveva percorso solo pochi chilometri (e la strada era lunga, ci saremmo fermati soltanto alla lontanissima stazione d'arrivo, così correndo per dieci ore filate) quando a un passaggio a livello vidi dal finestrino una giovane donna. Fu un caso, potevo guardare tante altre cose invece lo sguardo cadde su di lei che non era bella né di sagoma piacente, non aveva proprio niente di straordinario, chissà perché mi capitava di guardarla. Si era evidentemente appoggiata alla sbarra per godersi la vista del nostro treno, superdirettissimo, espresso del nord, simbolo, per quelle popolazioni incolte, di miliardi, vita facile, avventurieri, splendide valige di cuoio, celebrità, dive cinematografiche, una volta al giorno questo meraviglioso spettacolo, e assolutamente gratuito per giunta.

Ma come il treno le passò davanti lei non guardò dalla nostra parte (eppure era là ad aspettare forse da un'ora) bensì teneva la testa voltata indietro badando a un uomo che arrivava di corsa dal fondo della via e urlava qualcosa che noi naturalmente non potemmo udire: come se accorresse a precipizio per avvertire la donna di un pericolo. Ma fu un attimo: la scena volò via, ed ecco io mi chiedevo quale affanno potesse essere giunto, per mezzo di quell'uomo, alla ragazza venuta a contemplarci. E stavo per addormentarmi al ritmico dondolio della vettura quando per caso – certamente si trattava di una pura e semplice combinazione – notai un contadino in piedi su un muretto che chiamava chiamava verso la campagna facendosi delle mani portavoce. Fu anche questa volta un attimo perché il direttissimo filava eppure feci in tempo a vedere sei sette persone che accorrevano attraverso i prati, le coltivazioni, l'erba medica, non importa se la calpestavano, doveva essere una cosa assai importante. Venivano da diverse direzioni: chi da una casa, chi dal buco di una siepe, chi da un filare di viti o che so io, diretti tutti al muricciolo con sopra il giovane chiamante. Correvano, accidenti se correvano, si sarebbero detti spaventati da qualche avvertimento repentino che li incuriosiva terribilmente, togliendo loro la pace della vita. Ma fu un attimo, ripeto, un baleno, non ci fu tempo per altre osservazioni.

Che strano, pensai, in pochi chilometri già due casi di gente che riceve una improvvisa notizia, così almeno presumevo. Ora, vagamente suggestionato, scrutavo la campagna, le strade, i paeselli, le fattorie, con presentimenti ed inquietudini.

Forse dipendeva da questo speciale stato d'animo, ma più osservavo la gente, contadini, carradori, eccetera, più mi sembrava che ci fosse dappertutto una inconsueta animazione. Ma sì, perché quell'andirivieni nei cortili, quelle donne affannate, quei carri, quel bestiame? Dovunque era lo stesso. A motivo della velocità era impossibile distinguere bene eppure avrei giurato che fosse la medesima causa dovunque. Forse che nella zona si celebravan sagre? Che gli uomini si disponessero a raggiungere il mercato? Ma il treno andava e le campagne erano tutte in fermento, a giudicare dalla confusione. E allora misi in rapporto la donna del passaggio a livello, il giovane sul muretto, il viavai dei contadini: qualche cosa era successo e noi sul treno non ne sapevamo niente.

Guardai i compagni di viaggio, quelli nello scompartimento, quelli in piedi nel corridoio. Essi non si erano accorti. Sembravano tranquilli e una signora di fronte a me sui sessant'anni stava per prender sonno. O invece sospettavano? Sì, sì, anche loro erano inquieti, uno per uno, e non osavano parlare. Più di una volta li sorpresi, volgendo gli occhi repentini, guatare fuori. Specialmente la signora sonnolenta, proprio lei, sbirciava tra le palpebre e poi subito mi controllava se mai l'avessi smascherata. Ma di che avevano paura?

Napoli. Qui di solito il treno si ferma. Non oggi il direttissimo. Sfilarono rasente a noi le vecchie case e nei cortili oscuri vedemmo finestre illuminate e in quelle stanze – fu un attimo – uomini e donne chini a fare involti e chiudere valige, così pareva. Oppure mi ingannavo ed erano tutte fantasie?

Si preparavano a partire. Per dove? Non una notizia fausta dunque elettrizzava città e campagne. Una minaccia, un pericolo, un avvertimento di malora. Poi mi dicevo: ma se ci fosse un grosso guaio, avrebbero pure fatto fermare il treno; e il treno invece trovava tutto in ordine, sempre segnali di via libera, scambi perfetti, come per un viaggio inaugurale.

Un giovane al mio fianco, con l'aria di sgranchirsi, si era alzato in piedi. In realtà voleva vedere meglio e si curvava sopra di me per essere più vicino al vetro. Fuori, le campagne, il sole, le strade bianche e sulle strade carriaggi, camion, gruppi di gente a piedi, lunghe carovane come quelle che traggono ai santuari nel giorno del patrono. Ma erano tanti, sempre più folti man mano che il treno si avvicinava al nord. E tutti avevano la stessa direzione, scendevano verso mezzogiorno, fuggivano il pericolo mentre noi gli si andava direttamente incontro, a velocità pazza ci precipitavamo verso la guerra, la rivoluzione, la pestilenza, il fuoco, che cosa poteva esserci mai? Non lo avremmo saputo che fra cinque ore, al momento dell'arrivo, e forse sarebbe stato troppo tardi.

Nessuno diceva niente. Nessuno voleva essere il primo a cedere. Ciascuno forse dubitava di sé, come facevo io, nell'incertezza se tutto quell'allarme fosse reale o semplicemente un'idea pazza, allucinazione, uno di quei pensieri assurdi che infatti nascono in treno quando si è un poco stanchi. La signora di fronte trasse un sospiro, simulando di essersi svegliata, e come chi uscendo dal sonno leva gli sguardi meccanicamente, così lei alzò le pupille fissandole, quasi per caso, alla maniglia del segnale d'allarme. E anche noi tutti guardammo l'ordigno, con l'identico pensiero. Ma nessuno parlò o ebbe l'audacia di rompere il silenzio o semplicemente osò chiedere agli altri se avessero notato, fuori, qualche cosa di allarmante.

Ora le strade formicolavano di veicoli e gente, tutti in

cammino verso il sud. Rigurgitanti i treni che ci venivano incontro. Pieni di stupore gli sguardi di coloro che da terra ci vedevano passare, volando con tanta fretta al settentrione. E zeppe le stazioni. Qualcuno ci faceva cenno, altri ci urlavano delle frasi di cui si percepivano soltanto le vocali come echi di montagna.

La signora di fronte prese a fissarmi. Con le mani piene di gioielli cincischiava nervosamente un fazzoletto e intanto i suoi sguardi supplicavano: parlassi, finalmente, li sollevassi da quel silenzio, pronunciassi la domanda che tutti si aspettavano come una grazia e nessuno per primo osava fare.

Ecco un'altra città. Come il treno, entrando nella stazione, rallentò un poco, due tre si alzarono non resistendo alla speranza che il macchinista fermasse. Invece si passò, fragoroso turbine, lungo le banchine dove una folla inquieta si accalcava anelando a un convoglio che partisse, tra caotici mucchi di bagagli. Un ragazzino tentò di rincorrerci con un pacco di giornali e ne sventolava uno che aveva un grande titolo nero in prima pagina. Allora con un gesto repentino, la signora di fronte a me si sporse in fuori, riuscì ad abbrancare il foglio ma il vento della corsa glielo strappò via. Tra le dita restò un brandello. Mi accorsi che le sue mani tremavano nell'atto di spiegarlo. Era un pezzetto triangolare. Si leggeva la testata e del gran titolo solo quattro lettere. IONE, si leggeva. Nient'altro. Sul verso, indifferenti notizie di cronaca.

Senza parole, la signora alzò un poco il frammento affinché tutti lo potessero vedere. Ma tutti avevano già guardato. E si finse di non farci caso. Crescendo la paura, più forte in ciascuno si faceva quel ritegno. Verso una cosa che finisce in IONE noi correvamo come pazzi, e doveva essere spaventosa se, alla notizia, popolazioni intere si erano date a immediata fuga. Un fatto nuovo e potentissimo aveva rotto la vita del Paese, uomini e donne pensavano solo a salvarsi, abbandonando case, lavoro, affari, tutto, ma il nostro treno, no, il maledetto treno marciava con la regolarità di un orologio, al modo del soldato onesto che risale le turbe dell'esercito in disfatta per raggiungere la sua trincea dove il nemico già sta bivaccando. E per decenza, per un rispetto umano miserabile, nessuno di noi aveva il coraggio di reagire. Oh i treni come assomigliano alla vita.

Mancavano due ore. Tra due ore, all'arrivo, avremmo saputo la comune sorte. Due ore, un'ora e mezzo, un'ora, già scendeva il buio. Vedemmo di lontano i lumi della sospirata nostra città e il loro immobile splendore riverberante un giallo alone in cielo ci ridiede un fiato di coraggio. La locomotiva emise un fischio, le ruote strepitarono sul labirinto degli scambi. La stazione, la curva nera delle tettoie, le lampade, i cartelli, tutto era a posto come al solito.

Ma, orrore!, il direttissimo ancora andava e vidi che la stazione era deserta, vuote e nude le banchine, non una figura umana per quanto si cercasse. Il treno si fermava finalmente. Corremmo giù per i marciapiedi, verso l'uscita, alla caccia di qualche nostro simile. Mi parve di intravedere, nell'angolo a destra in fondo, un po' in penombra, un ferroviere col suo berrettuccio che si eclissava da una porta, come terrorizzato. Che cosa era successo? In città non avremmo più trovato un'anima? Finché la voce di una donna, altissima e violenta come uno sparo, ci diede un brivido. «Aiuto! Aiuto!» urlava e il grido si ripercosse sotto le vitree volte con la vacua sonorità dei luoghi per sempre abbandonati.

Gli amici

Il liutaio Amedeo Torti e la moglie stavano prendendo il caffè. I bambini erano già andati a letto. I due tacevano, come succedeva spesso. A un tratto lei:

«Vuoi che ti dica una cosa...? È tutto il giorno che ho una sensazione strana... Come se questa sera dovesse venire a trovarci Appacher.»

«Ma non dirle neanche per scherzo queste cose!» fece il marito con un gesto di fastidio. Infatti Toni Appacher, violinista, suo vecchio intimo amico, era morto venti giorni prima.

«Lo so, lo so che è orribile» disse lei «ma è un'idea da cui non riesco a liberarmi.»

«Eh, magari...» mormorò il Torti con una vaga contrizione ma senza voler approfondire l'argomento. E scosse il capo.

Tacquero ancora. Erano le dieci mento un quarto. Poi suonò il campanello della porta. Piuttosto lungo, perentorio. Entrambi ebbero un sussulto.

«Chi sarà a quest'ora?» disse lei. Si udì in anticamera il passo strascicato della Ines, la porta che veniva aperta, poi un sommesso parlottare. La ragazza si affacciò in tinello, pallidissima.

«Ines, chi c'è?» domandò la signora.

La cameriera si rivolse al padrone, balbettando: «Signor Torti, venga lei, un momento, di là... Se sapesse!».

«Ma chi c'è? chi c'è?» chiese rabbiosa la padrona, pur sapendo già benissimo chi fosse.

La Ines si curvò come chi ha da dire cose segretissime. Le parole le uscirono in un soffio: «C'è... c'è... Signor Torti, venga lei... È tornato il maestro Appacher!».

«Che storie!» disse il Torti, irritato da tutti quei misteri, e alla moglie: «Vado io... Tu resta qui».

Uscì nel corridoio buio, urtò nello spigolo di un mobile, d'impeto aprì la porta che dava in anticamera.

Qui, in piedi, con la sua aria un poco timida, c'era Appacher. Non proprio uguale al solito Appacher, bensì alquanto meno sostanzioso, per una specie di indecisione nei contorni. Era un fantasma? Forse non ancora. Forse non si era completamente liberato di ciò che gli uomini definiscono materia. Un fantasma, ma con una certa residua consistenza. Vestito come era sua abitudine di grigio, la camicia a righe azzurre, una cravatta rossa e blu e il cappello di feltro molto floscio ch'egli cincischiava nervosamente tra le mani. (Si intende: un fantasma di vestito, un fantasma di cravatta e così via.)

Il Torti non era un uomo impressionabile. Tutt'altro. Eppure restò lì senza fiato. Non è uno scherzo vedersi ricomparire in casa il più caro e vecchio amico da venti giorni accompagnato al cimitero.

«Amedeo!» fece il povero maestro Appacher, come per tastare il terreno, sorridendo.

«Tu qui? tu qui?» inveì quasi il Torti perché dagli opposti e tumultuosi sentimenti nasceva in lui, chissà come, soltanto una carica di collera. Non doveva essere una consolazione immensa rivedere il perduto amico? Per realizzare un tale incontro Torti non avrebbe dato volentieri i suoi milioni? Sì, certo, lo avrebbe fatto senza pensarci su. Qualsiasi sacrificio. E allora perché adesso questa felicità non la provava? Perché anzi una sorda irritazione? Dopo tante angosce, tanti pianti, tante seccature imposte dalle cosiddette convenienze, bisognava ricominciar da capo? Nei giorni del distacco, la carica di affetto per l'amico era stata smaltita fino in fondo, e ora non ne restava più di disponibile.

«Eh sì, sono qui» rispose Appacher, cincischiando più che mai le falde del cappello. «Ma io... lo sai bene, tra di noi, non è il caso di fare complimenti... Forse disturbo...»

«Disturbo? E lo chiami disturbo?» incalzò il Torti, trasportato ormai dalla rabbia. «Torni non voglio sapere neanche da dove, e in queste condizioni... E poi parli di disturbo! Un bel coraggio hai!» Quindi a se stesso, del tutto esasperato: «Che faccio io adesso?».

«Senti, Amedeo» disse Appacher «non arrabbiarti... Dopo tutto non è colpa mia... Anche di là» (fece un gesto vago) «c'è una certa confusione... Insomma dovrei starmene qui ancora circa un mese... Un mese, se non sarà di più... E tu sai che la mia casa è già stata smontata, ci sono dentro i nuovi inquilini...»

«E allora, tu vuoi dire, ti fermeresti qui da me a dormire?»

«Dormire? Ormai non dormo più... Non si tratta di dormire... Mi basterebbe un angolino... Non darò noia, io non mangio, non bevo e non... insomma il gabinetto non mi occorre... Sai? Solo per non dover girare tutta notte, magari con la pioggia.»

«Ma la pioggia... ti bagna?»

«Bagnarmi, no naturalmente» e fece una sottile risatina «ma dà sempre un fastidio maledetto.» «E così passeresti qui le notti?» «Se tu me lo permetti...» «Se lo permetto!... Io non capisco... Una persona intelligente, un vecchio amico... uno che ha oramai tutta la vita dietro a sé... coma fa a non rendersi conto? Già, tu non hai mai avuto una famiglia!»

L'altro, confuso, retrocedeva in direzione della porta. «Scusami sai, io credevo... Si tratta poi di un mese solo...»

«Ma non mi vuoi capire allora!» fece il Torti, quasi offeso. «Non è per me che mi preoccupo... I bambini!... I bambini!... Ti parrebbe niente a te farti vedere da due innocenti che non hanno ancora dieci anni. Dopo tutto, dovresti renderti conto dello stato in cui ti trovi. Perdonami la brutalità, ma tu, tu sei uno spettro... e dove ci sono i miei bambini, io uno spettro non ce lo lascio, caro mio...»

«E allora niente?»

«E allora, caro mio, non so che cosa dir...» Restò là con la parola monca. Di colpo Appacher era svanito. Solo si udivano dei passi giù per la scala a precipizio.

Suonava mezzanotte e mezzo quando il maestro Mario Tamburlani, direttore del Conservatorio, dove aveva anche l'alloggio, tornò a casa da un concerto. Giunto alla porta del suo appartamento, aveva già fatto girare la chiave nella toppa quando sentì un bisbiglio dietro a sé: «Maestro, Maestro!». Voltatosi di scatto, scorse Appacher.

Tamburlani era famoso per la diplomazia, il *savoir faire*, l'avvedutezza, la capacità di destreggiarsi nella vita: doti, o difetti, che lo avevano portato molto più in su di quanto i suoi modesti meriti potessero. In un baleno egli valutò la situazione.

«O caro, caro» mormorò in tono affettuosissimo e patetico, e tendeva le mani al violinista fermandosi però a un metro buono di distanza. «O caro, caro... Se tu sapessi il vuoto che...»

«Come? Come?» fece l'altro ch'era alquanto sordo poiché nei fantasmi l'acutezza dei sensi è attenuata. «Abbi pazienza, adesso non ci sento più come una volta...»

«Oh, lo capisco, caro... Ma non posso mica urlare. C'è di là Ada che dorme e poi...»

«Scusa, non potresti per un momento farmi entrare? Sono parecchie ore che cammino...»

«No, no, per carità, guai se Blitz si accorgesse.»

«Come? Come hai detto?» «Blitz, il mio cane lupo, lo conosci no?... farebbe un tale chiasso... Si sveglierebbe subito il custode... e poi chissà...» «E allora, non potrei per qualche giorno...» «Venire a stare qui da me? O caro Appacher, certo, certo!... Figurati se per un amico come te... Però, scusami sai, ma come facciamo con il cane?»

L'obiezione lasciò Appacher interdetto. Tentò allora la mozione degli affetti: «Piangevi, maestro, piangevi un mese fa, al cimitero, quando hai tenuto il discorso prima che mi coprissero di terra... ti ricordi? Io sentivo i tuoi singhiozzi, cosa credi?»

«O caro, caro, non dirmelo... mi viene un tale affanno qui» (e si portò la mano al petto) «... Dio mio, mi pare che Blitz...»

Infatti dall'interno dell'appartamento veniva un sordo brontolio premonitore.

«Aspetta caro, entro un momento a far star quieta quella bestia insopportabile... Caro, un momento solo.»

Lesto come un'anguilla sgusciò dentro e chiuse il battente dietro a sé, sprangandolo ben bene. Poi silenzio.

Appacher aspettò qualche minuto. Poi bisbigliò «Tamburlani, Tamburlani». Dall'altra parte non ci fu risposta. Allora egli batté debolmente con le nocche. Ma il silenzio era assoluto.

La notte camminava. Appacher pensò di provare dalla Gianna, ragazza di facili costumi e di buon cuore, con cui era stato molte volte. Gianna abitava due stanzette in un vecchio casamento popolare fuori mano. Quando egli arrivò erano le tre passate. Per fortuna, come accadeva spesso in un simile alveare, il portello d'ingresso era socchiuso. Appacher giunse al quinto piano con fatica. Era ormai stanco di girare.

Sul ballatoio non stentò a trovare l'uscio benché fosse buio fitto. Bussò discretamente. Dovette insistere prima di udire sintomi di vita. Poi la voce di lei piena di sonno: «Chi è? Chi è a quest'ora?».

«Sei sola? Apri... sono io, Toni.»

«A quest'ora?» ripeté lei senza entusiasmo ma con la solita docile umiltà «aspetta... adesso vengo.» Uno svogliato ciabattare, lo scatto dell'interruttore della luce, la serratura che girava. «Come mai vieni a quest'ora?» E, aperto l'uscio, Gianna stava per correre al suo letto, lasciando all'uomo il disturbo di richiudere, quando lo strano aspetto di Appacher la colpì. Restò interdetta ad osservarlo e solo allora dalla nebbia della sonnolenza emerse un ricordo spaventoso. «Ma tu... ma tu... ma tu...» Voleva dire: ma tu sei morto, adesso mi ricordo. Tuttavia il coraggio le mancava. Retrocedette, le braccia tese a respingerlo se mai le si fosse avvicinato. «Ma tu... ma tu.» Poi emise una specie d'urlo. «Fuori... fuori per carità!» supplicava, gli occhi sbarrati dal terrore. E lui: «Ti prego, Gianna... Volevo riposarmi solo per un poco». «No no, fuori! Come puoi pensare... mi vuoi fare impazzire tu. Fuori! Fuori! Vuoi far svegliare tutto il casamento?»

Siccome Appacher non accennava a muoversi, la ragazza, senza togliergli gli occhi di dosso, cercò dietro a sé alla cieca con le mani, annaspando sopra una credenza. Sotto le dita le capitò una forbice.

«Vado, vado» fece lui disorientato, ma la donna, col coraggio della disperazione, già gli premeva la ridicola arma contro il petto; e la doppia lama, non incontrando resistenza, sprofondò tutta dolcemente nel fantasma. «Oh Toni, perdona, non volevo» fece la ragazza spaventata, mentre lui: «No, no... ah, che solletico, ti prego... che solletico!» e scoppiò a ridere istericamente come un pazzo. Di fuori, nel cortile, una imposta venne sbattuta con fracasso. Quindi una voce furibonda: «Ma si può sapere che succede? Sono quasi le quattro!... È uno scandalo, perdio!». Appacher già fuggiva come il vento.

Da chi tentare ancora? Dal vice parroco di San Calisto, fuori porta? Dal bravo don Raimondo, suo antico compagno di ginnasio che sul letto di morte gli aveva somministrato gli ultimi conforti religiosi? «Indietro, indietro, parvenza demoniaca» fu l'accoglienza del degno sacerdote come il violinista gli comparve.

«Ma sono Appacher, non mi riconosci?... Don Raimondo, lascia che mi nasconda qui da te. Tra poco è l'alba. Non c'è un cane che mi voglia... Gli amici mi hanno rinnegato. Almeno tu...»

«Non so chi tu sia» rispose il prete con voce malinconica e solenne. «Potresti essere il demonio, o anche un'illusione dei miei sensi, io non so. Ma tu sei Appacher veramente, ecco, entra pure, quello è il mio letto, distenditi e riposa...»

«Grazie, grazie, don Raimondo, lo sapevo...»

«Non preoccuparti» proseguì il prete soavemente «non preoccuparti se io sono già in sospetto presso il vescovo... Non preoccuparti, te ne supplico, se la tua presenza qui potrà far nascere delle complicazioni gravi... Insomma, di me non darti cura. Se tu sei stato mandato qui per la mia rovina, ebbene sia fatta la volontà di Dio!... Ma che fai adesso? Te ne vai?»

Ed è per questo che gli spiriti – se mai qualche anima infelice si trattiene con ostinazione sulla terra – non vogliono vivere

173

con noi ma si ritirano nelle case abbandonate, tra i ruderi delle torri leggendarie, nelle cappelle sperdute tra le selve, sulle scogliere solitarie che il mare batte, batte, e lentamente si diroccano.

Le tentazioni di sant'Antonio

Se l'estate è prossima a morire e, partiti i signori villeggianti, i più bei posti restano deserti (ma nelle forre i cacciatori sparano e dai ventosi valichi della montagna, il cuculo mandando il suo richiamo, coi loro enigmatici sacchi sulle spalle i primi maghi d'autunno scendono già) allora le grandi nubi dei tramonti può darsi si riuniscano, verso le cinque e mezza le sei, per tentare i poveri preti di campagna.

Per l'appunto a quell'ora don Antonio, giovanissimo assistente alla parrocchia, insegna ai bambini il catechismo nell'oratorio che fu già palestra del dopolavoro. Qui è lui in piedi, là i banchi con sopra seduti i bambini e in fondo, che arriva fino al soffitto, la grande vetrata che dà verso levante; e attraverso si vede il placido e maestoso Col Giana illuminato dal sole che discende.

«*In nomine Patris et Filii et...*» fa don Antonio. «Ragazzi, oggi vi dirò qualcosa del peccato. C'è qualcuno che sa cosa sia il peccato? Tu, Vittorio, per esempio, che non capisco perché ti vai a mettere sempre così in fondo... Sai dirmi che cosa si intende per peccato?»

«Peccato... peccato... è quando uno fa delle brutte cose.»

«Sì, certo, pressappoco è così, infatti. Ma è più giusto dire che peccato è una offesa a Dio, fatta disobbedendo a una sua legge.»

Intanto le grandi nuvole si elevano al di sopra del Col Giana con molta intelligenza scenografica. Mentre parla, don Antonio le può vedere benissimo attraverso la vetrata. E le vede anche un ragno appollaiato con la sua ragnatela in un angolo della vetrata stessa (dove il traffico dei moscerini è minimo); nonché una mosca, ferma sul vetro, appesantita dai reumi di stagione. Da principio queste nubi si presentano nella seguente formazione: c'è un lungo piatto basamento dal quale sgorgano varie protuberanze, simili a bambagie smisurate, e i molli contorni si sviluppano in una serie di viscosi vortici. Ma che intenzione hanno?

«Se la mamma, mettiamo, vi dice di non fare una cosa e voi la fate, per la mamma è un dispiacere... Se Dio vi dice di non fare una cosa e voi la fate, per Dio è pure un dispiacere. Ma non vi dirà niente. Dio soltanto vede, perché lui vede tutto, compreso te Battista che invece di stare attento tagli il banco con un temperino. E allora Dio prende nota, possono passare cento anni e lui ancora ricorda tutto come se fosse successo appena un minuto prima...»

Alza per caso gli occhi e vede, inondata di sole, una nube a forma di letto, con sopra un baldacchino tutto a frange, volute e ghirigori. Un letto da odalisca. Fatto è che don Antonio ha sonno. Si è alzato alle quattro e mezza per dire messa in una chiesetta di montagna e poi in giro tutto il giorno, i poveri, la campana nuova, due battesimi, un malato, l'orfanotrofio, i lavori al cimitero, il confessionale, eccetera, su e giù dalle cinque del mattino, e adesso quel letto tenerissimo che sembra aspettarlo, lui povero prete da strapazzo.

Non viene un po' da ridere? Non è una singolare coincidenza lui morto di stanchezza e quel letto allestito in mezzo al cielo? Come sarebbe bello distendersi là sopra e chiudere gli occhi, senza più pensare a niente.

Ma dinanzi a lui stanno le piccole teste irrequiete dei ragazzi, a due a due, schierate sopra i banchi. «Quando si è detto peccato» spiega «non si è detto ancora niente. C'è peccato e peccato. C'è per esempio un peccato specialissimo diverso da tutti gli altri, che si chiama peccato originale...»

Allora avanza una seconda nube, gigantesca, che ha preso la forma di un palazzo: coi colonnati, le cupole, le logge, le fontane e in cima le bandiere; dentro ci sono le delizie della vita, probabilmente, i banchetti, i servi, le musiche, i mucchi di marenghi, i profumi, le belle cameriere, i vasi di fiori, i pavoni, le trombe d'argento che lo chiamano, lui timido prete di campagna che non possiede neanche un soldo. ("Eh, certo in quel castello non si deve poi stare da cani" pensa "a me non capiterà mai niente di simile.")

«Così è nato il peccato originale. Ma voi certo mi potete chiedere: che colpa ne abbiamo noi se Adamo si è comportato male? Cosa c'entriamo noi? Perché dobbiamo rimetterci per lui? Ma qui, vedete...»

C'era uno, nel secondo o terzo banco, che stava mangiando di nascosto: pane, si sarebbe detto, o qualche altra cosa di croccante. Se ne udiva il piccolo rumore, come di topo. Però stava molto attento: se il prete cessava di parlare, quello subito fermava le mandibole.

Bastò questo esile richiamo perché don Antonio fosse preso da una fame formidabile. E d'un subito egli vide una terza nube distendersi orizzontalmente, modellata a forma di tacchino. Era una bestia smisurata, un monumento, da sfamare una città come Milano; e girava su un immaginario spiedo, rosolata dal sole del tramonto. Poco più in là un'altra nube, a pinnacolo, paonazza, a classica forma di bottiglia.

«Come si fa peccato?» disse. «Oh, gli uomini quanti sistemi hanno inventato pur di dispiacere a Dio. Si pecca con le azioni, come se per esempio uno ruba, si pecca con le semplici parole se per esempio uno bestemmia, si pecca anche coi pensieri... Sì, basta un pensiero alle volte...»

Che razza di impertinenza, quelle nubi. Una delle più grosse, sviluppatasi in altezza, aveva assunto la foggia della mitria. Intendeva alludere all'orgoglio, all'ambizione di carriera? Rifinita nei suoi particolari, biancheggiava sullo sfondo azzurro e dai suoi fianchi autoritari colavano giù frange di seta e d'oro. Poi la mitria, gonfiandosi ancora di più, mise fuori tanti fiorellini. E si ebbe addirittura il triregno del Pontefice, con tutta la sua potenza misteriosa. Per un istante il povero prete di campagna lo fissò, invidiando suo malgrado.

Lo scherzo si era fatto più sottile, pieno di subdole lusinghe. Don Antonio si sentiva inquieto.

A questo punto Attilio, il figlio del fornaio, introdusse un chicco di granturco in una cannuccia di sambuco e la portò alle labbra progettando di bersagliare la nuca di un compagno. In quel mentre vide don Antonio, il cui volto si era fatto bianco. E ne restò tanto impressionato che subito mise via la cerbottana.

«... distinguere» diceva «il peccato veniale dal mortale... Mortale... Perché mortale? Forse si muore? Proprio così... Se non muore il corpo, l'anima...»

No, no – pensava – non può essere un caso, un capriccio ingannevole dei venti. Per lui, don Antonio, certamente, non si scomodavano le potenze degli abissi. Eppure quella faccenda del triregno puzzava straordinariamente di complotto. Non poteva esserci di mezzo il Gran Nemico, lo stesso che nel tempo dei tempi sbucava dalla sabbia e stuzzicava i piedi degli anacoreti?

In quell'arcipelago di nuvole, quasi nel centro, un grande blocco di vapori era rimasto finora inoperoso. Strano, si era anzi detto don Antonio, tutto il resto è in continuo movimento e quello invece no. In mezzo a tanto carnevale se ne era rimasto quieto, apatico, quasi aspettando. Con apprensione il prete adesso lo teneva d'occhio.

Il nuvolone infatti cominciava a muoversi; ricordando il risveglio di un pitone con quella sua sorniona e falsa svogliatezza carica di oscuri mali. Aveva il colore madreperla rosa di certi molluschi, rotonde e turgide le membra. Che cosa preparava? Che forme avrebbe scelto? Benché mancasse ogni elemento di giudizio, don Antonio, con quel fiuto degli uomini di Chiesa, sapeva ormai che cosa ne sarebbe uscito.

Si accorse di arrossire, abbassò gli sguardi al pavimento, dove c'erano pezzi di paglia, un mozzicone di sigaretta (chissà come), un chiodo arrugginito, un po' di terra. «Ma infinita, ragazzi miei» diceva «è la misericordia del Signore e la sua grazia...» Mentre parlava, calcolò pressappoco il tempo necessario perché la nube potesse essere completa. L'avrebbe poi guardata? «No no, sta' attento, don Antonio, non fidarti, non sai quel che potrà essere di te» gli mormorò la noiosa voce che nelle ore vili sorge nel profondo di noi, rimproverando. Però egli udì anche l'altra voce, quella indulgente, accomodante, amica, che dà ragione quando il coraggio ci abbandona. E diceva così: «Di che hai paura, reverendo? Di una innocente nuvoletta? Se tu non la guardassi, allora sì sarebbe per te un brutto segno, vorrebbe dire che sei sporco dentro. Una nuvola, pensa, come potrebbe essere colpevole? Guardala, reverendo, come è bella!».

Ebbe allora un attimo di dubbio. Tanto bastò perché le palpebre avessero un breve tremito, lasciassero un piccolo spiraglio. Vide o non vide? Qualcosa come una immagine perversa, laida e stupenda, gli era già entrata nel cervello. Ansimò, per la tenebrosa sensazione. Per lui dunque eran venuti fantasmi e dal cielo lo stavano sfidando con allusioni inverecende?

Era forse la grande prova destinata agli uomini di Dio? Ma perché tra i mille e mille preti disponibili era stato scelto proprio lui? Pensò alla Tebaide favolosa, intravide perfino dinanzi a sé un destino di santità e di gloria. Sentì il bisogno di restare solo. Fece un piccolo segno di croce ad indicare che la lezione era finita. Bisbigliando i ragazzi se n'andarono fin che tutto ritornò al silenzio.

Poteva sì fuggire, adesso, rinchiudersi per esempio in una stanza interna donde non si vedessero le nubi. Ma fuggire non serviva. Sarebbe stata una capitolazione. Cercò invece l'aiuto di Dio. Si mise a pregare a denti stretti, furioso, come in gara all'ultimo chilometro.

Chi avrebbe vinto? L'empia e dolce nube oppure lui con la purezza? Intanto pregava. Come gli parve di essere abbastanza irrobustito, concentrò le sue forze e levò gli occhi.

Ma in cielo, al di sopra del Col Giana, con una strana delusione, egli non vide che nubi indifferenti, dall'espressione idiota, vesciche di vapore, mucillagini di nebbia che si disperdevano in brandelli. Né queste nubi evidentemente potevano pensare, o essere cattive, o fare scherzi ai giovani preti di campagna. Né di sicuro si erano mai interessate di lui per tormentarlo. Nuvole e basta. La stazione meteorologica aveva infatti annunciato quel giorno: «Cielo in preval. sereno, qualche formaz. cumuliforme al pomeriggio. Calma di vento. Temper. stazion.». Circa il Diavolo, neanche una parola.

Il bambino tiranno

Il bambino Giorgio, benché giudicato in famiglia un prodigio di bellezza fisica, bontà e intelligenza, era temuto. C'erano il padre, la madre, il nonno e la nonna paterni, le cameriere Anna e Ida, e tutti vivevano sotto l'incubo dei suoi capricci, ma nessuno avrebbe osato confessarlo, anzi era una continua gara a proclamare che un bambino caro, affettuoso, docile come lui non esisteva al mondo. Ciascuno voleva primeggiare in questa sfrenata adorazione. E tremava al pensiero di poter involontariamente provocare il pianto del bambino: non tanto per le lacrime, in fondo trascurabili, quanto per le riprovazioni degli adulti. Infatti, col pretesto dell'amore per il piccolo, essi sfogavano a vicenda i loro spiriti maligni controllandosi e facendosi la spia.

Ma paurose di per sé erano le ire di Giorgio. Con l'astuzia propria di questo tipo di bambini, egli misurava bene l'effetto delle varie rappresaglie. Perciò aveva guardato l'uso delle proprie armi nei seguenti termini: per le piccole contrarietà si metteva semplicemente a piangere, con dei singulti, per la verità, che sembrava gli dovessero schiantare il petto. Nei casi più importanti, quando l'azione doveva prolungarsi fino all'esaudimento del desiderio contrastato, metteva il muso e allora non parlava, non giocava, si rifiutava di mangiare: ciò che in meno di una giornata portava la famiglia alla costernazione. Nelle circostanze ancor più gravi le tattiche erano due: o simulava di essere assalito da misteriosi dolori alle ossa, i dolori alla testa e al ventre non sembrandogli consigliabili per il pericolo di purghe (e già nella scelta del male si rivelava la sua forse inconsapevole perfidia perché, a torto o a ragione, si pensava subito a una paralisi infantile). Oppure, e forse era il peggio, si metteva a urlare; dalla sua gola usciva, ininterrotto e immobile di tono, un grido estremamente acuto, quale noi adulti non sapremmo riprodurre, e che perforava il cranio. In pratica non era possibile resistere. Giorgio aveva ben presto partita vinta, con la doppia voluttà di venire soddisfatto e di vedere i grandi litigare, l'uno rinfacciando all'altro di aver fatto esasperare l'innocente.

Per i giocattoli Giorgio non aveva mai avuto una sincera inclinazione. Solo per vanità ne voleva molti e di bellissimi. Il suo gusto era di portare a casa due tre amici e di sbalordirli. Da un piccolo armadio, che teneva chiuso a chiave, estraeva ad uno ad uno, e in progressione di magnificenza, i suoi tesori. I compagni spasimavano di invidia. E lui si divertiva ad umiliarli. «No, non toccare tu che hai le mani sporche... Ti piace eh? Dà qua, dà qua, se no finisci per guastarlo... E tu, dimmi, te ne hanno regalato uno anche a te?» (ben sapendo che così non era). Dallo spiraglio della porta, genitori e nonni lo covavano teneramente con gli sguardi: «Che caro» sussurravano. «È proprio un omettino, ormai... Sentitelo come si stima!... Eh, ci tiene lui ai suoi giocattoli, eh ci tiene all'orsacchiotto che gli ha regalato la sua nonna!» Quasi che l'essere geloso dei balocchi fosse per un bimbo una virtù straordinaria.

Basta. Un conoscente portò un giorno dall'America un giocattolo meraviglioso in dono a Giorgio. Era un «camion del latte», perfettissima riproduzione degli autofurgoni costruiti per quel servizio; verniciato di bianco e azzurro, coi due conducenti in uniforme che si potevano mettere e levare, le portiere anteriori che si aprivano, i pneumatici alle ruote; all'interno, infilati uno sull'altro per mezzo di speciali guide, tanti canestrini di metallo, ciascuno contenente otto microscopiche bottiglie sigillate col tappo di stagnola. E sui fianchi due autentiche saracinesche a ghigliottina che, aprendosi, si arrotolavano proprio come quelle vere. Era senza dubbio il giocattolo più bello e singolare di quanti ne possedesse Giorgio, e probabilmente il più costoso.

Ebbene, un pomeriggio il nonno, colonnello in pensione, che in genere non sapeva che cosa fare dell'anima sua, passando dinanzi all'armadio dei giocattoli, tirò quasi per caso, come succede, la manopola dello sportello. Sentì che cedeva. Giorgio l'aveva chiuso a chiave come al solito, ma l'anta gemella, in cui il chiavistello si incastrava, per dimenticanza non era stata fissata coi catenacci in alto e in basso. E così entrambe si aprirono.

Disposti su quattro piani stavano qui in perfetto ordine i giocattoli, tutti ancora lucidi e belli perché Giorgio non li adoperava quasi mai. Giorgio era fuori con Ida, anche i genitori erano usciti, la nonna Elena lavorava a maglia nel salotto. Anna in cucina dormicchiava. La casa era quieta e silenziosa. Il colonnello si guardò alle spalle come un ladro. Poi, con un desiderio da lungo tempo vagheggiato, le sue mani si protesero al camion del latte che nella penombra risplendeva.

Il nonno lo collocò sul tavolo, si sedette e si accinse a esaminarlo. Ma c'è una legge arcana per cui se un bambino tocca di nascosto una cosa dei grandi, questa cosa subito si rompe e simmetricamente, toccato dai grandi, si rompe il giocattolo che pure il bambino aveva senza danno maneggiato per mesi con energia selvaggia. Non appena il nonno, con la delicatezza di un orologiaio, ebbe alzato una delle piccole saracinesche laterali, si udì un clic, un listello di latta verniciata schizzò fuori e il perno su cui la saracinesca si sarebbe dovuta avvolgere ciondolò senza più il sostegno.

Col batticuore, il vecchio colonnello si affannò per rimettere le cose a posto. Ma le mani gli tremavano. E gli fu ben chiaro che con la sua nessuna abilità riparare il guasto era impossibile. Né si trattava di una avaria reconditа, facile a venir dissimulata. Scardinato il perno, la saracinesca non chiudeva più, pendendo tutta sghemba.

Un disperato smarrimento prese colui che un giorno ai piedi del Montello aveva condotto i suoi cavalleggeri a una disperata carica contro le mitragliatrici degli austriaci. E un brivido gli percorse le vertebre al suono di una voce che pareva quella del giudizio universale: «Gesummaria, Antonio, cos'hai fatto?».

Il colonnello si voltò. Sulla soglia, immobile, sua moglie Elena lo fissava con le pupille dilatate. «L'hai rotto, di', l'hai rotto?»

«Macché, non è... ti dico... non è niente» mugolò il vecchio militare, annaspando con le mani nell'assurdo tentativo di sistemare la rottura. «E adesso? E adesso cosa fai?» incalzò la donna con affanno. «E quando Giorgio se ne accorge? Adesso cosa fai?» «L'ho appena toccato, ti giuro... doveva essere già rotto... Non ho fatto niente, io» cercò miseramente di scusarsi il colonnello; e se mai si era illuso di trovare nella moglie una certa solidarietà morale, questa speranza venne meno tanta fu l'indignazione della vecchia: «Non ho fatto non ho fatto, mi sembri un pappagallo!... Si sarà rotto da solo, si capisce!... E fa' qualcosa almeno, e muoviti, invece di stare là come uno stupido!... Giorgio può essere qui da un momento all'altro... E chi...» (la voce le si ingorgava per la rabbia) «... e chi ti ha detto di aprire l'armadio dei giocattoli?».

Non occorreva altro perché il colonnello perdesse la testa del tutto. Purtroppo era domenica, impossibile trovare un operaio capace di riparare il camioncino. Intanto la signora Elena, quasi per non restare implicata nel delitto, se n'era andata. Il colonnello si sentì solo, abbandonato, nella ingrata selva della vita. La luce declinava. Tra poco notte, e Giorgio di ritorno.

Con l'acqua alla gola, il nonno allora corse in cucina in cerca di uno spago. Con lo spago, sfilato il tetto del camion, riuscì a fissare le estremità della saracinesca, così che restasse chiusa, pressappoco. Evidentemente essa non si poteva aprire più ma almeno dall'esterno non si notava nulla di anormale. Rimise il giocattolo al suo posto, chiuse l'armadio. Si ritirò nel suo studiolo. Appena in tempo. Tre lunghe scampanellate prepotenti annunciavano il ritorno del tiranno.

Se almeno la nonna avesse tenuto la bocca chiusa. Figurarsi. A ora di pranzo, tranne il piccolo, tutti erano al corrente del disastro comprese le donne di servizio. E anche un bambino meno astuto di Giorgio si sarebbe accorto che nell'aria c'era qualcosa di insolito e sospetto. Due tre volte il colonnello tentò di avviare una conversazione. Ma nessuno lo aiutava. «Cosa c'è?» domandò Giorgio con la sua naturale improntitudine. «Avete tutti la luna piena?» «Ah quest'è bella, abbiam la luna piena abbiamo, ah ah!» fece il nonno, cercando eroicamente di voltare tutto in scherzo. Ma la sua risata si spense nel silenzio.

Il bambino non fece altre domande. Con sagacia addirittura demoniaca sembrò capire che il disagio generale si riferiva a lui; che l'intera famiglia, per qualche motivo ignoto, si sentiva in colpa: e che lui la teneva nelle mani.

Come fece a indovinare? Fu guidato dai trepidanti sguardi dei familiari che non lo lasciavano un istante? O ci fu qualche delazione? Fatto è che, terminato il pranzo, con un ambiguo sorrisetto Giorgio andò all'armadio dei giocattoli. Spalancò gli sportelli, restò un buon minuto in contemplazione quasi sapesse di prolungare così l'ansia del colpevole. Quindi, fatta la scelta, trasse dal mobile il camioncino e, tenendolo stretto sotto un braccio, andò a sedersi su un divano, donde fissava ad uno ad uno i grandi, sorridendo.

«Che cosa fai, Giorgino?» disse infine con voce spenta il nonno. «Non è ora di fare la nanna?» «La nanna?» fu la evasiva risposta del nipote che accentuò il ghigno beffardo. «E perché non giochi allora?» osò chiedere il vecchio, a quell'agonia sembrandogli preferibile una rapida catastrofe. «No» fece il bimbo dispettoso «di giocare non ho voglia.» Immobile, aspettò circa mezz'ora, quindi annunciò: «Io vado a letto». E uscì col camioncino sotto il braccio.

Divenne una mania. Per tutto il giorno dopo, e per l'altro successivo, Giorgio non si distaccò un istante dal veicolo. Perfino a tavola volle tenerselo accanto, come non aveva mai fatto prima per nessun balocco. Ma non giocava, non lo faceva andare, né mostrava alcuna voglia di guardare dentro.

Il nonno viveva sulle spine. «Giorgio» disse più di una volta «ma perché ti porti sempre dietro il camioncino se poi non giochi? Che fissazione è questa? Su, vieni qua, fammi vedere le belle bottigliette!» Insomma, non vedeva l'ora che il nipotino scoprisse il guasto, succedesse poi quello che doveva succedere (non osando tuttavia confessare spontaneamente l'accaduto).

Tanto gli pesava il tormento dell'attesa. Ma Giorgio era irremovibile. «No, non ho voglia. È mio o non è mio il camion? E allora lasciami stare.»

La sera, dopo che Giorgio era andato a letto, i grandi discutevano. «E tu diglielo!» diceva il padre al nonno «piuttosto che continuare in questo modo! E tu diglielo! Non si vive più per questo maledetto camion!» «Maledetto?» protestava la nonna. «Non dirlo neanche per scherzo... il giocattolo che gli è più caro di tutti. Povero tesoro!» Il papà non le badava: «E tu diglielo!» ripeteva esasperato. «Avrai il coraggio, tu che hai fatto due guerre, avrai il coraggio, no?»

Non ce ne fu bisogno. Il terzo giorno, comparso Giorgio col suo camioncino, il nonno non seppe trattenersi: «Su, Giorgio, perché non lo fai andare un poco? Perché non giochi? Mi fai senso, sempre con quel coso sotto il braccio!». Allora il bambino si ingrugnò come al delinearsi di un capriccio (era sincero o faceva tutta una commedia?). Poi si mise a gridare, singhiozzando: «Io ne faccio quel che voglio del mio camion, io ne faccio! E finitela di tormentarmi. L'avete capito o no che basta?... Io lo fracasso se mi piace. Io ci pesto sopra i piedi... Là... là, guarda!». Con le due mani alzò il giocattolo e di tutta forza lo scaraventò per terra, poi coi calcagni gli saltò sopra, sfondandolo. Divelto il tetto, il camioncino si schiantò e le bottigliette si sparsero per terra.

Qui Giorgio all'improvviso si arrestò, cessò di urlare, si chinò a esaminare una delle due pareti interne del veicolo, afferrò un'estremità del clandestino spago messo dal nonno alla saracinesca. Inviperito, si guardò intorno, livido: «Chi?» balbettò. «Chi è stato? Chi ci ha messo le mani? Chi l'ha rotto?».

Si fece avanti il nonno, il vecchio combattente, un poco chino. «O Giorgino, anima mia» supplicò la mamma. «Sii buono. Il nonno non l'ha fatto apposta, credi. Perdonagli. Giorgino mio!»

Intervenne anche la nonna: «Ah, no, creatura hai ragione tu... Fagli totò al brutto nonno che ti rompe tutti i giocattoli... Povero innocente. Gli rompono i giocattoli e poi ancora vogliono che sia buono, poverino. Fagli totò al brutto non-no!».

Di colpo Giorgio ritornò tranquillo. Guardò lentamente le facce ansiose che lo circondavano. Il sorriso gli ricomparve sulle labbra.

«L'ho detto io» fece la mamma; «l'ho sempre detto che è un angelo! Ecco che Giorgio ha perdonato al nonno! Guardàtelo, che stella!»

Ma il bimbo li esaminò ancora ad uno ad uno; il padre, la mamma, il nonno, la nonna, le due cameriere. «E guardàtelo che stella... e guardàtelo che stella!...» cantarellò, facendo il verso. Diede un calcio alla carcassa del camioncino che andò a sbattere nel muro. Poi si mise freneticamente a ridere. Rideva da spaccarsi. «E guardàtelo che stella!» ripeté beffardo, uscendo dalla stanza. Terrificati, i grandi tacquero.

Rigoletto

Alla rivista militare per l'anniversario dell'indipendenza sfilò per la prima volta in pubblico un reparto dell'arma atomica.

Era un giorno chiaro ma grigio di febbraio ed una luce uniforme batteva sui polverosi palazzi del corso da cui sventolavano le bandiere. Dove io mi trovavo, il passaggio dei formidabili carri armati che aprivano il corteo rombando strepitosamente sul selciato di pietra non ebbe il solito effetto elettrizzante sulla folla. Pochi e svogliati gli applausi all'apparire delle magnifiche macchine irte di cannoni, dei bellissimi soldati che spuntavano dalla sommità delle torrette coi loro caschi di cuoio e di acciaio. Gli sguardi andavano tutti laggiù, verso la piazza del Parlamento, donde la colonna muoveva, in attesa della novità.

Circa tre quarti d'ora durò il passaggio dei carri, gli spettatori ne avevano la testa rintronata. Finalmente l'ultimo mastodonte si allontanò col suo orrendo frastuono e il corso rimase deserto. Ci fu silenzio, mentre dai balconi le bandiere dondolavano al vento.

Perché nessuno avanzava? Anche il rombo dei carri si era già perso nella lontananza tra vaghi echi di remote fanfare e la strada vuota attendeva ancora. Che fosse intervenuto un contrordine?

Ma ecco dal fondo, senza alcun rumore, venne avanti una cosa; e poi una seconda, una terza, e moltissime altre, in lunga fila. Avevano ciascuna quattro ruote gommate ma propriamente non erano né automobili, né camionette, né carri armati, né altre macchine conosciute. Piuttosto delle strane carrette erano, di aspetto inusitato e in certo modo meschine.

Mi trovavo in una delle prime file e potei osservarle bene. Ce n'erano a forma di tubo, di marmitta, di cucina da campo, di bara, tanto per dare un'idea approssimativa. Non grandi, non espressive e neppure forti di quella compattezza esteriore che spesso nobilita le più squallide macchine. Gli involucri metallici che le rivestivano sembravano anzi quasi «arrangiati» e ricordo una specie di sportellino laterale un po' ammaccato che evidentemente non si riusciva a chiudere e sbatteva con rumore di latta. Il colore era giallino con bizzarri disegni verdi che ricordavano le felci, a scopo di mimetizzazione. Gli uomini, a due a due, stavano per lo più infossati nella parte posteriore dei veicoli e ne emergeva solo il busto. Del tutto consuete le uniformi, i caschi e le armi: moschetti automatici di modello regolamentare che i soldati portavano evidentemente a scopo decorativo così come non molti anni prima si vedevano ancora cavalieri armati di sciabola e di lancia.

Due cose fecero subito una grande impressione: l'assoluto silenzio con cui avanzavano gli strumenti, mossi evidentemente da una energia sconosciuta; e soprattutto l'aspetto fisico dei militari a bordo. Essi non erano vigorosi giovanotti sportivi come quelli dei carri, non erano abbronzati dal sole, non sorridevano di ingenua spavalderia e neppure sembravano chiusi in una ermetica rigidità militaresca. Magri erano nella maggioranza strani tipi di studenti di filosofia, fronti spaziose e grandi nasi, tutti con cuffia da telegrafista, molti con occhiali a stanghetta. E pareva ignorassero di essere soldati, a giudicare dal contegno. Una specie di rassegnata preoccupazione si leggeva sulle loro facce. Chi non badava alla manovra delle macchine si guardava intorno con espressione incerta ed apatica. Solo i conducenti di certi piatti furgoni a scatola rispondevano un po' all'aspettativa: una sorta di schermo trasparente a forma di calice, svasato e aperto in alto, circondava la loro testa con un effetto sconcertante di mascherone.

Mi ricordo, sulla seconda o terza carretta, un gobbino, seduto un po' più in alto degli altri, probabilmente un ufficiale.

Senza badare alla folla continuava a voltarsi indietro per controllare i veicoli seguenti quasi temesse che restassero per via. «Dài, Rigoletto!» gridò uno dall'alto di un balcone. Lui alzò gli sguardi e con un sorriso stentato agitò una mano salutando.

Fu proprio l'estrema povertà dell'apparato – mentre tutti sapevano quale infernale potenza di distruzione fosse contenuta in quei recipienti di lamiera – a mettere sgomento. Voglio dire che se i meccanismi fossero stati molto più grandiosi, probabilmente non se ne avrebbe avuto un'impressione così torbida e potente. Questo spiega l'attenzione quasi ansiosa della folla. Non c'era un applauso né un evviva.

In tanto silenzio mi parve, come dire?, che un ritmico lieve cigolio uscisse dai misteriosi veicoli. Assomigliava a certi richiami di uccelli migratori, ma di uccello non era. Dapprima estremamente sottile, quindi via via più distinto, scandito però sempre col medesimo ritmo.

Guardavo l'ufficiale gobbino. Lo vidi togliersi la cuffia da telegrafista e confabulare animatamente col compagno seduto più sotto. Anche a bordo di altre carrette notai segni di nervosismo. Come se stesse accadendo alcunché di irregolare.

Fu allora che sei sette cani, dalle case intorno, cominciarono insieme ad abbaiare. Siccome i davanzali erano gremiti di spettatori e quasi tutte le finestre spalancate, gli animaleschi richiami echeggiarono largamente nella via. Che cosa avevano quelle bestiacce? Chi chiamavano in aiuto con tanto furore? Il gobbetto ebbe un gesto di impazienza.

In quel mentre – me ne accorsi con la coda dell'occhio – un oggetto scuro guizzò alle mie spalle. Voltandomi, feci in tempo a scorgere tre quattro topi che, sgusciati dal lucernario di una cantina a fior del terreno, fuggivano precipitosamente.

Un signore anziano al mio fianco alzò un braccio con l'indice teso verso il cielo. E allora vedemmo che al di sopra delle macchine atomiche, nel mezzo della via, si ergevano a picco strane colonne di polvere rossiccia, simile alle trombe d'aria dei *tornados* ma ferme, verticali, non vorticose. Nello spazio di pochi secondi assunsero una forma geometrica, prendendo maggiore consistenza. Descriverle è difficile: immaginate il fumo contenuto in un alto camino di fabbrica, ma senza il camino che lo racchiuda. Adesso le inquietanti torri di fitto pulviscolo, come fantasmi, si elevavano per una trentina di metri sopravanzando i tetti dei palazzi, e da una cima all'altra vedemmo altrettanti ponti della stessa nebulosa materia colore della fuliggine. Si formò così una intelaiatura di immense rigide ombre che si prolungava a perdita d'occhio in corrispondenza del corteo. E i cani chiusi nelle case continuavano a latrare.

Che accadeva? La sfilata si fermò, e il gobbino, sceso dal suo veicolo, risalì di corsa la colonna gridando complicati ordini che parevano in lingua straniera.

Con malcelata ansietà i militari armeggiarono intorno ai loro apparecchi.

Ormai i minareti di nebbia o pulviscolo – evidenti emanazioni dei carri atomici – incombevano altissimi sopra la folla, con rigore di linee quanto mai sinistro. Un'altra frotta di topi balzò fuori dal lucernario dandosi a pazza fuga. Come mai non oscillavano al vento, come le bandiere, questi pinnacoli di malaugurio?

Benché inquieta, la folla ancora taceva. Dinanzi a me, al terzo piano, si aprì di schianto una finestra e vi comparve una giovane donna scarmigliata. Rimase un istante, estatica, a fissare i picchi di inspiegabile nebbia e gli aerei ponti che li congiungevano. Portò le mani ai capelli in atto di spavento e un grido desolato uscì dalla gola: «Madonna! Oh, Madonna!».

Che voce! Cercando di dominarmi mi trassi indietro. In un ultimo sguardo vidi i militari febbrilmente agitarsi intorno agli apparecchi come se non riuscissero più a dominarli (più tardi compresi che, pur pallidi e brutti, erano anch'essi dei veri soldati). Avrei fatto in tempo? A veloci passi dapprima, attento a non farmi notare, svelto, sempre più svelto, finché mi gettai fuori dalla calca, infilando una strada laterale.

Udivo alle mie spalle il rombo della folla, finalmente inorridita, sotto l'urto del panico. A trecento metri circa ebbi la forza d'animo di voltarmi indietro a guardare: sopra il nero selvaggio tumulto della moltitudine in fuga, le torri di ombra rossiccia adesso dondolavano, i ponti fra l'una e l'altra contorcendosi lentamente: in uno sforzo supremo, si sarebbe detto. Il loro allucinante moto accelerava sempre più, diventando frenetico. Allora un urlo tenebroso ed atroce tuonò tra le case.

Poi accadde ciò che tutti sanno.

La frana

Fu svegliato dal campanello del telefono. Era il direttore del giornale. «Parta subito in auto» gli disse. «È venuta giù una grande frana in Valle Ortica... Sì, in Valle Ortica, vicino al paese di Goro... Un villaggio è rimasto sotto, ci devono essere dei morti... Del resto vedrà lei. Non perda tempo. E mi raccomando!»

Era la prima volta che gli affidavano un servizio importante e la responsabilità lo preoccupava. Tuttavia, fatto il conto del tempo disponibile, si rassicurò. Dovevano esserci duecento chilometri di strada, in tre ore sarebbe arrivato. Gli restava tutto il pomeriggio disponibile per l'inchiesta e per scrivere il "pezzo". Un servizio comodo, pensò; senza difficoltà avrebbe potuto farsi onore.

Partì nella fredda mattina di febbraio. Le strade essendo quasi deserte, si poteva andare svelto. Prima quasi che se l'aspettasse, vide avvicinarsi i profili delle colline, poi gli apparve, fra veli di caligine, la neve delle vette.

Pensava intanto alla frana. Forse era una catastrofe, con centinaia di vittime; ci sarebbe stato da scrivere un paio di colonne per due o tre giorni di fila, né il dolore di tanta gente lo rattristava, benché egli non fosse d'animo cattivo. Gli venne poi il pensiero sgradevole dei concorrenti, dei colleghi degli altri giornali, li immaginava già sul posto a raccogliere preziose notizie, molto più svelti e furbi di lui. Cominciò a guardare con ansia tutte le automobili che procedevano nella stessa direzione. Senza dubbio andavano tutte a Goro, per la frana. Spesso, avvistata una macchina in fondo ai rettilinei, forzava l'andatura per raggiungerla e vedere chi ci fosse dentro; ogni volta era convinto di trovare un collega, invece erano sempre volti sconosciuti, per lo più uomini di campagna, tipi di fittavoli e mediatori, persino un prete. Avevano una espressione annoiata e sonnolenta, come se la terribile sciagura non avesse per loro la minima importanza.

A un certo punto lasciò il rettilineo di asfalto e piegò a sinistra, per la strada della Valle Ortica, una via stretta e polverosa. Sebbene fosse mattino avanzato, non si scorgevano sintomi anormali: né reparti di truppa, né autoambulanze, né camion coi soccorsi, come lui si era immaginato. Tutto ristagnava nel letargo invernale, solo qualche casa di contadini emetteva dal camino un filo di fumo.

Le pietre sui bordi della strada dicevano: a Goro km 20, a Goro km 19, a Goro km 18, eppure non appariva fermento o allarme di sorta. Gli sguardi di Giovanni invano ispezionavano i precipitosi fianchi delle montagne, per scoprire la frattura, la bianca cicatrice della frana.

Arrivò a Goro verso mezzogiorno. Era uno di quegli strani paesi di certe valli abbandonate, che sembrano essere rimasti indietro di cent'anni; torvi e inospitali paesi, oppressi da squallide montagne, senza boschi d'estate o neve d'inverno, dove usano villeggiare tre o quattro famiglie disperate.

La piazzetta centrale era in quel momento vuota. Strano, si disse Giovanni, possibile che dopo una catastrofe simile tutti fossero fuggiti o chiusi in casa? A meno che, pensò, la frana non fosse caduta in un altro paese vicino, e tutti fossero sul posto. Un pallido sole illuminava la facciata di un albergo. Sceso di macchina, Giovanni aprì la porta a vetri e sentì un immenso vociare, come di gente allegra che fosse a tavola.

L'albergatore infatti stava facendo colazione con la numerosa famiglia. Clienti, di quella stagione, evidentemente non ce n'erano. Giovanni domandò permesso, si presentò come giornalista, chiese notizie della frana.

«La frana?» fece l'albergatore, omaccione volgare e cordialissimo. «Qui non ci sono frane... Ma forse lei desidera mangiare, si accomodi, si accomodi. Si sieda qui con noi, se si degna. Di là, nella sala, non è riscaldato.»

Insisteva perché Giovanni mangiasse con loro e intanto, senza badare al visitatore, due ragazzi sulla quindicina provocavano fra i commensali grandi risate per mezzo di allusioni familiari. L'albergatore desiderava proprio che Giovanni si sedesse, gli garantiva che non era facile trovare altrove, nella valle, di quella stagione, una colazione pronta; ma lui cominciava a sentirsi inquieto; avrebbe mangiato, si capisce, ma prima voleva vedere la frana, come mai a Goro non se ne sapeva nulla? Il direttore gli aveva dato ben chiare indicazioni.

Non mettendosi i due d'accordo, i ragazzi seduti a tavola cominciarono a farsi attenti. «La frana?» fece a un certo punto un ragazzetto di dodici anni circa, che aveva intuito la questione. «Ma sì, ma sì, è più su, a Sant'Elmo» così gridava, lieto di poter mostrarsi più informato del padre. «È successo a Sant'Elmo; lo diceva ieri il Longo!»

«Che cosa vuoi che sappia il Longo?» ribatté l'albergatore. «Sta' zitto tu. Che cosa vuoi che sappia il Longo? Di frane ce n'è stata una quando era ancora bambino, ma molto più in basso di Goro. Forse l'avrà vista, signore, a un dieci chilometri di qui, dove la strada fa...»

«Ma sì, papà, ti dico!» insisteva il ragazzetto. «A Sant'Elmo è successo!»

Avrebbero continuato a disputare se Giovanni non li avesse interrotti: «Bene, io vado fino a Sant'Elmo a vedere». L'albergatore e i figlioli lo accompagnarono sulla piazza, interessandosi visibilmente dell'automobile, di recente modello, quale lassù mai si era vista.

Quattro chilometri soltanto separavano Goro da Sant'Elmo, ma parevano a Giovanni lunghissimi. La strada saliva con serpentine ripide e così strette da richiedere spesso retromarce. La valle si faceva sempre più scura e torva. Solo un lontano rintocco di campana diede a Giovanni sollievo.

Sant'Elmo era ancora più piccolo di Goro, più derelitto e miserabile. Erano appena le una meno un quarto, eppure si sarebbe detto che la sera non fosse lontana; forse per l'ombra cupa delle montagne incombenti, forse per il disagio stesso provocato da tanto abbandono.

Ormai Giovanni si sentiva inquieto. Dove era caduta dunque la frana? Possibile che il direttore l'avesse spedito con tanta urgenza se non fosse stato sicuro della notizia? O che si fosse sbagliato nel dargli il nome del posto? Il tempo faceva presto a correre, lui rischiava di lasciar mancare il servizio al giornale.

Fermò la macchina, chiese indicazioni a un ragazzo il quale sembrò subito capire.

«La frana? È lassù» rispose e faceva segno verso l'alto. «In venti minuti ci si arriva.» Poi, accennando Giovanni a risalire in macchina, avvertì: «Non si può passare in auto, bisogna andare a piedi, c'è soltanto un sentiero». Acconsentì quindi a fare da guida.

Uscirono dal paese, inerpicandosi per una mulattiera fangosa, di traverso a un costone. Giovanni faticava a seguire il ragazzo né trovava il fiato per fare domande. Ma che importava? Fra poco avrebbe visto la frana, il servizio al giornale era assicurato e nessuno dei colleghi era giunto prima di lui. (Curioso però che non si vedesse persona in giro; bisognava dedurne che di vittime non ce n'erano state e che non erano stati chiesti soccorsi, tutt'al più era rimasta travolta qualche casa disabitata.)

«Ecco qui» disse finalmente il ragazzo, come raggiunsero una specie di contrafforte. E fece segno col dito. Dinanzi a loro, sul fianco opposto della valle, si scorgeva una gigantesca frana di terra rossiccia. Dal culmine della rottura al fondo della valle, dove si erano accatastati i macigni più grossi, potevano esserci trecento metri. Ma non si capiva come in quel punto potesse essere mai esistito un villaggio o soltanto un gruppo di case. Parvero poi sospette alcune vegetazioni abbarbicate sui dirupi.

«Lo vede, signore, il ponte?» chiese il ragazzo, indicando un resto di costruzione diroccato proprio sul fondo della valle, nell'intrico dei macigni rossi.

«E non c'è nessuno?» domandò Giovanni stupefatto, non vedendo anima viva per quanto si guardasse attorno. Solamente brulli costoni vedeva, rocce affioranti, umidi colatoi di rigagnoli, muretti di pietre a sostegno di brevi coltivazioni, dovunque un desolato colore ferruginoso, mentre il cielo si era lentamente riempito di nubi.

Il ragazzo lo guardò senza capire. «Ma quand'è successo?» insistette Giovanni. «È già da qualche giorno?» «Chissà quando!» fece il ragazzo. «Certi dicono trecento anni, certi anche quattrocento. Ma ogni tanto viene giù ancora qualche pezzo.»

«Bestia!» urlò Giovanni fuori di sé. «Non lo potevi dire prima?» Una frana di trecento anni prima lo avevano portato a vedere, la curiosità geologica di Sant'Elmo, forse indicata dalle guide turistiche! E quegli avanzi di muratura in fondo al vallone erano magari resti di un ponte romano! Che stupido sbaglio, e intanto la sera si avvicinava. Ma dov'era, dov'era la frana?

Scese di corsa per la mulattiera, seguito dal ragazzo mezzo piangente per la paura di aver perso la mancia. L'affanno di questo ragazzo era incredibile: non riuscendo a capire perché Giovanni si fosse arrabbiato, gli correva dietro supplichevole, sperando di rabbonirlo.

«Il signore cerca la frana!» andava dicendo a quanti incontrava, facendo segno a Giovanni. «Io non so mica, io credevo che volesse vedere quella del ponte vecchio, ma non è quella che cerca. Lo sai dove è caduta la frana?» andava chiedendo a uomini e donne.

«Aspetta, aspetta!» rispose finalmente a quelle parole una vecchietta che trafficava sulla porta di una casa. «Aspetta che chiamo il mio uomo!»

Poco dopo, preceduto da un gran rumore di zoccoli, comparve sulla soglia un uomo sulla cinquantina, ma già rinsecchito, dall'espressione tetra. «Ah, sono venuti a vedere!» cominciò a vociare come scorse Giovanni. «Non basta che tutto vada a ramengo, adesso i signori vengono a vedere lo spettacolo! Ma sì, ma sì, venga a vedere!» Gridava rivolto al giornalista, ma si capiva che lo sfogo era diretto al prossimo in genere, piuttosto che a lui personalmente.

Afferrò per un braccio Giovanni e se lo trasse dietro su per una mulattiera, simile a quella di prima, chiusa fra muretti di rozze pietre. Fu allora che, portando la mano sinistra al petto per chiudersi meglio il paltò (il freddo infatti si faceva sempre più intenso) Giovanni gettò per caso un'occhiata sull'orologio a polso. Erano già le cinque e un quarto, fra poco sarebbe giunta la notte e lui della frana non sapeva letteralmente nulla, neppure dove era caduta. Se almeno quell'odioso contadino lo avesse condotto sul posto!

«È contento? Eccola qui, se la guardi pure, la sua maledetta frana!» fece a un certo punto il contadino fermandosi; e col mento, in segno di odio e spregio, indicava la deprecata cosa. Giovanni si trovò sul margine di un campicello di poche centinaia di metri quadrati, un pezzo di terra assolutamente trascurabile se non fosse stato sul fianco della ripida montagna, un campicello artificiale, guadagnato palmo a palmo col lavoro e sorretto da un muro di pietre. Lo spiazzo era però invaso almeno per un terzo da uno smottamento di terra e sassi. Le piogge forse, o l'umidità della stagione, o chissà che altro, avevano fatto scivolar giù, sul campicello, un breve tratto di montagna.

«La guardi, è contento adesso?» imprecava il contadino, indignato non contro Giovanni di cui ignorava le intenzioni, ma contro quella malora che gli sarebbe costata mesi e mesi di fatiche. E Giovanni guardò sbalordito la frana, scalfittura del monte, quell'inezia, quel nulla miserabile. Non è neppur questa, si disse sconsolato, deve esserci sotto qualche errore. Intanto il tempo correva e prima di notte bisognava telefonare al giornale.

Piantò in asso il contadino, corse indietro alla piazzetta dove aveva lasciato la macchina, interpellò ansiosamente tre bifolchi che stavano palpando i pneumatici: «Ma dov'è la frana?» urlava, come se fossero loro i responsabili. Le montagne si chiudevano nel buio.

Un tizio lungo e vestito passabilmente si alzò allora da un

gradino della chiesa dove fino a quel momento era rimasto seduto a fumare, e si avanzò verso Giovanni: «Chi gliel'ha detto? Da chi ha avuto la notizia?» gli domandò senza preamboli. «Chi è che parla di frane?»

Chiedeva ciò in tono ambiguo, quasi di minaccia sottintesa, come se udir toccare l'argomento gli fosse sgradito. E d'improvviso attraversò la mente di Giovanni un consolante pensiero: ci doveva essere proprio qualche cosa di losco e delittuoso nella storia della frana. Ecco perché tutti si erano messi d'accordo per sviare le ricerche, ecco perché l'autorità non era stata avvertita e nessuno era accorso sul posto. Oh, se invece di una semplice cronaca di sciagura, coi suoi inevitabili luoghi comuni, gli fosse stata destinata la scoperta di un complotto romanzesco, tanto più straordinario lassù, in quel paese tagliato fuori del mondo!

«La frana!» disse ancora il tizio con accento di disprezzo, prima che Giovanni avesse avuto il tempo di rispondergli. «Non ho mai sentito una stupidaggine simile! E lei, che ci va a credere!» concluse, voltando le spalle e incamminandosi a lenti passi.

Per quanto eccitato, Giovanni non ebbe il coraggio di abbordarlo. «Che cosa aveva da dire quello lì?» domandò poi a uno dei tre bifolchi, quello dal volto meno ottuso.

«Eh» fece ridendo il giovanotto «la vecchia storia! Eh, io non parlo! Io non voglio fastidi! Io non so niente di niente.»

«Hai paura di quello là?» gli rinfacciò uno dei due compagni. «Perché lui è un imbroglione, tu vuoi stare zitto? La frana? Si capisce che c'è la frana!»

A Giovanni, avido di sapere finalmente, il bifolco spiegò la faccenda. Quel tizio aveva due case da vendere, appena fuori di Sant'Elmo, ma da quelle parti il terreno non teneva, presto o tardi i muri sarebbero crollati, già si erano aperte alcune crepe, per rimetterli in sesto sarebbero occorsi lunghi lavori, una grande spesa. Pochi sapevano questo, ma la voce si era sparsa e nessuno voleva più comperare. Ecco perché il tizio ci teneva a smentire.

Tutto qui il mistero? Melanconica sera delle montagne, in mezzo a gente stupida e misteriosa. Si faceva buio, soffiava un vento gelido. Gli uomini, incerte ombre, dileguavano ad uno ad uno, le porte delle casupole si chiudevano cigolando, anche i tre bifolchi si erano stancati di esaminare la macchina e d'un tratto scomparvero.

Inutile chiedere ancora, si disse Giovanni. Ciascuno mi darebbe una risposta diversa, come è avvenuto finora, ciascuno mi condurrà a vedere posti differenti, senza il minimo costrutto per il giornale. (Ciascuno ha in verità la sua propria frana, a uno è crollato il terriccio sul campo, all'altro sta smottando la concimaia, un altro ancora conosce il lavorio dell'antico ghiaione, ciascuno ha la sua propria misera frana, ma non è mai quella che importa a Giovanni, la grande frana, su cui scrivere tre colonne di giornale, che sarebbe forse la sua fortuna.)

Nel silenzio grandissimo si udì ancora un suono remoto di campana, poi basta. Giovanni era risalito sull'automobile, ora accendeva il motore e i fari, sfiduciato si avviava al ritorno.

Che cosa triste, pensava, e chissà come successa. La notizia di un fatto da nulla, forse quella minuscola frana sul campo del contadino collerico, era stranamente scesa fino in città, per vie inesplicabili, e nel viaggio si era sempre più deformata fino a diventare una tragedia. Storie simili non erano rare, in fin dei conti ciò rientrava nella normalità della vita. Ma adesso toccava a Giovanni pagare. Lui non ne aveva proprio nessuna colpa, era vero, comunque tornava a mani vuote e avrebbe fatto una misera figura. «A meno che...» ma sorrise, misurando l'assurdità della cosa.

La macchina aveva ormai lasciato le case di Sant'Elmo, con ripide serpentine la strada sprofondava nelle concavità nere della valle, non un'anima viva. L'auto scendeva con lieve fruscìo di ghiaia, i due raggi dei fari perlustravano attorno, battendo ogni tanto sull'opposta parete del vallone, sulle basse nubi, su sinistri roccioni, alberi morti. Essa scendeva adagio, quasi attardata da una speranza estrema.

Fino a che il motore tacque o almeno così parve perché Giovanni udì alle sue spalle, allucinazione forse, ma poteva anche darsi di no; udì alle spalle il principio di uno scroscio immenso che sembrava scuotere la terra; e il suo cuore fu preso da un orgasmo inesprimibile, stranamente simile alla gioia.

Il disco si posò

Era sera e la campagna già mezza addormentata, dalle vallette levandosi lanugini di nebbia e il richiamo della rana solitaria che però subito taceva (l'ora che sconfigge anche i cuori di ghiaccio, col cielo limpido, l'inspiegabile serenità del mondo, l'odor di fumo, i pipistrelli e nelle antiche case i passi felpati degli spiriti), quand'ecco il disco volante si posò sul tetto della chiesa parrocchiale, la quale sorge al sommo del paese.

All'insaputa degli uomini che erano già rientrati nelle case, l'ordigno si calò verticalmente giù dagli spazi, esitò qualche istante, mandando una specie di ronzio, poi toccò il tetto senza strepito, come colomba. Era grande, lucido, compatto, simile a una lenticchia mastodontica; e da certi sfiatatoi continuò a uscire zufolando un soffio. Poi tacque e restò fermo, come morto.

Lassù nella sua camera che dà sul tetto della chiesa, il parroco, don Pietro, stava leggendo, col suo toscano in bocca. All'udire l'insolito ronzio, si alzò dalla poltrona e andò a affacciarsi al davanzale. Vide allora quel coso straordinario, colore azzurro chiaro, diametro circa dieci metri.

Non gli venne paura, né gridò, neppure rimase sbalordito. Si è mai meravigliato di qualcosa il fragoroso e imperterrito don Pietro? Rimase là, col toscano, ad osservare. E quando vide aprirsi uno sportello, gli bastò allungare un braccio; là al muro c'era appesa la doppietta.

Ora sui connotati dei due strani esseri che uscirono dal disco non si ha nessun affidamento. È un tale confusionario, don Pietro. Nei successivi suoi racconti ha continuato a contraddirsi. Di sicuro si sa solo questo: ch'erano smilzi e di statura piccola, un metro, un metro e dieci. Però lui dice anche che si allungavano e si accorciavano come fossero di elastico. Circa la forma, non si è capito molto: «Sembravano due zampilli di fontana, più grossi in cima e stretti in basso» così don Pietro «sembravano due spiritelli, sembravano due insetti, sembravano scopette, sembravano due grandi fiammiferi». «E avevano due occhi come noi?» «Certo, uno per parte, però piccoli.» E la bocca? e le braccia? e le gambe? Don Pietro non sapeva decidersi: «In certi momenti vedevo due gambette e un secondo dopo non le vedevo più... Insomma, che ne so io? Lasciatemi una buona volta in pace!»

Zitto, il prete li lasciò armeggiare col disco. Parlottavano tra loro a bassa voce, un dialogo che assomigliava a un cigolio. Poi si arrampicarono sul tetto, che ha una moderatissima pendenza, e raggiunsero la croce, quella che è in cima alla facciata. Ci girarono intorno, la toccarono, sembrava prendessero misure. Per un pezzo don Pietro lasciò fare, sempre imbracciando la doppietta. Ma all'improvviso cambiò idea.

«Ehi!» gridò con la sua voce rimbombante. «Giù di là, giovanotti. Chi siete?»

I due si voltarono a guardarlo e sembravano poco emozionati. Però scesero subito, avvicinandosi alla finestra del prevosto. Poi il più alto cominciò a parlare.

Don Pietro – ce lo ha lui stesso confessato – rimase male; il marziano (perché fin dal primo istante, chissà perché, il prete si era convinto che il disco venisse da Marte; né pensò di chiedere conferma), il marziano parlava una lingua sconosciuta. Ma era poi una vera lingua? Dei suoni, erano per la verità non sgradevoli, tutti attaccati senza mai una pausa. Eppure il parroco capì subito tutto, come se fosse stato il suo dialetto. Trasmissione del pensiero? Oppure una specie di lingua universale automaticamente comprensibile?

«Calmo, calmo» lo straniero disse «tra poco ce n'andiamo. Sai? Da molto tempo noi vi giriamo intorno, e vi osserviamo, ascoltiamo le vostre radio, abbiamo imparato quasi tutto. Tu parli, per esempio, e io capisco. Solo una cosa non abbiamo decifrato. E proprio per questo siamo scesi. Che cosa sono queste antenne?» (e faceva segno alla croce). «Ne avete dappertutto, in cima alle torri e ai campanili, in vetta alle montagne, e poi ne tenete degli eserciti qua e là chiusi da muri, come se fossero vivai. Puoi dirmi, uomo, a cosa servono?»

«Ma sono croci!» fece don Pietro. E allora si accorse che quei due portavano sulla testa un ciuffo, come una tenue spazzola, alta una ventina di centimetri. No, non erano capelli, piuttosto assomigliavano a sottili steli vegetali, tremuli, estremamente vivi, che continuavano a vibrare. O invece erano dei piccoli raggi, o una corona di emanazioni elettriche?

«Croci» ripeté, compitando il forestiero. «E a che cosa servono?»

Don Pietro posò il calcio della doppietta a terra, che gli restasse però sempre a portata di mano. Si drizzò quindi in tutta la statura, cercò di essere solenne:

«Servono alle nostre anime» rispose. «Sono il simbolo di Nostro Signore Gesù Cristo, figlio di Dio, che per noi è morto in croce.»

Sul capo dei marziani all'improvviso gli evanescenti ciuffi vibrarono. Era un segno di interesse o di emozione? O era quello il loro modo di ridere?

«E dove, dove questo sarebbe successo?» chiese sempre il più grandetto, con quel suo squittio che ricordava le trasmissioni Morse; e c'era dentro un vago accento di ironia.

«Qui, sulla Terra, in Palestina.»

«Dio, vuoi dire, sarebbe venuto qui tra voi?»

Il tono incredulo irritò don Pietro.

«Sarebbe una storia lunga» disse «una storia forse troppo lunga per dei sapienti come voi.»

In capo allo straniero la leggiadra indefinibile corona oscillò due tre volte. Pareva che la muovesse il vento.

«Oh, dev'essere una storia magnifica» fece con condiscendenza. «Uomo, vorrei proprio sentirla.»

Balenò nel cuore di don Pietro la speranza di convertire l'abitatore di un altro pianeta? Sarebbe stato un fatto storico, lui ne avrebbe avuto gloria eterna.

«Se non vuoi altro» disse, rude. «Ma fatevi vicini, venite pure qui nella mia stanza.»

Fu certo una scena straordinaria, nella camera del parroco, lui seduto allo scrittoio alla luce di una vecchia lampada, con la Bibbia tra le mani, e i due marziani in piedi sul letto perché don Pietro li aveva invitati a accomodarsi, che si sedessero sul materasso, e insisteva, ma quelli a sedere non riuscivano, si vede che non ne erano capaci e tanto per non dir no alla fine vi erano saliti, standovi ritti, il ciuffo più che mai irto e ondeggiante.

«Ascoltate, spazzolini!» disse il prete, brusco, aprendo il libro, e lesse: "... l'Eterno Iddio prese dunque l'uomo e lo pose nel giardino d'Eden... e diede questo comandamento: Mangia pure liberamente del frutto di ogni albero del giardino, ma del frutto dell'albero della conoscenza del bene e del male non ne mangiare: perché nel giorno che tu ne mangerai, per certo sarà la tua morte. Poi l'Eterno Iddio...".

Levò gli sguardi dalla pagina e vide che i due ciuffi erano in estrema agitazione. «C'è qualcosa che non va?»

Chiese il marziano: «E, dimmi, l'avete mangiato, invece? Non avete saputo resistere? È andata così, vero?».

«Già. Ne mangiarono» ammise il prete, e la voce gli si riempì di collera. «Avrei voluto veder voi! È forse cresciuto in casa vostra l'albero del bene e del male?»

«Certo. È cresciuto anche da noi. Milioni e milioni di anni fa. Adesso è ancora verde...»

«E voi?... I frutti, dico, non li avete mai assaggiati?»

«Mai» disse lo straniero. «La legge lo proibisce.»

Don Pietro ansimò, umiliato. Allora quei due erano puri, simili agli angeli del cielo, non conoscevano peccato, non sapevano che cosa fosse cattiveria, odio, menzogna? Si guardò intorno come cercando aiuto, finché scorse nella penombra, sopra il letto, il crocefisso nero.

Si rianimò: «Sì, per quel frutto ci siamo rovinati... Ma il figlio di Dio» tuonò, e sentiva un groppo in gola «il figlio di Dio si è fatto uomo. Ed è sceso qui tra noi!».

L'altro stava impassibile. Solo il suo ciuffo dondolava da una parte e dall'altra, simile a una beffarda fiamma.

«È venuto qui in Terra, dici? E voi, che ne avete fatto? Lo avete proclamato vostro re?... Se non mi sbaglio, tu dicevi ch'era morto in croce... Lo avete ucciso, dunque?»

Don Pietro lottava fieramente: «Da allora sono passati quasi duemila anni! Proprio per noi è morto, per la nostra vita eterna!».

. Tacque, non sapeva più che dire. E nell'angolo scuro le misteriose capigliature dei due ardevano, veramente ardevano di una straordinaria luce. Ci fu silenzio e allora di fuori si udì il canto dei grilli.

«E tutto questo» domandò ancora il marziano con la pazienza di un maestro «tutto questo è poi servito?»

Don Pietro non parlò. Si limitò a fare un gesto con la destra, sconsolato, come per dire: che vuoi? siamo fatti così, peccatori siamo, poveri vermi peccatori che hanno bisogno della pietà di Dio. E qui cadde in ginocchio, coprendosi la faccia con le mani.

Quanto tempo passò? Ore, minuti? Don Pietro fu riscosso dalla voce degli ospiti. Alzò gli occhi e li scorse già sul davanzale, in procinto, si sarebbe detto, di partire. Contro il cielo della notte i due ciuffi tremolavano con affascinante grazia.

«Uomo» domandò il solito dei due. «Che stai facendo?»

«Che sto facendo? Prego!... Voi no? Voi non pregate?»

«Pregare, noi? E perché pregare?»

«Neanche Dio non lo pregate mai?»

«Ma no!» disse la strana creatura e, chissà come, la sua corona vivida cessò all'improvviso di tremare, facendosi floscia e scolorita.

«Oh, poveretti» mormorò don Pietro, ma in maniera che i due non lo udissero come si fa con i malati gravi. Si levò in piedi, il sangue riprese a correre con forza su e giù per le sue vene. Si era sentito un bruco, poco fa. Adesso era felice. «Eh, eh» ridacchiava dentro di sé «voi non avete il peccato originale con tutte le sue complicazioni. Galantuomini, sapienti, incensurati. Il demonio non lo avete mai incontrato. Quando però scende la sera, vorrei sapere come vi sentite! Maledettamente soli, presumo, morti di inutilità e di tedio.» (I due intanto si erano già infilati dentro allo sportello, lo avevan chiuso, e il motore già girava con un sordo e armoniosissimo ronzio. Piano piano, quasi per miracolo, il disco si staccò dal tetto, alzandosi come fosse un palloncino: poi prese a girare su se stesso, partì a velocità incredibile, su, su in direzione dei Gemelli.) «Oh» continuava a brontolare il prete «Dio preferisce noi di certo! Meglio dei porci come noi, dopo tutto, avidi, turpi, mentitori, piuttosto che quei primi della classe che mai gli rivolgon la parola. Che soddisfazione può avere Dio da gente simile? E che significa la vita se non c'è il male, e il rimorso, e il pianto?»

Per la gioia, imbracciò lo schioppo, mirò al disco volante che era ormai un puntolino pallido in mezzo al firmamento, lasciò partire un colpo. E dai remoti colli rispose l'ululio dei cani.

Il corridoio del grande albergo

Rientrato nella mia camera d'albergo a tarda ora, mi ero già mezzo spogliato quando ebbi bisogno di andare alla *toilette*.

La mia camera era quasi in fondo a un corridoio interminabile e poco illuminato; circa ogni venti metri tenui lampade violacee proiettavano fasci di luce sul tappeto rosso. Giusto a metà, in corrispondenza di una di queste lampadine, c'erano, da una parte la scala, dall'altra la doppia porta a vetri del locale.

Indossata una vestaglia, uscii nel corridoio ch'era deserto. Ed ero quasi giunto alla *toilette* quando mi trovai di fronte a un uomo pure in vestaglia che, sbucato dall'ombra, veniva dalla parte opposta. Era un signore alto e grosso con una tonda barba alla Edoardo VII. Aveva la mia stessa meta? Come succede, entrambi si ebbe un istante di imbarazzo, per poco non ci urtammo. Fatto è che io, chissà come, mi vergognai di entrare al gabinetto sotto i suoi sguardi e proseguii come se mi dirigessi altrove. E lui fece lo stesso.

Ma, dopo pochi passi, mi resi conto della stupidaggine commessa. Infatti, che potevo fare? Le eventualità erano due: o proseguire fino in fondo al corridoio e poi tornare indietro sperando che il signore con la barba nel frattempo se ne fosse andato. Ma non era detto che costui dovesse entrare in una stanza e lasciare così libero il campo; forse anch'egli voleva andare alla *toilette* e, incontrandomi, si era vergognato, esattamente come avevo fatto io; e ora si trovava nella stessa mia imbarazzante situazione. Perciò, tornando sui miei passi,

211

rischiavo di incontrarlo un'altra volta e di fare ancora di più la figura del cretino.

Oppure – seconda possibilità – nascondermi nell'andito, abbastanza profondo, di una delle tante porte, scegliendone una poco illuminata e di qui spiare il campo, fin che fossi stato certo che il corridoio era assolutamente sgombro. E così feci, prima di aver analizzato la situazione a fondo.

Solo quando mi trovai, appiattato come un ladro, in uno di quegli angusti vani (era la porta della camera 90) cominciai a ragionare. Prima di tutto, se la stanza era occupata e il cliente fosse o entrato o uscito, che avrebbe detto trovandomi nascosto dinanzi alla sua porta? Peggio: come escludere che quella fosse proprio la camera del signore con la barba? Il quale, tornando indietro, mi avrebbe bloccato senza remissione. Né ci sarebbe stato bisogno di una speciale diffidenza per trovare le mie manovre molto strane. Insomma, restare là era una imprudenza.

Adagio adagio sporsi il capo a esplorare il corridoio. Da un capo all'altro assolutamente vuoto. Non un rumore, un suono di passi, un'eco di voce umana, un cigolìo di porta che si aprisse. Era il momento buono: sbucai dal nascondiglio e a passi disinvolti mi incamminai verso la mia stanza. Lungo il tragitto, pensavo, sarei entrato un momento alla *toilette*.

Ma nello stesso istante, e me ne accorsi troppo tardi per potere riacquattarmi, il signore con la barba, che evidentemente aveva ragionato come me, usciva dal vano di una delle porte in fondo, forse la mia, e mi muoveva decisamente incontro.

Per la seconda volta, con imbarazzo ancora maggiore, ci incontrammo dinanzi alla *toilette*; e per la seconda volta nessuno dei due osò entrare, vergognandosi che l'altro lo vedesse; adesso sì c'era veramente il rischio del ridicolo.

Così, maledicendo tra me il rispetto umano, mi avviai sconfitto alla mia stanza. Come fui giunto, prima di aprire l'uscio, mi voltai a guardare: laggiù, nella penombra, intravidi quello con la barba che simmetricamente entrava in camera; e si era voltato a guardare alla mia volta.

Ero furioso. Ma la colpa non era forse mia? Cercando invano

di leggere un giornale, aspettai per più di mezz'ora. Quindi aprii la porta con cautela. C'era nell'albergo un gran silenzio, come in una caserma abbandonata; e il corridoio più che mai deserto. Finalmente! Scattai quasi di corsa, ansioso di raggiungere il locale.

Ma dall'altra parte, con un sincronismo impressionante, quasi la telepatia avesse agito, anche il signore con la barba guizzò fuori della sua camera e con sveltezza insospettabile puntò verso il gabinetto.

Per la terza volta perciò ci trovammo a fronte a fronte dinanzi alla porta a vetri smerigliati. Per la terza volta tutti e due simulammo, per la terza volta si proseguì entrambi senza entrare. La situazione era tanto comica che sarebbe bastato un niente, un cenno, un sorrisetto, per rompere il ghiaccio e voltare tutto in ridere. Ma né io, né probabilmente lui, si aveva voglia di scherzare; al contrario; una rabbiosa esasperazione urgeva, un senso d'incubo, quasi che fosse tutta una macchinazione ordita misteriosamente in odio a noi.

Come nella prima sortita, finii per scivolare nel vano di una porta ignota e qui nascondermi in attesa degli eventi. Ora mi conveniva, per limitare almeno i danni, di aspettare che il barbuto, certamente appostato come me all'altra estremità del corridoio, sbucasse dalla trincea per il primo: lo avrei quindi lasciato avanzare un buon tratto e solo all'ultimo sarei uscito anch'io; ciò allo scopo di imbattermi con lui non più dinanzi alla *toilette* bensì molto più in qua, cosicché, superato l'incontro, io rimanessi libero di agire senza noiosi testimoni. Se invece lui, prima d'incontrarmi, si fosse deciso a entrare nel locale, tanto meglio; esaudite le sue necessità, egli si sarebbe poi ritirato in camera e per tutta la notte non si sarebbe più fatto vivo.

Sporgendo appena un occhio dallo stipite (per la distanza non potevo vedere se l'altro stesse facendo altrettanto), restai in agguato lungo tempo. Stanco di stare in piedi, a un certo punto mi accoccolai sulle ginocchia senza interrompere mai la vigilanza. Ma l'uomo non si decideva a uscire. Eppure egli era sempre laggiù, nascosto, nelle mie stesse condizioni.

Udii suonare le due e mezzo, le tre, le tre e un quarto, le tre e mezzo. Non ne potevo più. Infine caddi addormentato.

Mi risvegliai, con le ossa rotte, che erano già le sei del mattino. Sul momento non ricordavo nulla. Che cos'era successo? Come mai mi trovavo là per terra? Poi vidi, altri come me, in vestaglia, rincantucciati negli anditi delle cento e cento porte, che dormivano: chi in ginocchio, chi seduto sul pavimento, chi assopito in piedi come i muli; pallidi, distrutti, come dopo una notte di battaglia.

Pusillanime

In un caffè di Milano, due uomini discutevano, al secondo tavolino a destra entrando.

«Di qui fin qui d'un fiato, capisci?» faceva uno dei due col tono di chi vuol provocare, segnando con la mano sul tavolino una linea retta. «E poi... zac!»

L'altro, un uomo muscoloso in canottiera, senza denti, andava in bestia: «Ma fa' il piacere, fa'! C'eri tu?» vociava trivialmente. «Tu, tu, c'eri tu?»

«Ti ripeto» diceva il primo. «Di qui fin qui d'un fiato, e poi... zac!»

Parlavano di calcio? Era proprio quello "zac" evidentemente, a offendere l'uomo in canottiera. Il quale continuava a replicare: «E tu, tu, c'eri tu? C'eri tu?» come un singhiozzo bestiale.

Gli altri, intorno, non intervenivano.

In quel mentre entrò un uomo sulla cinquantina con una clamorosa camicia verde e rossa da cow-boy: magro, alto, cotto dal sole, una faccia simpatica, dalla disinvoltura doveva essere un vecchio cliente.

Il ragazzo del bar, risciacquando le tazze del caffè, gli disse, e strizzò un occhio: «Stasera qui si litiga... Meno male che è arrivato lei, signor Venturi... lei che è un buontempone!».

Il nuovo venuto ridacchiò ma senza allegria: «Eh, buontempone buontempone... Ma ci sono dei momenti... dei momenti... che vorrei avere un pulsante... e che dall'altra parte ci fosse una bomba atomica grande come la luna... E poi premere... Chissà!».

«E adesso» domandò il giovane del bar dandogli corda «adesso sarebbe uno di quei momenti?»

«Ho idea di sì» fece l'uomo «ho proprio idea di sì.»

Una voce alle sue spalle, timida e flebile, chiamò:

«Signore, signore, se vuole favorire...»

Era un vecchietto scalcinato che fino allora, tenendosi sulle ginocchia una sdrucita e gonfia borsa d'avvocato, aveva continuato a fare conti su un quaderno. Aprì la borsa, ne trasse un arnese verniciato in grigio con un cavicchio a molla appiattito in cima, simile a quello dei tasti telegrafici. E dall'ordigno partiva un filo collegato a una cassettina tipo radio, contenuta appunto nella borsa.

«Che cos'è?» domandò l'uomo con la camicia da cowboy.

«Ecco» spiegò il vecchietto calmo. «Se crede, lei può premere...»

«Premere perché?»

«Ma scusi... se non sbaglio, qualche secondo fa, lei ha detto che le piacerebbe avere un pulsante e che dall'altra parte ci fosse una bomba atomica... e poi premere... Non ha detto forse così?»

«Può darsi, può anche darsi.»

«Ebbene, ecco il pulsante che lei vuole. Non c'è che da schiacciarlo un poco. Prema pure...»

«Ma io... io» disse l'altro, imbarazzato «io non la conosco... io...»

Vari curiosi si erano raccolti intorno e tra questi l'uomo in canottiera senza denti, il quale allora disse: «Se lui non si fida» e fece cenno al signor Venturi «se lui non si fida, faccio io...».

«No, lei no» disse il vecchietto, autoritario, facendo schermo con le mani all'apparecchio. «Lei non può. Solo questo signore può (e additò il Venturi) perché è stato lui a fare la domanda... Su, su, coraggio, schiacci...»

Qualcuno intorno rise. Il Venturi lo fissò irritato. Poi allungò la destra verso il pulsante lentamente. Ma si trattenne e ritirò la mano. «Io... io non capisco... che razza di...»

Il vecchietto non si diede per vinto:

«Su, si accomodi. Non ha chiesto di poter premere un pulsante e che dall'altra parte ci fosse una?...»

«Ma... ma...» balbettò ancora confuso il Venturi; però di colpo si riebbe riacquistando la sua bella baldanza «... ma mi faccia il santo piacere lei... con questi scherzi fessi!...»

Il vecchietto non si scomponeva:

«Scherzi? Se sono scherzi perché allora lei non schiaccia? O ha paura forse?»

«Ma si vergogni» lo investì il Venturi furibondo «si vergogni alla sua età! Lei vuole che schiacci la molla? Lei vuole che io schiacci la molla? E io no! Io non schiaccio un fico secco... Io me ne frego... E lei farebbe un gran bene se non venisse qui a sfrucugliarci!... Io sono un uomo che lavora tutto il giorno. Io lavoro sa? Io ho altro per la testa!...» sembrava quasi che stesse per piangere.

Il vecchietto, con un mesto sorriso, ripose l'apparecchio, chiuse la porta, pagò la consumazione, si avviò verso l'uscita. Ma sulla soglia si fermò e con la mano, gentilmente, invitò vicino a sé il signor Venturi.

«Però» disse «che peccato! Guardi là!» E alzò il braccio a indicare.

In fondo al viale, sopra le squallide case, stava la luna piena. Ma era la luna veramente? Il disco risplendeva con una luce strana, né si scorgevano le solite grinze né i crateri né i cosiddetti mari. Al contrario, era tutta bianca, liscia come una sfera di metallo.

«Una bomba atomica grande come la luna, vero?» sbeffeggiò ancora il vecchietto misterioso. «Mica male eh?»

E se ne andò.

L'incantesimo della natura

Dal letto dove era coricato, Adolfo Lo Ritto, pittore decoratore di 52 anni, udì la chiave girare nella serratura della porta. Guardò l'ora. L'una e un quarto. Era la moglie Renata che rientrava.

Lei si fermò sulla soglia della camera togliendosi il cappellino di piume d'uccello, sulle labbra un sorriso che voleva sembrare disinvolto. A 38, magra, la vita sottilissima, le labbra piegate di natura in una bambinesca smorfia di corruccio, aveva qualcosa di laido e sfrontato.

Senza alzare la testa dal guanciale, lui gemette in tono di rimprovero: «Io sono stato male».

«Sei stato male?» fece lei placida avvicinandosi all'armadio.

«Una delle mie tremende coliche... Non ne potevo più.»

«E ti è passata?» chiese la moglie senza cambiare tono.

«Adesso un poco mi è passata, ma ho ancora male» qui la voce si trasformò di colpo, divenne acre e violenta. «E tu dove sei stata? si può sapere dove sei stata, lo sai che è quasi l'una e mezzo?»

«Eh, non c'è bisogno che tu alzi tanto la voce. Dove son stata? Al cinema sono stata, con la Franca.»

«A che cinema?»

«Al Maximum.»

«E che cosa davano?»

«Oh, insomma, si può sapere che cosa hai stasera? Che cos'è questa inchiesta, dove son stata, e che cinema, e che film davano, vuoi anche sapere il tram che ho preso? Te l'ho detto che sono stata con la Franca!»

«E che film avete visto?» Così dicendo egli si spostò sul letto, senza lasciare l'espressione sofferente, così da poter prendere, sul tavolino, un pacco di giornali.

«Vuoi controllare, vuoi? Non mi credi? Fai le domande a inghippo eh? Bene, e io non ti dico un bel niente, così impari.»

«Sai cosa sei? Vuoi che ti dica cosa sei?» per la pietà che provava di se stesso il Lo Ritto stava quasi per scoppiare in pianto. «Vuoi che ti dica cosa sei? Vuoi che te lo dica?» E continuava, per l'impeto dell'ira che gli si ingorgava dentro, a ripetere la stessa stupida domanda.

«E dillo, dillo se ci tieni tanto!»

«Sei una... sei una... sei una...» lo ripeté almeno dieci volte, meccanicamente, provando una tenebrosa voluttà a rimestare così nella piaga che sentiva nel petto, internamente. «Io sono qui che a momenti crepo e tu vai in giro chissà con chi, altro che Maximum! Io son malato e tu vai a spasso coi giovanotti, peggio di quelle là.» A questo punto, per accrescere l'effetto, simulò un accesso di singhiozzi e prese a balbettare: «Mi, mi hai, mi hai rovi... mi hai rovinato, lo scandalo della casa sei, io sono qui in letto malato e tu te ne stai fuori tutta notte!».

«Ih che barba, che barba» fece finalmente lei che intanto aveva sistemato cappellino e tailleur nell'armadio, e si voltò a guardarlo, pallida, la faccia tirata dalla cattiveria. «Ora è meglio che tu la pianti, vero?»

«Ah dovrei anche piantarla? Hai questo coraggio anche? Tacere dovrei, no? Far finta di niente eh? E tu a spasso fino all'una di notte a fare i tuoi porci comodi? Dovrei tacere anche?»

Lei parlò a bassavoce, adagio, facendo sibilare le esse: «Se tu sapessi quanto schifo mi fai, se tu sapessi come sei brutto e vecchio. Guardalo là il pittore Lo Ritto, l'imbrattatele!». Godeva che ogni parola sprofondasse come un trapano nei punti di lui più sensibili e dolenti. «Ma guardati, guardati nello specchio, un uomo finito sei, un rudere, brutto, senza denti, con quella pidocchiera lurida!... L'artista eh?... E puzzi anche. Non senti che tanfo c'è in questa camera?» Con un ghigno di nausea spalancò la finestra e si protese sul davanzale come per respirare aria pulita.

Dal letto venne una specie di lamento: «Io mi ammazzo, giuro che mi ammazzo, io non ne posso più...».

La donna tacque, stava immobile, guardando fuori, nella fredda notte di dicembre.

Dopo un poco ancora lui, non più querulo, in uno strappo di risorgente collera: «E chiudi, chiudi quella finestra maledetta, vuoi farmi venire un accidente?».

Ma la moglie non si mosse. Di sbieco egli ne scorgeva il volto; il quale non era più teso e malvagio come prima ma si era come vuotato di vita all'improvviso; vi era impresso un sentimento nuovo che l'aveva stranamente trasformato. E una luce, che non si capiva donde provenisse, lo illuminava.

"A che cosa pensa" si chiese lui. "Che la minaccia di ammazzarmi l'abbia spaventata?" Poi capì che non poteva essere questo. Sebbene si potesse forse ancora illudere sull'attaccamento della moglie, era evidente che si trattava di altro. Qualcosa di ben più terribile e potente. Ma cosa?

In quel mentre lei, senza muoversi, chiamò il marito. «Adolfo» disse, ed era la voce tenera e sbigottita di una bambina. «Adolfo, guarda» mormorò ancora in una costernazione inesprimibile, quasi esalasse l'ultimo respiro.

Senza pensare al freddo, tanta era la curiosità, il Lo Ritto balzò fuori del letto e raggiunse la moglie al davanzale, dove pure egli ristette, impietrito.

Dal nero crinale dei tetti, oltre il cortile, una cosa immensa e luminosa si alzava nel cielo lentamente. A poco a poco il suo profilo curvo e regolarissimo si delineava, finché la forma si rivelò: era un disco lucente di inaudite dimensioni.

«Dio mio, la luna!» pronunciò l'uomo, sgomento.

Era la luna, ma non la placida abitatrice delle nostre notti, propizia agli incantesimi d'amore, discreta amica al cui lume favoloso le catapecchie diventavano castelli. Bensì uno smisurato mostro butterato di voragini. Per un ignoto cataclisma siderale essa era paurosamente ingigantita ed ora, silente, incombeva sul mondo, spandendovi una immota e allucinante luce, simile a quella dei bengala. Tale riverbero faceva risaltare i più minuti particolari delle cose, gli spigoli, le rugosità dei muri, le cornici, i sassi, i peli e le rughe della gente. Ma nessuno si guardava intorno. Gli occhi erano tutti rivolti al cielo, non riuscivano a staccarsi da quella terrificante apparizione.

Dunque le leggi eterne si erano spezzate, un guasto orrendo era successo nelle regole del cosmo, e forse quella era la fine, forse il satellite con velocità crescente sta ancora avvicinandosi, tra qualche ora il globo funesto si allargherà a riempire interamente il cielo, poi la sua luce si spegnerà entro il cono d'ombra della terra, né si vedrà più nulla finché, per una infinitesima frazione di secondo, ai fievoli riverberi della città notturna, si indovinerà un soffitto scabro e sterminato di pietra precipitante su di noi, e non ci sarà neppure il tempo di vedere; tutto sprofonderà nel nulla prima ancora che le orecchie percepiscano il primo tuono dello schianto.

Nel cortile è uno sbattere di finestre e imposte che si aprono, richiami, urla d'orrore, sui davanzali gruppi di figure umane, spettrali a quella luce. Il Lo Ritto sente una mano della moglie stringergli la destra tanto da fargli male. «Adolfo» lei sussurra in un soffio. «Adolfo, oh, perdonami Adolfo, abbi pietà di me, perdonami!»

Tra i singhiozzi gli si stringe contro, scossa da un tremito violento. Gli sguardi fissi alla mostruosa luna, lui tiene la moglie fra le braccia, mentre un boato che sembra uscire dalle viscere del mondo – sono gli uomini, milioni di gridi e di lamenti in coro – si alza intorno dalla città atterrita.

Sciopero dei telefoni

Il giorno che ci fu lo sciopero, si lamentarono nel servizio dei telefoni irregolarità e stranezze. Fra l'altro, le singole comunicazioni non erano isolate e spesso si intrecciavano, cosicché si udivano i dialoghi degli altri e vi si poteva intervenire.

Alla sera, verso le dieci meno un quarto, cercai di telefonare a un amico. Ma prima ancora che facessi in tempo a far girare l'ultima cifra del quadrante, il mio apparecchio restò inserito nel giro di una conversazione estranea, a cui poi se ne aggiunse una quantità d'altre, in una ridda sorprendente. Ben presto fu un piccolo comizio al buio, dove la gente entrava e usciva in modo inopinato e non si sapeva chi vi intervenisse né gli altri potevano sapere chi fossimo noi, e tutti parlavano quindi senza le solite ipocrisie e ritegni, e ben presto si determinò una straordinaria allegria e collettiva leggerezza d'animo, come è pensabile avvenisse negli stupendi e pazzi carnevali dei tempi andati, di cui un'eco ci tramandano le favole.

Da principio udii due donne che parlavano, caso strano, di vestiti.

«Niente affatto io dico i patti erano chiari lei la gonna me la doveva consegnare giovedì e adesso siamo a lunedì sera io dico e la gonna non è ancora pronta e io sa che cosa faccio, cara la mia signora Broggi io la gonna gliela lascio e se la metta lei se le accomoda!» Era una vocetta acuta e petulante che parlava velocissima senza interpunzioni.

«Brava!» le rispose una voce, giovane, cordiale e sorridente,

225

un poco strascicata, con accento emiliano. «E così che cosa ci hai guadagnato? Puoi aspettare, sai, che quella lì ti rifonda della stoffa.»

«Voglio vedere voglio con la rabbia che mi ha fatto inghiottire una rabbia che non ti dico per giunta dovrei perderci dovrei tu Clara la prima volta che ci vai mi fai il santo piacere di dirle il fatto suo che non è il modo di trattare mi fai proprio il piacere anche la Comencini del resto mi ha detto che non si serve più da lei che le ha sbagliato completamente quel tre quarti rosso che la fa sembrare una sercantina è inutile da quando le è venuta la clientela fa i comodacci suoi te la ricordi due anni fa quando cominciava e signora qua e signora là non la finiva mai coi complimenti è un piacere diceva vestire un personale come lei dà soddisfazione e tante storie e adesso guardatemi e non toccatemi ha perfino cambiato il modo di parlare vero Clara? anche tu ti sei accorta, no?, che ha cambiato il modo di parlare? E intanto domani che si deve andare dalla Giulietta per il tè non ho neanche da mettermi uno straccio tu cosa dici che mi metta?»

«Ma se tu Franchina» le rispose Clara, placida «non sai neanche più dove mettere i vestiti da tanti che ne hai.»

«Oh, questo non lo devi dire è tutta roba vecchia il più fresco è dell'autunno scorso quel tailleurino sai noisette te lo ricordi no? e dopo tutto io non...»

«Io piuttosto. Tu cosa dici? Io quasi quasi mi metterei la gonna verde, quella bella larga con il pullover nero, il nero fa sempre elegante... Oppure dici che metta quello nuovo, quello grigio di maglia? Forse fa un po' più *après-midi*, tu cosa dici?»

A questo punto entrò, chissà da dove, un uomo dall'accento grossolano:

«E che la mi dica ben so, signora. E perché non si mette quello giallo limone, con un bel cavolo in testa?»

Silenzio. Le due donne tacquero.

«E che la mi dica ben so, signora» insisté l'uomo contraffacendo la cadenza romagnola. «L'ha notizie fresche da Ferrara? E lei, signora Franchina, che la mi dica, per caso non ci sarà mica cascata a terra la lingua tutta d'un pezzo? La sarebbe una bella disgrazia, no?»

Da varie parti risposero risate. Altri, evidentemente inseriti nel giro, avevano ascoltato in silenzio, come me.

Replicò, petulante, la Franchina: «Lei, signore, che non so chi sia lei comunque è un bel villano anzi villanzone due volte prima perché non si sta a ascoltare le conversazioni altrui che questa è elementare educazione secondo perché...».

«Ih, che lezione, su su, signora, o signorina, non se la prenda... Sarà lecito scherzare, spero... Mi scusi! Se mi conoscesse di persona forse non sarebbe così cattiva!...»

«E lascialo perdere!» disse la Clara all'amica. «Perché vuoi stare a discutere con dei maleducati? Metti giù la cornetta che dopo ti richiamo.»

«No, no, aspetti un momentino» era un altro uomo che parlava, più garbato e insinuante, si sarebbe detto più maturo. «Signorina Clara, un momento, dopo magari non ci si incontra più!»

«Be', non sarebbe poi questa gran disgrazia.»

Ci fu allora un'irruzione di voci nuove in un garbuglio inestricabile; pressapoco così:

«E smettetela, pettegole!» (era una donna). «Pettegola sarà lei, se mai, che ficca il naso in casa d'altri!» «Io ficco il naso? Si vergogni! Io non...» «Signorina Clara, signorina Clara, mi dica» (era la voce di un uomo) «che numero di telefono ha? Non me lo vuol dire? Io, sa, per le romagnole ci ho un debole, confesso, una vera propensione.» «Glielo do io il numero fra poco!» (era una donna, forse la Franchina). «E lei si può sapere chi è?» «Io sono Marlon Brando.» «Ah, ah» (risate collettive). «Dio mio, come è *spiritoso*.» «Avvocato, avvocato Bartesaghi! Pronto, pronto! È lei?» (parlava un'altra donna finora non udita). «Sì, sono proprio io, e come fa a saperlo lei?» «Ma io sono la Norina, non mi riconosce? le telefonavo perché stasera prima di uscire dall'ufficio mi sono dimenticata di avvertirla che da Torino...» Il Bartesaghi, con evidentissimo imbarazzo: «Be'! signorina, mi telefoni più tardi, qui non mi sembra il caso

227

di far sapere le nostre private faccende a tutta la città!». «Ehi, avvocato» (era un altro uomo) «però era il caso di chiedere appuntamenti alle ragazze no? Il signor avvocato Marlon Brando ha un debole per le romagnole, ah, ah!» «E smettetela, vi prego, c'è chi non ha tempo da perdere in chiacchiere, c'è chi ha urgenza di telefonare!» (era una donna, doveva essere sui sessanta). «Ehi, sentila questa qui» (si riconobbe la voce della Franchina) «non sarà mica la regina dei telefoni lei?» «E metta giù il microfono, non è ancora stanca di parlare? Io per sua regola aspetto una chiamata interurbana e finché lei...» «Ah, dunque mi è stata ad ascoltare eh? quella che non è pettegola!» «Chiudi il becco, papera!»

Breve sospensione di silenzio. Era stato un colpo forte. Sul momento, la Franchina non trovava una replica degna. Poi, trionfante: «Ihiii! Sentila, sentila, la paperona!».

Seguì un lungo scroscio di risate. Saranno state almeno dodici persone. Quindi di nuovo una pausa. Si erano tutti ritirati insieme? O aspettavano l'iniziativa altrui? Ascoltando bene, sul fondo del silenzio, si percepivano fruscii, palpiti, respiri.

Finalmente, col suo bell'accento spensierato, entrò la Clara: «Be', siamo sole?... E allora, Franchina, cosa dici che mi metta domani?».

Si udì a questo punto una voce d'uomo, nuova, bellissima, giovanilmente aperta e autoritaria, che stupiva per la eccezionale carica di vita:

«Clara, se mi permette glielo dico io, lei domani si metta la gonna blu dell'anno scorso con il golf viola che ha appena dato da smacchiare... E il cappellino nero a *cloche*, intesi?»

«Ma lei, chi è?» La voce della Clara era cambiata, adesso aveva un'incrinatura di spavento. «Mi vuol dire chi è?»

L'altro tacque.

Allora la Franchina: «Clara, Clara, ma come fa questo qui a sapere?...».

L'uomo rispose molto serio: «Io parecchie cose so».

La Clara: «Storie! Lei ha tirato a indovinare!».

Lui: «Ho tirato a indovinare? Vuole che le dia un'altra prova?».

La Clara, titubante: «Su, su coraggio».

Lui: «Bene. Lei, signorina, mi stia bene a sentire, lei signorina ha una lenticchia, una piccola lenticchia... ehm, ehm... non posso dirle dove...».

La Clara, vivamente: «Lei non può saperlo!».

Lui: «È vero o non è vero?». «Lei non può saperlo!» «È vero o non è vero?» «Giuro che nessuno l'ha vista mai, giuro, tranne la mamma!» «Vede che ho detto giusto?»

La Clara quasi si metteva a piangere: «Nessuno l'ha mai vista, questi sono scherzi odiosi!». Allora lui rasserenante: «Ma io non dico mica di averla vista, la sua piccola lenticchia, io ho detto soltanto che lei ce l'ha!».

Un'altra voce d'uomo: «E piantala, buffone!».

L'altro, pronto: «Adagio lei, Giorgio Marcozzi fu Enrico, di anni 32, abitante in passaggio Chiabrera 7, altezza uno e settanta, ammogliato, da due giorni ha mal di gola, ciononostante sta fumando una nazionale esportazione. Le basta?... È tutto esatto?».

Il Marcozzi, intimidito: «Ma lei chi è? Come si permette?... Io... io...».

L'uomo: «Non se la prenda. Piuttosto, cerchiamo di stare un poco allegri, anche lei Clara... È così raro trovarci in una così bella e cara compagnia».

Nessuno osò più contraddirlo o sbeffeggiarlo. Un timore oscuro, la sensazione di una presenza misteriosa era entrata nei fili del telefono. Chi era? Un mago? Un essere soprannaturale che manovrava i centralini al posto degli scioperanti? Un diavolo? Una specie di folletto? Ma la voce non era demoniaca, anzi, se ne sprigionava un fascino incantevole.

«Su, su, ragazzi, di che avete paura adesso? Volete che vi faccia una bella cantatina?»

Voci: «Sì, sì». Lui: «Che cosa canto?». Voci: «*Scalinatella*... no, no, un samba... no, *Moulin Rouge... Aggio perduto 'o suonno... Aveva un bavero... El baion, el baion!*». Lui: «Eh, se non vi decidete... Lei, Clara, che cosa preferisce?».

«Oh, a me piace *Ufemia*.»

Cantò. Sarà stata suggestione o altro, mai avevo udito in vita mia una voce simile. Un brivido saliva su per la schiena, da tanto era splendente, fresca, umile e pura. Mentre cantava, nessuno osò fiatare. Poi fu un'esplosione di evviva, bravo, bis. «Ma sa che lei è un cannone! Ma sa che lei è un artista!... Lei deve andare alla radio, farà milioni glielo dico io. Natalino Otto può andare a nascondersi! Su, su ci canti qualche cosa ancora!»

«A un patto: che anche tutti voi cantiate insieme.»

Fu una curiosa festa, di gente col microfono all'orecchio, sparsa in case lontanissime dei più opposti quartieri, chi in piedi in anticamera, chi seduto, chi sdraiato sul letto, legati l'uno all'altro da esilissimi chilometri di filo. Non c'era più, come al principio, il gusto del dispetto e della burla, la volgarità e la stupidaggine. Per merito di quel problematico individuo che non volle dirci il nome, né l'età, né tanto meno l'indirizzo, una quindicina di persone che non si erano viste mai e probabilmente non si sarebbero nemmeno mai vedute per l'eternità dei secoli, si sentivano fratelli. E ciascuno credette di parlare con donne giovani e bellissime, ciascuna si illudeva che dall'altra parte dei fili ci fossero uomini di magnifico aspetto, ricchi, interessanti, dal passato avventuroso; e, in mezzo, quel meraviglioso direttore d'orchestra che li faceva volare in alto sopra i tetti neri della città, portati via da un fanciullesco incanto.

Fu lui – era quasi mezzanotte – a dare il segnale della fine.

«Bene, ragazzi, adesso basta. È tardi. Domattina devo levarmi presto... E grazie per la bella compagnia.»

Un coro di proteste: «No, no, non ci faccia questo tradimento!... Ancora un poco, ancora una canzone, per piacere!».

«Sul serio, devo andare... Perdonatemi... Signore e signori, cari amici, buonanotte.»

Tutti restarono con l'amaro in bocca. Flaccidi e tristi, furono scambiati gli ultimi saluti: «Beh, quand'è così, allora buonanotte a tutti, buonanotte... chissà chi era quello lì... mah, chissà... buonanotte... buonanotte».

Se ne andarono chi da una parte chi dall'altra. La solitudine della notte discese di colpo sulle case.

Ma io stavo ancora in ascolto.

Difatti, dopo un paio di minuti, lui, l'enigma, ricominciò a parlare sottovoce:

«Sono io, sono ancora io... Clara, mi senti, Clara?»

«Sì» fece lei con un tenero bisbiglio «ti sento... Ma sei sicuro che gli altri se ne siano tutti andati?»

«Tutti meno uno» rispose lui bonario «meno uno che finora è stato tutto il tempo ad ascoltare ma non ha mai aperto bocca.»

Ero io. Col batticuore, misi giù immediatamente la cornetta.

Chi era? Un angelo? Un veggente? Mefistofele? O lo spirito eterno dell'avventura? L'incarnazione dell'ignoto che ci aspetta all'angolo? O semplicemente la speranza? L'antica, indomita speranza la quale si va annidando nei posti più assurdi e improbabili, perfino nei labirinti del telefono quando c'è lo sciopero, per riscattare la meschinità dell'uomo?

Il tiranno malato

All'ora solita cioè alle 19 meno un quarto nell'area cosiddetta fabbricabile fra via Marocco e via Casserdoni, il volpino Leo vide avanzare il mastino Tronk tenuto per la catena dal professore suo padrone.

Il bestione aveva le orecchie dritte come sempre e scrutava il ristrettissimo orizzonte di quel sudicio prato fra le case. Egli era l'imperatore del luogo, il tiranno. Eppure il vecchio volpino pieno di risentimenti subito notò che non era il Tronk di un tempo, neppure quello di un mese prima, neppure il formidabile cagnaccio che aveva visto tre o quattro giorni fa.

Era un niente, il modo forse di appoggiar le zampe, o una specie di appannamento dello sguardo, o una incurvatura della schiena, o l'opacità del pelo o più probabilmente un'ombra – l'ombra grigia che è il segno terribile! – la quale gli colava giù dagli occhi fino al bordo cadente delle labbra.

Nessuno certo, neppure il professore, si era accorto di questi segni piccolissimi. Piccolissimi? Il vecchio volpino che oramai ne aveva viste a questo mondo, capì, e ne ebbe un palpito di perfida gioia. "Ah ci sei finalmente" pensò. "Ci sei?" Il mastino non gli faceva più paura.

Si trovavano in uno di quegli spazi vuoti aperti dai bombardamenti aerei della guerra decorsa, verso la periferia, fra stabilimenti, depositi, baracche, magazzini. (Ma a breve distanza si ergevano i superbi palazzi delle grandi società immobiliari, a settanta-ottanta metri sopra il livello dell'operaio del gas intento a sistemare la tubazione in avaria, e del violinista stanco in azione fra i tavolini del Caffè Birreria Esperia là sotto i portici, all'angolo.) Demoliti i moncherini superstiti dei muri, a ricordare le case già esistite non restavano qua e là che dei tratti di terreno coperti di piastrelle, il segno della portineria forse, o cucina a pianterreno o forse anche camera da letto di casa popolare (dove un tempo di notte palpitarono speranze e sogni e forse un bambino nacque e nelle mattine d'aprile, nonostante l'ombra tetra del cortile, di là usciva un canto ingenuo e appassionato di giovanetta; e alla sera, sotto una lampadina rossastra, gente si odiò e si volle bene). Per il resto, lo spazio era rimasto sgombro e subito, per la commovente bontà della natura così pronta a sorridere se appena le lasciamo un po' di spazio, si era andato ricoprendo di verde, erba, piantine selvatiche, cespugli, a similitudine delle beate valli lontane di cui si favoleggia. Tratti di prato vero, coi loro fiorellini, avevano perfino tentato di formarsi, dove stanchi noi distenderci, le braccia incrociate dietro il capo, a guardare le nuvole che passano, così libere e bianche, sopra le soperchierie degli uomini.

Ma nulla la città odia quanto il verde, le piante, il respiro degli alberi e dei fiori. Con bestiale accanimento quindi erano stati scaricati là mucchi di calcinacci, immondizie, residuati osceni, fetide putrefazioni organiche, scoli di morchia. E il lembo di campagna ben presto era ingiallito trasformandosi in uno sconvolto letamaio; dove tuttavia le pianticine e le erbe ancora lottavano, sollevando verticalmente gli steli fra la sozzura, in direzione del sole e della vita.

Il mastino avvistò immediatamente l'altro cane e si fermò a osservarlo. E subito si accorse che qualcosa era cambiato. Il volpino oggi aveva un nuovo modo di fissarlo, non timido, non rispettoso, non timorato come al solito. Con un luccichio beffardo nelle pupille, anzi.

Calda sera d'estate. Una floscia caligine giaceva ancora sulla città fra le torri di calcestruzzo e di cristallo abitate dall'uomo, che il sole calante illuminava. Tutto sembrava stanco e svogliato, anche le inverecondie automobili americane color ramarro, anche le vetrine degli elettrodomestici, di solito così ottimiste, anche la energetica bionda sorridente dal cartellone pubblicitario del dentifricio Klamm (che, se usato giornalmente, trasformerebbe la nostra esistenza in paradiso, vero Mr. MacIntosh, direttore generale del reparto pubblicità e *public relations*?).

Il professore immediatamente vide sul dorso del suo cane formarsi una macchia oblunga e scura, segno che la bestia stava alterandosi e rizzava il pelo.

Nello stesso istante, senza essere stato in alcun modo provocato, il volpino si avventò silenzioso alla vendetta e addentò rapidissimo il mastino alla gamba posteriore destra.

Tronk ebbe uno scarto a motivo del dolore ma per qualche frazione di secondo restò come incerto, solo cercava di scuotere via il nemico, agitando la gamba. Poi, inopinatamente ritrovò l'antico impeto selvaggio. La catena sfuggì di mano al professore.

Dietro al cane Leo, un altro piccolo bastardo, suo compagno, vagamente simile a un segugio, di solito timido e spaurito, balzò a mordere il mastino. E per una frazione di secondo lo si vide che affondava i denti in un fianco del tetrarca. Quindi ci fu un groviglio mugolante che si dibatteva nella polvere.

«Tronk, qua, Tronk!» chiamò smarrito il professore annaspando con la destra sopra quel frenetico subisso; e cercava di afferrare la catena del suo cane. Ma senza la decisione necessaria, spaventato dal furore della lotta.

Fu breve. Si sciolsero da soli. Leo, mugolando, balzò via e pure il suo compagno si distaccò da Tronk, arretrando, con il collo insanguinato. Il mastino sedette, e ansimava con ritmo impressionante, la lingua pendula, sopraffatto dallo sfinimento fisico.

«Tronk, Tronk» supplicò il professore. E cercò di prenderlo per il collare.

Ma, non visto da alcuno, avanzava alle spalle, libero e solo, Panzer, il cane lupo del garage vicino, il fuorilegge, che Tronk aveva fino a quella sera tenuto a bada col suo solo aspetto.

234

Anche lui veniva in certo modo a vendicarsi. Perché mai Tronk lo aveva provocato né gli aveva fatto male, eppure la sua semplice presenza era stata un oltraggio quotidiano, difficile da mandare giù. Troppe volte lo aveva visto passare, dinoccolato, davanti all'ingresso del garage, e guardare dentro con proterva grinta come per dire: "C'è mica nessuno qui, alle volte, che abbia voglia di attaccare lite?".

Il professore se ne accorse tardi. «Ehi» gridò «chiamate questo lupo! Ehi, del garage!» Il pelo nero e irto, il lupo aveva un aspetto orribile. E chissà come, questa volta il mastino al suo confronto sembrava rattrappito.

Tronk fece appena in tempo ad avvistarlo con la coda dell'occhio. Il lupo eseguì un balzo rettilineo, protendendo i denti, e d'un subito il mastino rotolò fra i calcinacci e le scorie con quell'altro attaccato selvaggiamente alla sua nuca.

Sapeva il professore che è quasi impossibile dividere due cani di quella fatta che si impegnano per la vita e per la morte. E non fidando nelle proprie forze si mise a correre per avvertire e chiedere soccorso.

Nel frattempo anche il volpino e il seguio ripresero coraggio, si lanciarono alla macellazione del tiranno che stava per essere sconfitto.

Ebbe Tronk un'ultima riscossa. E con divincolamento furioso riuscì a prendere coi denti il naso del lupo. Ma subito cedette. L'altro, arretrando a scatti, si liberò e prese a trascinarlo riverso tenendolo sempre per la nuca.

A quei mugolamenti spaventosi gente intanto si affacciava alle finestre. E dalla parte del garage si udivano le grida del professore soverchiato dagli avvenimenti.

Poi, di colpo, il silenzio. Da una parte il mastino che si risollevava con fatica, la lingua tutta fuori, negli occhi l'umiliazione sbalordita dell'imperatore di colpo tratto giù dal trono e calpestato nella melma. Dall'altra, il lupo, il volpino e il falso seguio che retrocedevano con segni di sbigottimento.

Che cosa li aveva sbaragliati quando già stavano assaporando il sangue e la vittoria? Perché si ritiravano? Il mastino tornava a far loro paura?

Non il mastino Tronk. Bensì una cosa informe e nuova che dentro di lui si era formata e lentamente da lui stava espandendosi come un alone infetto.

I tre avevano intuito che a Tronk doveva essere successo qualche cosa e non c'era più motivo di temerlo. Ma credevano di addentare un cane vivo. E invece l'odore insolito del pelo, forse, o del fiato, e il sangue dal sapore repellente, li aveva ributtati indietro. Perché le bestie più ancora che i luminari delle cliniche percepiscono al più lieve segno l'avvicinarsi della presenza maledetta, del contagio che non ha rimedio. E il lottatore era segnato, non apparteneva più alla vita, da qualche profondità recondita del corpo già si propagava la dissoluzione delle cellule.

I nemici si sono dileguati. È solo, adesso. Limpidi e puri nella maestà del vespero si sollevano intanto dalla terra, paragonabili a fanfare, i muraglioni vitrei dei nuovi palazzi e il sole che tramonta li fa risplendere e vibrare come sfida, sullo sfondo violetto della notte che dalla opposta parte irrompe. Essi proclamano le caparbie speranze di coloro che, pur distrutti dalla fatica e dalla polvere, dicono "Sì, domani, domani", di coloro che sono il galoppo di questo mondo contristato, le bandiere!

Ma per il satrapo, il sire, il titano, il corazziere, il re, il mastodonte, il ciclope, il Sansone non esistono più le torri di alluminio e malachite, né il quadrimotore in partenza per Aiderabad che sorvola rombando il centro urbano, né esiste la musica trionfale del crepuscolo che si espande pur nei tetri cortili, nelle fosse ignominiose delle carceri, nei soffocanti cessi incrostati d'ammoniaca.

Egli è intensamente fisso a quell'oasi stenta e con gli sguardi la divora. Il sangue che aveva cominciato a gocciolare da una lacerazione al collo si è fermato coagulandosi. Però fa freddo, un freddo atroce. Per di più è venuta la nebbia, lui non riesce più a vedere bene. Strano, la nebbia in piena estate. Vedere. Vedere almeno un pezzo della cosa che gli uomini usano chiamare verde: il verde del suo regno, le erbe, le canne, i miseri cespugli (i boschi, le selve immense, le foreste di querce e antichi abeti).

Il professore è di ritorno e si consola vedendo il lupo e gli altri due barabba che si allontanano spauriti. "Eh il mio Tronk" pensa orgoglioso. "Eh, ci vuol altro!" Poi lo vede laggiù seduto, apparentemente quieto e buono.

Un cuccioletto era, quattro anni fa soltanto, che si guardava gentilmente intorno, tutto doveva ancora cominciare, certo avrebbe conquistato il mondo.

L'ha conquistato. Guardatelo ora, grande e grosso, il cagnazzo, petto da toro, bocca da barbaro dio azteco, guardatelo l'ispettore generale, il colonnello dei corazzieri, sua maestà! Ha freddo e trema.

«Tronk! Tronk!» lo chiama il professore. Per la prima volta il cane non risponde. Nei sussulti del cuore che rimbomba, pallido del terribile pallore che prende i cani i quali erroneamente si pensa che pallidi non possano diventare mai, egli guarda laggiù, in direzione della foresta vergine, donde avanzano contro di lui, funerei, i rinoceronti della notte.

Una lettera d'amore

Enrico Rocco, di 31 anni, gerente di una azienda commerciale, innamorato, si chiude nel suo ufficio; il pensiero di lei era diventato così potente e tormentoso ch'egli trovò la forza. Le avrebbe scritto, di là di ogni orgoglio e ogni pudore.

"Egregia signorina" cominciò, e al solo pensiero che quei segni lasciati dalla penna sulla carta sarebbero stati visti da lei, il cuore cominciò a battere, impazzito. "Gentile Ornella, mia Diletta, Anima cara, Luce, Fuoco che mi bruci, Ossessione delle notti, Sorriso, Fiorellino, Amore..."

Entrò il fattorino Ermete: «Scusi, signor Rocco, c'è di là un signore che è venuto per lei. Ecco (guardò un biglietto) si chiama Manfredini».

«Manfredini? Come? Mai sentito nominare. Poi io adesso non ho tempo, ho un lavoro urgentissimo. Torni domani o dopo.»

«Credo, signor Rocco, credo che sia il sarto, deve essere venuto per la prova...»

«Ah... Manfredini! Be', digli che torni domani.»

«Sissignore, ma ha detto che è stato lei a chiamarlo.»

«È vero, è vero... (sospirò)... su fallo venire, digli però che si sbrighi, due secondi.»

Entrò il sarto Manfredini col vestito. Una prova per modo di dire; indossata per pochi istanti la giacca e poi levata, appena il tempo di fare due tre segni col gessetto. «Mi scusi, sa, ma ho per le mani un lavoro molto urgente. Arrivederla, Manfredini.»

Avidamente ritornò alla scrivania, riprese a scrivere: "Anima

Santa, Creatura, dove sei in questo istante? cosa fai? ti penso con una tale forza che è impossibile il mio amore non ti arrivi anche se tu sei così lontana, addirittura dalla parte opposta della città, che mi sembra un'isola sperduta di là dei mari...". (Che strano, pensava intanto, come si spiega che un uomo positivo come me, un organizzatore commerciale, tutto a un tratto si metta a scrivere cose di questo genere? Forse è una specie di follia?)

In quel mentre il telefono al suo fianco cominciò a suonare. Fu come se una sega di ferro gelido gli fosse stata passata di strappo sulla schiena. Boccheggiò:

«Pronto?»

«Ciaooo» fece una donna con neghittoso miagolìo. «Che vocione... dimmi, sono capitata male, a quanto sembra.» «Chi parla?» chiese lui. «Oh ma sei impossibile oggi, guarda che...» «Chi parla?» «Ma aspetta almeno che ti...» Mise giù la cornetta, riafferrò la penna in mano.

"Senti, Amor mio" scrisse "fuori c'è la nebbia, umida, fredda, carica di nafta e di miasmi, ma lo sai che io la invidio? Lo sai che farei subito camb..."

Drèn, il telefono. Ebbe un sussulto come per una scarica di duecentomila volt. «Pronto?» «Ma Enrico!» era la voce di poco fa «sono venuta apposta in città per salutarti e tu...»

Vacillò, accusando il colpo. Era la Franca, sua cugina, brava ragazza, graziosa anche, che da qualche mese gli faceva un po' la corte, chissà cosa si era messa in mente. Le donne sono famose per costruir romanzi inverosimili. Certo, non si poteva decentemente mandarla a quel paese.

Ma tenne duro. Qualsiasi cosa pur di finire quella lettera. Era l'unico mezzo per calmare il fuoco che gli bruciava dentro, scrivendo a Ornella gli sembrava di entrare in qualche modo nella vita sua, forse lei avrebbe letto fino in fondo, forse avrebbe sorriso, forse avrebbe chiuso la lettera in borsetta, il foglio ch'egli stava ricoprendo di insensate frasi forse fra poche ore sarebbe stato a contatto con le piccole graziose profumate cose meravigliosamente sue, con la matita per le labbra, col fazzoletto ricamato, con gli enigmatici gingilli carichi di conturbanti intimità. E adesso ecco la Franca, a frastornarlo.

«Senti, Enrico» chiese la voce strascicata «vuoi che venga a prenderti in ufficio?» «No, no perdonami, adesso ho un mucchio da fare.» «Oh non fare complimenti, se ti do noia, sia come non detto. Arrivederci.» «Dio, come la prendi. Ho da fare, ti dico. Ecco, vieni più tardi.» «Più tardi quando?» «Vieni... vieni fra due ore.»

Sbatté sul trespolo la cornetta del telefono, gli pareva di aver perso un tempo irrimediabile, la lettera doveva essere imbucata per l'una, altrimenti sarebbe giunta a destinazione il giorno dopo. No, no l'avrebbe spedita per espresso.

"... farei subito cambio" scriveva "quando penso che la nebbia circonda la tua casa e ondeggia dinanzi alla tua camera e se avesse occhi – chissà, forse anche la nebbia vede – potrebbe contemplarti attraverso la finestra. E vuoi che non ci sia una fessura, un sottilissimo interstizio da cui entrare? un minuscolo soffio, niente di più, un esile fiato di bambagia impalpabile che ti accarezzi? basta così poco alla nebbia, basta così poco all'am..."

Il fattorino Ermete sulla porta. «Perdoni...» «Te l'ho già detto, ho un lavoro urgente, io non ci sono per nessuno, di' che ritornino stasera.»

«Ma...» «Ma cosa?» «C'è da basso il commendatore Invernizzi che l'aspetta in macchina.»

Maledizione, l'Invernizzi, il sopraluogo al magazzino dove c'era stato un principio d'incendio, l'incontro coi periti, maledizione non ci pensava più, se n'era completamente dimenticato. E non c'erano santi.

Quel tormento che gli bruciava dentro, proprio in corrispondenza dello sterno, raggiunse un grado intollerabile. Darsi malato? Impossibile. Terminare la lettera così come stava? Ma aveva ancora da dirle tante cose, tante cose importantissime. Scoraggiato, chiuse il foglio in un cassetto. Prese il cappotto e via, l'unica era tentar di fare presto. In mezz'ora, con l'aiuto di Dio, sarebbe stato forse di ritorno.

Tornò che era l'una meno venti. Intravide tre quattro uomini che attendevano, seduti in sala d'aspetto. Ansimando, si sprangò in ufficio, sedette allo scrittoio, aprì il cassetto, la lettera non c'era più.

Il tumulto del cuore gli tolse quasi il fiato. Chi poteva aver frugato nella scrivania? O che si fosse sbagliato? Aprì d'impeto gli altri cassetti, uno ad uno.

Meno male. Si era confuso, la lettera era là. Ma impostarla prima dell'una era impossibile. Poco male – e i ragionamenti (per una faccenda così semplice e banale) si accavallavano nella sua testa tumultuando, con alternative spossanti d'ansia e di speranze – poco male, se la spediva espresso faceva in tempo a prendere l'ultima distribuzione della sera, oppure... meglio ancora, l'avrebbe data a Ermete da portare, no no, meglio non immischiare il fattorino in una faccenda delicata, l'avrebbe portata lui personalmente.

"... basta così poco all'amore" scrisse "per vincere lo spazio e oltrepass..."

Drèn, il telefono, rabbioso. Senza lasciare la penna, afferrò con la sinistra la cornetta.

«Pronto?» «Pronto, qui la segretaria di sua eccellenza Tracchi.»

«Dica, dica.» «Per quella licenza d'importazione riguardante la fornitura di cavi a...»

Inchiodato. Era un affare enorme, ne dipendeva il suo avvenire. La discussione durò venti minuti.

"... oltrepassare" scrisse "le muraglie della Cina. Oh, cara Orn..."

Il fattorino ancora sulla porta. Lui lo investì selvaggiamente. «L'hai capita o no che non posso ricevere nessuno?» «Ma c'è l'is...» «Nessuno, nessunoooo!» urlò imbestialito. «L'ispettore della Finanza che dice di avere appuntamento.»

Sentì le forze abbandonarlo. Mandare indietro l'ispettore sarebbe stata una pazzia, una specie di suicidio, la rovina. Ricevette l'ispettore.

Sono le una e 35. Di là c'è la cugina Franca che aspetta da tre quarti d'ora. E poi l'ingegnere Stolz, venuto appositamente da

Ginevra. E l'avvocato Messumeci, per la causa degli scaricatori. E l'infermiera che viene ogni giorno a fargli le iniezioni.

"Oh cara Ornella" scrive con il furore del naufrago su cui si abbattono i cavalloni sempre più alti e massacranti.

Il telefono. «Qui il commendator Stazi del Ministero dei commerci.» Il telefono. «Qui il segretario della Confederazione dei consorzi...»

"Oh mia deliziosa Ornella" scrive "vorrei che tu sap..."

Il fattorino Ermete sulla porta che annuncia il dottor Bi, vice-prefetto.

"... che tu sapessi" scrive "qu..."

Il telefono: «Qui, il capo di Stato maggiore generale». Il telefono: «Qui il segretario particolare di Sua Eminenza l'arcivescovo...».

"... quando io ti v..." scrive febbricitante con l'ultimo fiato.

Drèn, drèn, il telefono: «Qui il primo presidente della Corte d'appello». Pronto, pronto! «Qui il Consiglio Supremo, personalmente il senatore Cormorano.» «Pronto, pronto!» «Qui il primo aiutante di campo di Sua Maestà l'Imperatore...»

Travolto, trascinato via dai flutti.

«Pronto, pronto! Sì son io, grazie, eccellenza, estremamente obbligato!... Ma subito, subitissimo, sì signor generale, provvederò senz'altro, e grazie infinite... Pronto, pronto! Certamente Maestà, senz'altro, con infinita devozione (la penna, abbandonata, rotolò lentamente fino all'orlo, si fermò un istante in bilico, cadde a piombo stortandosi il pennino, ed ivi giacque)... Prego s'accomodi, perbacco, avanti avanti, no, se mi permette, forse è meglio si accomodi nella poltrona che è più comoda, ma quale onore inaspettato, assolutamente, per l'appunto, oh grazie, un caffè, una sigaretta?...»

Quando durò il turbine? Ore, giorni, mesi, millenni? Al calar della notte si ritrovò solo, finalmente.

Ma prima di lasciar lo studio, cercò di mettere un po' d'ordine nella montagna di scartafacci, pratiche, progetti, protocolli, accumulatasi sulla scrivania. Sotto all'immensa pila trovò un foglio di carta da lettere senza intestazione scritto a mano. Riconobbe i propri segni.

Incuriosito, lesse: "Che baggianate, che ridicole idiozie. Chissà quando mai le ho scritte?" si chiese, cercando invano nei ricordi, con un senso di fastidio e di smarrimento mai provato, e si passò una mano sui capelli oramai grigi. "Quando ho potuto scrivere delle sciocchezze simili? E chi era questa Ornella?"

I Santi

Gancilla.

I Santi hanno ciascuno una casetta lungo la riva con un balcone
che guarda l'oceano, e quell'oceano è Dio.

D'estate, quando fa caldo, per refrigerio essi si tuffano nelle
fresche acque, e quelle acque sono Dio.

Alla notizia che sta per arrivare un santo nuovo, subito viene
intrapresa la costruzione di una casetta di fianco alle altre. Esse
formano così una lunghissima fila lungo la riva del mare. Lo
spazio non manca di sicuro.

Anche San Gancillo, come giunse sul posto dopo la nomina,
trovò la sua casetta pronta uguale alle altre, con mobili,
biancheria, stoviglie, qualche buon libro e tutto quanto. C'era
anche, appeso al muro, un grazioso scacciamosche perché nella
zona vivevano abbastanza mosche, però non fastidiose.

Gancillo non era un santo clamoroso, aveva vissuto umilmente facendo il contadino e solo dopo la sua morte, qualcuno,
pensandoci su, si era reso conto della grazia che riempiva
quell'uomo, irraggiando intorno per almeno tre quattro metri.
E il prevosto, senza troppa fiducia in verità, aveva fatto i primi
passi per il processo di beatificazione. Da allora erano passati
quasi duecento anni.

Ma nel profondo grembo della Chiesa, passettino passettino,
senza fretta, il processo era andato avanti. Vescovi e Papi
morivano uno dopo l'altro e se ne facevano di nuovi, tuttavia
l'incartamento di Gancillo quasi da solo passava da un ufficio
all'altro, sempre più su, più su. Un soffio di grazia era rimasto
attaccato misteriosamente a quelle scartoffie ormai scolorite e
non c'era prelato che, maneggiandole, non se ne accorgesse.

Questo spiega come la faccenda non venisse lasciata cadere. Finché un mattino l'immagine del contadino con una cornice di raggi d'oro fu issata in San Pietro a grande altezza e, di sotto, il Santo Padre personalmente intonò il salmo di gloria, elevando Gancillo alla maestà degli altari.

Al suo paese si fecero grandi feste e uno studioso della storia locale credette di identificare la casa dove Gancillo era nato, vissuto e morto, casa che fu trasformata in una specie di rustico museo. Ma siccome nessuno si ricordava più di lui e tutti i parenti erano scomparsi, la popolarità del nuovo santo durò ben pochi giorni. Da immemorabile tempo in quel paese era venerato come patrono un altro santo, Marcolino, per baciare la cui statua, in fama taumaturgica, venivano pellegrini anche da lontane contrade. Proprio accanto alla sontuosa cappella di San Marcolino, brulicante di *ex voto* e di lumini, fu costruito il nuovo altare di Gancillo. Ma chi gli badava? Chi si inginocchiava a pregare? Era una figura così sbiadita, dopo duecento anni. Non aveva niente che colpisse l'immaginazione.

Comunque, Gancillo, che mai si sarebbe immaginato tanto onore, si insediò nella sua casetta e, seduto al sole sul balcone, contemplò con beatitudine l'oceano che respirava placido e possente.

Senonché il mattino dopo, alzatosi di buon'ora, vide un fattorino in divisa, arrivato in bicicletta, entrare nella casetta vicina portando un grosso pacco; e poi passare alla casetta accanto per lasciarvi un altro pacco; e così a tutte quante le casette, finché Gancillo lo perse di vista; ma a lui, niente.

Il fatto essendosi ripetuto anche nei giorni successivi, Gancillo, incuriosito, fece cenno al fattorino di avvicinarsi e gli domandò: «Scusa, che cosa porti ogni mattina a tutti i miei compagni, ma a me non porti mai?». «È la posta» rispose il fattorino togliendosi rispettosamente il berretto «e io sono il postino.»

«Che posta? Chi la manda?» Al che il postino sorrise e fece un gesto come per indicare quelli dell'altra parte, quelli di là, la gente laggiù del vecchio mondo.

«Petizioni?» domandò San Gancillo che cominciava a capire. «Petizioni, sì, preghiere, richieste d'ogni genere» disse il fattorino in tono indifferente, come se fossero inezie, per non mortificare il nuovo santo.

«E ogni giorno ne arrivano tante?»

Il postino avrebbe voluto dire che quella era anzi una stagione morta e che nei giorni di punta si arrivava a dieci, venti volte tanto. Ma pensando che Gancillo sarebbe rimasto male se la cavò con un: «Be', secondo, dipende». E poi trovò un pretesto per squagliarsela.

Il fatto è che a San Gancillo nessuno si rivolgeva mai. Come neanche esistesse. Né una lettera, né un biglietto, neppure una cartolina postale. E lui, vedendo ogni mattino tutti quei plichi diretti ai colleghi, non che fosse invidioso perché di brutti sentimenti era incapace, ma certo rimaneva male quasi per il rimorso di restarsene là senza far niente mentre gli altri sbrigavano una quantità di pratiche; insomma aveva quasi la sensazione di mangiare il pane dei santi a tradimento (era un pane speciale, un po' più buono che quello dei comuni beati).

Questo cruccio lo portò un giorno a curiosare nei pressi di una delle casette più vicine, donde veniva un curioso ticchettìo.

«Ma prego, caro, entra, quella poltrona è abbastanza comoda. Scusa se finisco di sistemare un lavoretto, poi sono subito da te» gli disse il collega cordialmente. Passò quindi nella stanza accanto dove con velocità stupefacente dettò a uno stenografo una dozzina di lettere e vari ordini di servizio; che il segretario si affrettò a battere a macchina. Dopodiché tornò da Gancillo: «Eh, caro mio, senza un minimo d'organizzazione sarebbe un affare serio, con tutta la posta che arriva. Se adesso vieni di là, ti faccio vedere il mio nuovo schedario elettronico, a schede perforate». Insomma fu molto gentile.

Di schede perforate non aveva certo bisogno Gancillo che se ne tornò alla sua casetta piuttosto mogio. E pensava: "Possibile che nessuno abbia bisogno di me? E sì che potrei rendermi utile. Se per esempio facessi un piccolo miracolo per attirare l'attenzione?".

Detto fatto, gli venne in mente di far muovere gli occhi al suo ritratto, nella chiesa del paese. Dinanzi all'altare di San Gancillo non c'era mai nessuno, ma per caso si trovò a passare Memo Tancia, lo scemo del paese, il quale vide il ritratto che roteava gli occhi e si mise a gridare al miracolo.

Contemporaneamente, con la fulminea velocità loro consentita dalla posizione sociale, due tre santi si presentarono a Gancillo e con molta bonarietà gli fecero intendere ch'era meglio lui smettesse: non che ci fosse niente di male, ma quei tipi di miracolo, per una certa loro frivolezza, non erano molto graditi in *alto loco*. Lo dicevano senza ombra di malizia, ma è possibile gli facesse specie quell'ultimo venuto il quale eseguiva lì per lì, con somma disinvoltura, miracoli che a loro invece costavano una fatica maledetta.

San Gancillo naturalmente smise e giù al paese la gente accorsa alle grida dello scemo esaminò a lungo il ritratto senza rilevarvi nulla di anormale. Per cui se ne andarono delusi e poco mancò che Memo Tancia si prendesse un sacco di legnate.

Allora Gancillo pensò di richiamare su di sé l'attenzione degli uomini con un miracolo più piccolo e poetico. E fece sbocciare una bellissima rosa dalla pietra della sua vecchia tomba ch'era stata riattata per la beatificazione ma adesso era di nuovo in completo abbandono. Ma era destino che egli non riuscisse a farsi capire. Il cappellano del cimitero, avendo visto, si affrettò dal becchino e lo sollevò di peso. «Almeno alla tomba di San Gancillo potresti badarci, no? È una vergogna, pelandrone che non sei altro. Ci son passato adesso e l'ho vista tutta piena di erbacce.» E il becchino si affrettò a strappare via la pianticella di rosa.

Per tenersi sul sicuro, Gancillo quindi ricorse al più tradizionale dei miracoli. E al primo cieco che passò davanti al suo altare, gli ridonò senz'altro la vista.

Neppure questa volta gli andò bene. Perché a nessuno venne il sospetto che il prodigio fosse opera di Gancillo, ma tutti lo attribuirono a San Marcolino che aveva l'altare proprio accanto. Tale fu anzi l'entusiasmo, che presero in spalla la statua di Marcolino, la quale pesava un paio di quintali, e la portarono in processione per le strade del paese al suono delle campane. E l'altare di San Gancillo rimase più che mai dimenticato e deserto.

Gancillo a questo punto si disse: meglio rassegnarsi, si vede proprio che nessuno vuole ricordarsi di me. E si sedette sul balcone a rimirare l'oceano, che era in fondo un grande sollievo.

Era lì che contemplava le onde, quando si udì battere alla porta. Toc toc. Andò ad aprire. Era nientemeno che Marcolino in persona il quale voleva giustificarsi.

Marcolino era un magnifico pezzo d'uomo, esuberante e pieno di allegria: «Che vuoi farci, caro il mio Gancillo? Io proprio non ne ho colpa. Sono venuto, sai, perché non vorrei alle volte tu pensassi...».

«Ma ti pare?» fece Gancillo, molto consolato da quella visita, ridendo anche lui.

«Vedi?» disse ancora Marcolino. «Io sono un tipaccio, eppure mi assediano dalla mattina alla sera. Tu sei molto più santo di me, eppure tutti ti trascurano. Bisogna aver pazienza, fratello mio, con questo mondaccio cane» e dava a Gancillo delle affettuose manate sulla schiena.

«Ma perché non entri? Fra poco è buio e comincia a rinfrescare, potremmo accendere il fuoco e tu fermarti a cena.»

«Con piacere, proprio col massimo piacere» rispose Marcolino.

Entrarono, tagliarono un po' di legna e accesero il fuoco, con una certa fatica veramente, perché la legna era ancora umida. Ma soffia soffia, alla fine si alzò una bella fiammata. Allora sopra il fuoco Gancillo mise la pentola piena d'acqua per la zuppa e, in attesa che bollisse, entrambi sedettero sulla panca scaldandosi le ginocchia e chiacchierando amabilmente. Dal camino cominciò a uscire una sottile colonna di fumo, e anche quel fumo era Dio.

La notizia

Il maestro Arturo Saracino, di 37 anni, già nel fulgore della fama, stava dirigendo al teatro Argentina la ottava Sinfonia di Brahms in la maggiore, op. 137, e aveva appena attaccato l'ultimo tempo, il glorioso "allegro appassionato". Egli dunque filava via sull'iniziale esposizione del tema, quella specie di monologo liscio, ostinato e in verità un po' lungo, col quale tuttavia si concentra a poco a poco la carica potente di ispirazione che esploderà verso la fine, e chi ascolta non lo sa ma lui, Saracino, e tutti quelli dell'orchestra lo sapevano e perciò stavano godendo, cullati sull'onda dei violini, quella lieta e ingannevole vigilia del prodigio che fra poco avrebbe trascinato loro, esecutori, e l'intero teatro, in un meraviglioso vortice di gioia.

Quand'ecco egli si accorse che il pubblico lo stava abbandonando.

È questa, per un direttore d'orchestra, l'esperienza più angosciosa. La partecipazione di chi sta ascoltando per inesplicabili ragioni viene meno. Misteriosamente, egli se ne accorge subito. Allora l'aria stessa sembra diventare vuota, quei mille, duemila, tremila arcani fili, tesi fra gli spettatori e lui, da cui gli vengono la vita, la forza, l'alimento, si afflosciano o dissolvono. Finché il maestro resta solo e nudo su un deserto gelido, a trascinare faticosamente un'armata che non gli crede più.

Ma erano almeno dieci anni che aveva smesso quella terribile esperienza. Ne aveva perso anche il ricordo e perciò adesso il colpo era più duro. Stavolta poi il tradimento del pubblico era stato così repentino e perentorio da lasciarlo senza fiato.

"Impossibile" pensò "non c'è motivo che sia colpa mia. Io

stasera mi sento perfettamente in forma, e l'orchestra sembra un giovanotto di venti anni. Dev'esserci un'altra spiegazione."

Difatti, tendendo allo spasimo le orecchie, gli parve di percepire nel pubblico, alle sue spalle, e intorno, e sopra, serpeggiare un sommesso brusìo. Da un palco proprio alla sua destra giunse un esile stridore. Con l'estrema coda dell'occhio intravide due tre ombre che in platea sgusciavano verso un'uscita laterale.

Dal loggione qualcuno zittì imperiosamente, imponendo il silenzio. Ma la tregua fu breve. Ben presto, come per una fermentazione incoercibile, il sussurro riprese, accompagnato da fruscii, sussurri, passi furtivi, stropiccii clandestini, spostamenti di sgabelli, porticine aperte e chiuse.

Che stava succedendo? All'improvviso, come se in quell'istante lo avesse letto su una pagina stampata, il maestro Saracino seppe. Trasmessa probabilmente dalla radio poco prima e portata in teatro da un ritardatario, era giunta una notizia. Qualcosa di spaventoso doveva essere accaduto in qualche parte della terra, e ora stava precipitando su di Roma. La guerra? L'invasione? Il preannuncio di un attacco atomico? In quei giorni, erano lecite le più rovinose ipotesi. E sgusciando fra le note di Brahms, mille pensieri angosciosi e meschini lo assalirono.

Se scoppiava la guerra, dove avrebbe mandato i suoi? Fuggire all'estero? Ma la villa appena costruita, in cui aveva speso tutti i suoi risparmi, che fine avrebbe fatto? Sì, come mestiere, lui Saracino era fortunato. In qualsiasi parte del mondo, con la sua celebrità, di fame non sarebbe sicuramente morto. E poi i russi, per gli artisti hanno notoriamente un debole. Ma a questo punto, con orrore, si ricordò che due anni prima egli si era alquanto compromesso firmando, con tanti altri intellettuali, un manifesto antisovietico. Figurarsi se i colleghi non l'avrebbero fatto sapere alle autorità d'occupazione. No, no, meglio fuggire. E sua mamma, oramai vecchia? E sua sorella minore? E i cani? Precipitava in un pozzo di sgomento.

Del resto, che fosse giunta una informazione di catastrofe fulminea, non c'era ormai più ombra di dubbio. Con la minima decenza imposta dalla tradizione del teatro, il pubblico stava scandalosamente disertando. Saracino, alzando gli occhi verso i palchi, notava sempre più numerosi vuoti. A uno a uno, se ne andavano. La pelle, i soldi, le provviste, lo sfollamento, non c'era da perdere un minuto. Altro che Brahms. "Che vigliacchi" pensò Saracino, che aveva dinanzi a sé ancora dieci minuti buoni di sinfonia, prima di potersi muovere. "Che vigliacco" si disse però subito dopo, misurando l'abbietto panico, da cui si era lasciato impossessare.

Tutto infatti andava disfacendosi, dentro e dinanzi a lui. I cenni, ormai puramente meccanici, della bacchetta, non trasmettevano più nulla all'orchestra la quale inevitabilmente si era a sua volta resa conto della dissoluzione generale. E fra poco si sarebbe giunti al punto decisivo della sinfonia, alla liberazione, al grande colpo d'ala. "Che vigliacco" si ripeté Saracino, nauseato. La gente se ne andava? La gente stava fregandosene di lui, della musica, di Brahms per correre a salvare le loro esistenze miserabili? E con questo?

Improvvisamente capì che la salvezza, l'unica via di scampo, la sola utile e degna fuga era, per lui, come per tutti gli altri, stare fermo, non lasciarsi trascinare via, continuare il proprio lavoro fino in fondo. Una rabbia lo prese al pensiero di ciò che accadeva nella penombra alle sue spalle, che stava per accadere pure a lui.

Si riscosse, alzò la bacchetta gettando a quelli dell'orchestra una spavalda e allegra occhiata, d'incanto ristabilì il flusso vitale.

Un tipico arpeggio discendente di clarino lo avvertì che erano ormai vicini: stava per cominciare lo stacco, la selvaggia impennata con cui la ottava Sinfonia, dalla pianura della mediocrità scatta verso l'alto e con gli accavallamenti tipici di Brahms, a potenti folate, si leva verticalmente, fino a torreggiare vittoriosa in una suprema luce, come nuvola.

Vi si buttò dentro con l'impeto moltiplicato dalla collera. Scossa da un brivido, anche l'orchestra si impennò, oscillando paurosamente per una frazione di secondo, quindi partì al galoppo, irresistibile.

E allora il brusìo, i sussurri, i colpi, i tramestii, i passi, il viavai tacquero, nessuno si mosse né fiatava più, inchiodati tutti restarono, non più paura ma vergogna, mentre dalle argentee antenne delle trombe, lassù, le bandiere sventolavano.

IL COLOMBRE

Il colombre

Quando Stefano Roi compì i dodici anni, chiese in regalo a suo padre, capitano di mare e padrone di un bel veliero, che lo portasse con sé a bordo.

«Quando sarò grande» disse «voglio andar per mare come te. E comanderò delle navi ancora più belle e grandi della tua.»

«Che Dio ti benedica, figliolo» rispose il padre. E siccome proprio quel giorno il suo bastimento doveva partire, portò il ragazzo con sé.

Era una giornata splendida di sole; e il mare tranquillo. Stefano, che non era mai stato sulla nave, girava felice in coperta, ammirando le complicate manovre delle vele. E chiedeva di questo e di quello ai marinai che, sorridendo, gli davano tutte le spiegazioni.

Come fu giunto a poppa, il ragazzo si fermò, incuriosito, a osservare una cosa che spuntava a intermittenza in superficie, a distanza di due-trecento metri, in corrispondenza della scia della nave.

Benché il bastimento già volasse, portato da un magnifico vento al giardinetto, quella cosa manteneva sempre la distanza. E, sebbene egli non ne comprendesse la natura, aveva qualcosa di indefinibile, che lo attraeva intensamente.

Il padre, non vedendo Stefano più in giro, dopo averlo chiamato a gran voce invano, scese dalla plancia e andò a cercarlo.

«Stefano, che cosa fai lì impalato?» gli chiese scorgendolo infine a poppa, in piedi, che fissava le onde.

«Papà, vieni qui a vedere.»

Il padre venne e guardò anche lui, nella direzione indicata dal ragazzo, ma non riuscì a vedere niente.

«C'è una cosa scura che spunta ogni tanto dalla scia» disse «e che ci viene dietro.»

«Nonostante i miei quarant'anni» disse il padre «credo di avere ancora una vista buona. Ma non vedo assolutamente niente.»

Poiché il figlio insisteva, andò a prendere il cannocchiale e scrutò la superficie del mare, in corrispondenza della scia. Stefano lo vide impallidire.

«Cos'è? Perché fai quella faccia?»

«Oh, non ti avessi ascoltato» esclamò il capitano. «Io adesso temo per te. Quella cosa che tu vedi spuntare dalle acque e che ci segue, non è una cosa. Quello è un colombre. È il pesce che i marinai sopra tutti temono, in ogni mare del mondo. È uno squalo tremendo e misterioso, più astuto dell'uomo. Per motivi che forse nessuno saprà mai, sceglie la sua vittima, e quando l'ha scelta la insegue per anni e anni, per una intera vita, finché è riuscito a divorarla. E lo strano è questo: che nessuno riesce a scorgerlo se non la vittima stessa e le persone del suo stesso sangue.»

«Non è una favola?»

«No. Io non l'avevo mai visto. Ma dalle descrizioni che ho sentito fare tante volte, l'ho subito riconosciuto. Quel muso da bisonte, quella bocca che continuamente si apre e chiude, quei denti terribili. Stefano, non c'è dubbio, purtroppo, il colombre ha scelto te e fin che tu andrai per mare non ti darà pace. Ascoltami: ora noi torniamo subito a terra, tu sbarcherai e non ti staccherai mai più dalla riva, per nessuna ragione al mondo. Me lo devi promettere. Il mestiere del mare non è per te, figliolo. Devi rassegnarti. Del resto, anche a terra potrai fare fortuna.»

Ciò detto, fece immediatamente invertire la rotta, rientrò in porto e, col pretesto di un improvviso malessere, sbarcò il figliolo. Quindi ripartì senza di lui.

Profondamente turbato, il ragazzo restò sulla riva finché

l'ultimo picco dell'alberatura sprofondò dietro l'orizzonte. Di là dal molo che chiudeva il porto, il mare restò completamente deserto. Ma, aguzzando gli sguardi, Stefano riuscì a scorgere un puntino nero che affiorava a intermittenza dalle acque: il "suo" colombre, che incrociava lentamente su e giù, ostinato ad aspettarlo.

Da allora il ragazzo con ogni espediente fu distolto dal desiderio del mare. Il padre lo mandò a studiare in una città dell'interno, lontana centinaia di chilometri. E per qualche tempo, distratto dal nuovo ambiente, Stefano non pensò più al mostro marino. Tuttavia, per le vacanze estive, tornò a casa e per prima cosa, appena ebbe un minuto libero, si affrettò a raggiungere l'estremità del molo, per una specie di controllo, benché in fondo lo ritenesse superfluo. Dopo tanto tempo, il colombre, ammesso anche che tutta la storia narratagli dal padre fosse vera, aveva certo rinunciato all'assedio.

Ma Stefano rimase là, attonito, col cuore che gli batteva. A distanza di due-trecento metri dal molo, nell'aperto mare, il sinistro pesce andava su e giù, lentamente, ogni tanto sollevando il muso dall'acqua e volgendolo a terra, quasi con ansia guardasse se Stefano Roi finalmente veniva.

Così, l'idea di quella creatura nemica che lo aspettava giorno e notte divenne per Stefano una segreta ossessione. E anche nella lontana città gli capitava di svegliarsi in piena notte con inquietudine. Egli era al sicuro, sì, centinaia di chilometri lo separavano dal colombre. Eppure egli sapeva che, di là dalle montagne, di là dai boschi, di là dalle pianure, lo squalo era ad aspettarlo. E, si fosse egli trasferito pure nel più remoto continente, ancora il colombre si sarebbe appostato nello specchio di mare più vicino, con l'inesorabile ostinazione che hanno gli strumenti del fato.

Stefano, ch'era un ragazzo serio e volenteroso, continuò con profitto gli studi e, appena fu uomo, trovò un impiego dignitoso e remunerativo in un emporio di quella città. Intanto il padre venne a morire per malattia, il suo magnifico veliero fu dalla vedova venduto e il figlio si trovò ad essere erede di una discreta fortuna. Il lavoro, le amicizie, gli svaghi, i primi amori: Stefano si era ormai fatto la sua vita, ciononostante il pensiero del colombre lo assillava come un funesto e insieme affascinante miraggio; e, passando i giorni, anziché svanire, sembrava farsi più insistente.

Grandi sono le soddisfazioni di una vita laboriosa, agiata e tranquilla, ma ancora più grande è l'attrazione dell'abisso. Aveva appena ventidue anni Stefano, quando, salutati gli amici della città e licenziatosi dall'impiego, tornò alla città natale e comunicò alla mamma la ferma intenzione di seguire il mestiere paterno. La donna, a cui Stefano non aveva mai fatto parola del misterioso squalo, accolse con gioia la sua decisione. L'avere il figlio abbandonato il mare per la città le era sempre sembrato, in cuor suo, un tradimento alle tradizioni di famiglia.

E Stefano cominciò a navigare, dando prova di qualità marinare, di resistenza alle fatiche, di animo intrepido. Navigava, navigava, e sulla scia del suo bastimento, di giorno e di notte, con la bonaccia e con la tempesta, arrancava il colombre. Egli sapeva che quella era la sua maledizione e la sua condanna, ma proprio per questo, forse, non trovava la forza di staccarsene. E nessuno a bordo scorgeva il mostro, tranne lui.

«Non vedete niente da quella parte?» chiedeva di quando in quando ai compagni, indicando la scia.

«No, noi non vediamo proprio niente. Perché?»

«Non so. Mi pareva...»

«Non avrai mica visto per caso un colombre» facevano quelli, ridendo e toccando ferro.

«Perché ridete? Perché toccate ferro?»

«Perché il colombre è una bestia che non perdona. E se si mettesse a seguire questa nave, vorrebbe dire che uno di noi è perduto.»

Ma Stefano non mollava. La ininterrotta minaccia che lo incalzava pareva anzi moltiplicare la sua volontà, la sua passione per il mare, il suo ardimento nelle ore di lotta e di pericolo.

Con la piccola sostanza lasciatagli dal padre, come egli si sentì padrone del mestiere, acquistò con un socio un piccolo piroscafo da carico, quindi ne divenne il solo proprietario e, grazie a una serie di fortunate spedizioni, poté in seguito acquistare un mercantile sul serio, avviandosi a traguardi sempre più ambiziosi. Ma i successi, e i milioni, non servivano a togliergli dall'animo quel continuo assillo; né mai, d'altra parte, egli fu tentato di vendere la nave e di ritirarsi a terra per intraprendere diverse imprese.

Navigare, navigare, era il suo unico pensiero. Non appena, dopo lunghi tragitti, metteva piede a terra in qualche porto, subito lo pungeva l'impazienza di ripartire. Sapeva che fuori c'era il colombre ad aspettarlo, e che il colombre era sinonimo di rovina. Niente. Un indomabile impulso lo traeva senza requie, da un oceano all'altro.

Finché, all'improvviso, Stefano un giorno si accorse di essere diventato vecchio, vecchissimo; e nessuno intorno a lui sapeva spiegarsi perché, ricco com'era, non lasciasse finalmente la dannata vita del mare. Vecchio, e amaramente infelice, perché l'intera esistenza sua era stata spesa in quella specie di pazzesca fuga attraverso i mari, per sfuggire al nemico. Ma più grande che le gioie di una vita agiata e tranquilla era stata per lui sempre la tentazione dell'abisso.

E una sera, mentre la sua magnifica nave era ancorata al largo del porto dove era nato, si sentì prossimo a morire. Allora chiamò il secondo ufficiale, di cui aveva grande fiducia, e gli ingiunse di non opporsi a ciò che egli stava per fare. L'altro, sull'onore, promise.

Avuta questa assicurazione, Stefano, al secondo ufficiale che lo ascoltava sgomento, rivelò la storia del colombre, che aveva continuato a inseguirlo per quasi cinquant'anni, inutilmente.

«Mi ha scortato da un capo all'altro del mondo» disse «con una fedeltà che neppure il più nobile amico avrebbe potuto dimostrare. Adesso io sto per morire. Anche lui, ormai, sarà terribilmente vecchio e stanco. Non posso tradirlo.»

Ciò detto, prese commiato, fece calare in mare un barchino e vi salì, dopo essersi fatto dare un arpione.

«Ora gli vado incontro» annunciò. «È giusto che non lo deluda. Ma lotterò, con le mie ultime forze.»

A stanchi colpi di remi, si allontanò da bordo. Ufficiali e marinai lo videro scomparire laggiù, sul placido mare, avvolto dalle ombre della notte. C'era in cielo una falce di luna.

Non dovette faticare molto. All'improvviso il muso orribile del colombre emerse di fianco alla barca.

«Eccomi a te, finalmente» disse Stefano. «Adesso, a noi due!» E, raccogliendo le superstiti energie, alzò l'arpione per colpire.

«Uh» mugolò con voce supplichevole il colombre «che lunga strada per trovarti. Anch'io sono distrutto dalla fatica. Quanto mi hai fatto nuotare. E tu fuggivi, fuggivi. E non hai mai capito niente.»

«Perché?» fece Stefano, punto sul vivo.

«Perché non ti ho inseguito attraverso il mondo per divorarti, come pensavi. Dal re del mare avevo avuto soltanto l'incarico di consegnarti questo.»

E lo squalo trasse fuori la lingua, porgendo al vecchio capitano una piccola sfera fosforescente.

Stefano la prese fra le dita e guardò. Era una perla di grandezza spropositata. E lui riconobbe la famosa Perla del Mare che dà, a chi la possiede, fortuna, potenza, amore, e pace dell'animo. Ma era ormai troppo tardi.

«Ahimè!» disse scuotendo tristemente il capo. «Come è tutto sbagliato. Io sono riuscito a dannare la mia esistenza: e ho rovinato la tua.»

«Addio, pover'uomo» rispose il colombre. E sprofondò nelle acque nere per sempre.

Due mesi dopo, spinto dalla risacca, un barchino approdò a una dirupata scogliera. Fu avvistato da alcuni pescatori che, incuriositi, si avvicinarono. Sul barchino, ancora seduto, stava un bianco scheletro: e fra le ossicine delle dita stringeva un piccolo sasso rotondo.

Il colombre è un pesce di grandi dimensioni, spaventoso a vedersi, estremamente raro. A seconda dei mari, e delle genti che ne abitano le rive, viene anche chiamato kolomber, kahloubrha, kalonga, kalu-balu, chalung-gra. I naturalisti stranamente lo ignorano. Qualcuno perfino sostiene che non esiste.

La creazione

L'Onnipotente aveva già costruito l'universo, sistemando con fantasiosa irregolarità di distribuzione le stelle, le nebulose, i pianeti, le stelle comete, e con un certo compiacimento stava contemplando lo spettacolo, quando uno dei suoi innumerevoli ingegneri progettisti, a cui aveva affidato il compimento della grande idea, si avvicinò con l'aria di chi ha grande premura.

Era lo spirito Odnom, uno dei più intelligenti ed alacri fra la *nouvelle vague* degli angeli (ma non pensate che avesse le ali e la tunica bianca, ali e tunica sono una invenzione dei pittori antichi a cui facevano molto comodo a scopo decorativo).

«Desideri qualche cosa?» gli chiese il Creatore, benigno.

«Sì, Signore» rispose lo spirito architetto. «Prima che tu metta la parola fine e questa tua mirabile opera e vi apponga la benedizione, vorrei farti vedere un piccolo progetto che abbiamo combinato in un gruppo di giovani. Una cosa di contorno, un lavoretto da nulla al paragone di tutto il resto, una minuzia, però a noi sembra interessante.» E da una cartelletta che portava con sé trasse un foglio con sopra disegnata una specie di sfera.

«Fa vedere» disse l'Onnipotente, il quale naturalmente conosceva già tutto ma faceva finta di non saper nulla del progetto e simulava curiosità affinché i suoi più bravi architetti avessero più soddisfazione. Il disegno era molto preciso e portava segnate tutte le misure del caso.

«E che sarebbe questo?» disse il Massimo Fattore continuando nella diplomatica finzione. «Ha l'aria di voler essere un pianeta, mi pare, come già ne abbiamo costruiti miliardi e miliardi. C'è proprio bisogno di farne ancora uno, e di misure così modeste per giunta?»

«Si tratta per l'appunto di un piccolo pianeta» confermò l'angelo architetto «ma, rispetto ai miliardi d'altri pianeti, questo qui presenta caratteristiche speciali.» E spiegò come avessero pensato di farlo girare intorno a una stella a una distanza tale che si riscaldasse bene, ma non troppo; ed enumerò gli ingredienti in preventivo, con le rispettive quantità e la spesa relativa. Il tutto a quale scopo? Date le premesse, su quel minuscolo globo si sarebbe verificato un curiosissimo e divertente fenomeno: la vita.

Ovvio che il Creatore non aveva bisogno di ulteriori delucidazioni. La sapeva più lunga lui di tutti gli angeli architetti, angeli capomastri e angeli muratori messi insieme. Sorrise. L'idea di quella pallina sospesa nella vastità degli spazi con sopra tanti esseri che nascevano, crescevano, fruttificavano, si moltiplicavano e morivano, gli sembrava abbastanza spiritosa. Sfido: anche se elaborato dallo spirito Odnom e soci, il progetto in fin dei conti proveniva sempre da lui, prima origine di tutte le cose.

Vista la benevola accoglienza, l'angelo architetto si prese coraggio ed emise un acuto fischio. Al quale accorsero, rapidissimi, migliaia, ma che dico migliaia? centinaia di migliaia e forse milioni di altri spiriti.

Si spaventò sulle prime il Creatore, a quella vista. Fin che si trattava di un postulante, pazienza. Ma se ciascuno degli accorsi aveva da sottoporgli un suo progetto particolare con le relative spiegazioni, ci sarebbe stato da andare avanti per secoli. Nella sua straordinaria bontà, si dispose tuttavia a sopportare la prova. I rompiscatole sono una piaga eterna. Soltanto, trasse un lungo sospiro.

Niente paura, lo rassicurò Odnom. Tutta quella gente erano disegnatori. Il comitato esecutivo del nuovo pianeta li aveva incaricati di progettare le innumerevoli specie di esseri viventi, piante e animali, necessarie a una buona riuscita. Odnom e compagni non avevano perso tempo. Anziché presentarsi con un vago piano di massima soltanto, avevano previsto tutto nei minimi particolari. E non è neppure da escludere che col frutto di tanta solerzia essi pensassero in cuor loro di mettere il Sommo Reggitore di fronte al fatto compiuto. Ma non ce n'era bisogno.

Quella che si era profilata come un massacrante pellegrinaggio di postulanti si convertì quindi, per il Creatore, in una piacevole e brillante serata. Non solo si compiacque di esaminare se non tutti almeno la più parte dei disegni – di piante ed animali – ma partecipò volentieri alle relative discussioni che si accendevano spesso fra gli artefici.

Ciascun disegnatore era naturalmente ansioso di veder approvato e magari lodato il proprio lavoro. Ed era sintomatica la diversità dei temperamenti. Come dovunque in ogni parte dell'universo, c'era la immensa schiera degli umili che avevano lavorato sodo per creare la solida base, diremo così, della natura vivente; progettisti spesso di immaginazione limitata ma di scrupolosa tecnica che avevano disegnato uno per uno i microrganismi, i muschi, i licheni, gli insetti di ordinaria amministrazione, gli esseri insomma di minore effetto. E poi c'erano i genialoidi, i gigioni, che ci tenevano a brillare e a fare colpo: ragione per cui avevano concepito le più bizzarre, complicate, fantastiche e talora pazzesche creature. Alcune delle quali infatti, come certi draghi a più di dieci teste, dovettero essere bocciate.

I disegni erano su carta di lusso, tutti a colori e in grandezza naturale. Ciò che metteva in condizione di netta inferiorità i progettisti degli organismi più piccoli. Gli autori di batteri, virus e simili passavano quasi inosservati, nonostante i loro innegabili meriti. Presentavano infatti dei francobollini di carta con segni infinitesimi che un nostro occhio umano non avrebbe neanche percepito (ma loro sì). C'era, fra gli altri, l'ideatore dei tardigradi che girava con un suo minuscolo album di schizzi grandi come occhi di zanzara; e pretendeva che gli altri apprezzassero la grazia di quei futuri animaletti, vagamente simili, per sagoma, ai cuccioli d'orso; ma nessuno gli badava. Meno male che l'Onnipotente, a cui nulla sfuggiva, gli fece una strizzatina d'occhi che valeva una entusiastica stretta di mano, e che grandemente lo rincuorò.

Ci fu un vivace alterco fra il progettista del cammello e il collega che aveva immaginato il dromedario, ciascuno pretendendo che la prima idea della gobba era sua, come se fosse chissà quale geniale trovata. Cammello e dromedario lasciarono gli astanti piuttosto freddi; per lo più furono giudicati di pessimo gusto. Comunque, passarono l'esame, sia pure per il rotto della cuffia.

Una vera salva di obiezioni sollevò la proposta dei dinosauri. Un agguerrito drappello di ambiziosi spiriti sfilò in parata reggendo su altissimi trespoli i giganteschi disegni di quelle possenti creature. L'esibizione, innegabilmente, fece una certa sensazione. Era fin troppo chiaro, però, che i bestioni erano esagerati. Nonostante la loro statura e corpulenza, era improbabile che durassero a lungo. Per non amareggiare i bravi artisti, che ci avevano messo tanto impegno, il Re del Creato tuttavia concesse l'exequatur.

Una strepitosa risata generale accolse il disegno dell'elefante. La lunghezza del naso pareva infatti eccessiva, anzi grottesca. L'inventore obiettò che non si trattava di un naso ma di un arnese specialissimo, per il quale egli proponeva il nome di proboscide. Il vocabolo piacque, ci fu qualche isolato applauso, l'Onnipotente sorrise. E anche l'elefante passò l'esame.

Immediato e travolgente successo ebbe invece la balena. Sei spiriti volanti sostenevano lo smisurato tabellone con l'effige del mostro. Riuscì a tutti estremamente simpatica. Ci fu una calda ovazione.

Ma come ricordare tutti gli episodi della interminabile rassegna? Fra i *clous* salienti, possiamo citare alcune grandi farfalle a vivaci colori, il serpente boa, la sequoia, l'archeopteris, il pavone, il cane, la rosa e la pulce, personaggi questi ultimi tre a cui fu predetto unanimemente un lungo e brillante avvenire.

Intanto, fra tanta folla di spiriti che si stringevano intorno all'Onnipotente, sitibondi di lode, andava e veniva uno, con un rotolo sotto il braccio; noioso, ma così noioso. La faccia intelligente, questo sì, non si poteva negare. Ma una tale petulanza. Almeno una ventina di volte, facendosi largo a gomitate, aveva cercato di portarsi in prima fila e di attirare l'attenzione del Signore. Senonché la sua alterigia dava fastidio. E i colleghi, snobbandolo, lo respingevano indietro.

Ci voleva altro per scoraggiarlo. Dài e dài, riuscì finalmente a raggiungere i piedi del Creatore e, prima che i compagni facessero in tempo a impedirlo, egli svolse il rotolo, offrendo ai divini sguardi il frutto del suo ingegno. Erano i disegni di un animale dall'aspetto decisamente sgradevole, se non addirittura repellente, che tuttavia colpiva per la diversità da tutto ciò che si era visto fino allora. Da una parte era raffigurato il maschio, dall'altra la femmina. Come tante altre bestie, aveva quattro arti ma, almeno a giudicare dai disegni, ne adoperava, per camminare, solo due. Di pelo non aveva che qualche ciuffo qua e là, e specialmente sopra la testa, a guisa di criniera. I due arti anteriori penzolavano ai lati in modo buffo. Il muso assomigliava a quello delle scimmie, già sottoposte con successo all'esame. La sagoma, non già fluida, armonica e compatta come gli uccelli, i pesci, i coleotteri, bensì sconnessa, goffa e in certo modo indecisa, quasi che il disegnatore, al momento buono, si fosse sentito sfiduciato e stanco.

L'Onnipotente gettò un'occhiata. «Bello, non lo direi» osservò, addolcendo con l'amabilità del tono la durezza della sentenza «ma forse presenta qualche utilità particolare.» «Sì, o Signore» confermò il noioso. «Si tratta, modestia a parte, di una invenzione formidabile. Questo sarebbe l'uomo, e questa la donna. A parte le fattezze esteriori, che ammetto siano discutibili, io ho cercato di farli, in certo qual modo, se mi è perdonato l'ardire, a somiglianza di te, o Eccelso. Sarà, in tutto il creato, l'unico essere dotato di ragione, l'unico che potrà rendersi conto della tua esistenza, l'unico che ti saprà adorare. In tuo onore erigerà templi grandiosi e combatterà guerre sanguinosissime.»

«Ahi, ahi! Un intellettuale vuoi dire?» fece l'Onnipotente. «Dà retta a me, figliolo. Alla larga dagli intellettuali. L'universo ne è esente, per fortuna, finora. E mi auguro che resti tale fino alla consumazione dei millenni. Non nego, ragazzo, che la tua invenzione sia ingegnosa. Ma sai tu dirmi la eventuale riuscita? Dotato di qualità eccezionali, può darsi. Eppure, a giudicare dall'aspetto, mi ha l'aria che sarebbe fonte di una quantità di grane a non finire. Mi compiaccio insomma con la tua bravura. Sarò anzi lieto di darti una medaglia. Ma mi sembra prudente rinunciare. Questo tipo, se appena gli dessi un po' di corda, sarebbe capace, un giorno o l'altro, di combinarmi l'anima dei guai. No, no, lasciamo perdere.» E lo congedò con un gesto paterno.

Se ne andò, l'inventore dell'uomo, col muso lungo, fra i sorrisetti dei colleghi. A volere troppo, si finisce sempre così. E si fece avanti il progettista dei tetraonidi.

Fu una giornata memorabile e felice: come tutte le grandi ore fatte di speranza, aspettazione delle cose belle che sicuramente verranno ma che ancora non sono; come tutte le ore che sono giovinezza. La Terra stava per nascere con le sue meraviglie buone e crudeli, beatitudini e affanni, amore e morte. La scolopendra, la quercia, il verme solitario, l'aquila, l'icneumone, la gazzella, il rododendro. Il leone!

Girava ancora instancabile quel noioso, ma così noioso, col suo scartafaccio. E guardava guardava in su, cercando nelle pupille del Maestro un'occhiata di contrordine. Altri però erano i temi preferiti: falchi e parameci, armadilli e thumbergie, stafilococchi e potocarpi, ciclopidi e iguanodonti.

Fino a che la Terra fu completa di creature adorabili e odiose, dolci e selvagge, orrende, insignificanti, bellissime. Un brusio di fermenti, palpiti, gemiti, ululi e canti stava per nascere dalle foreste e dai mari. Scendeva la notte. I disegnatori, ottenuto il visto supremo, se ne erano andati soddisfatti, chi da una parte chi dall'altra. Stanco, il Sublime fu solo nella immensità che si popolava di stelle. Stava per addormentarsi, pacificato.

Sentì tirare debolmente un lembo del mantello. Aprì gli occhi. Guardò in basso. Vide quel noioso che tornava alla carica: aveva spiegato ancora il suo disegno e lo fissava con occhi imploranti. L'uomo! Che idea pazza, che pericoloso capriccio. Ma in fondo, che gioco affascinante, che terribile tentazione. Dopo tutto, forse, ne valeva la pena, succedesse quello che doveva succedere. In tempo di creazione, poi, era anche lecito essere ottimisti.

«Dà qua» disse l'Onnipotente, afferrando il fatale progetto. E ci mise la firma.

Generale ignoto

In un campo di battaglia di quelli che nessuno ricorda, laggiù a pagina 47 dell'atlante dove c'è una gran macchia giallastra con rari nomi qua e là che contengono molte acca, hanno trovato l'altro giorno durante uno scavo d'assaggio a scopo di prospezione geologica, hanno trovato un generale.

Egli giaceva sotto un lieve strato di sabbia – probabilmente portato dal vento durante questi lunghi anni che oramai sono tanti – giaceva come un poveraccio qualsiasi, come l'ultimo dei fantaccini, come il viandante senza patria, come il cammello crepato di sete, come il pezzente maledetto, benché fosse stato un signor generale. Perché le differenze continuano a esistere finché noi viviamo parliamo vestiamo, ciascuno recitando la sua bella commedia, poi basta: poi tutti uguali nell'identica positura della morte, così semplice, così confacente ai requisiti dell'eternità.

Descrizione: uno scheletro piuttosto deperito e sconnesso, con tutti però gli ossi prescritti, altezza un metro e settantadue circa, nessuna frattura, nessun buco, le mascelle semiaperte come stentasse a respirare (a proposito, un dente d'oro).

Inoltre, stinti brandelli dell'uniforme di campagna, consistenza di ragnatela, resti presumibili di stivali, di cinturone, di guanti altresì, e un paio di occhiali senza più vetri, forse da sole forse da miope. Niente di particolare insomma. E gli addetti alla prospezione, gente tecnica, uomini positivi, non ci avrebbero fatto gran caso se:

in corrispondenza delle clavicole non ci fossero state due spalline d'argento sbalzato con frange d'argento; in corrispondenza della testa non ci fosse stato un elmetto con una sottile greca d'oro; in corrispondenza del petto non ci fosse stato un medagliere, con tutte le medaglie d'argento e di bronzo appese a una quantità di nastrini che conservavano ancora i bei colori (medaglie d'oro no).

Degli operai, uno bestemmiò di stupore, uno disse oh, uno fece esclamazioni. Ma l'ingegnere subito: mi raccomando ragazzi aspettate a toccare. Perché lui aveva sentito parlare di certi antichi tesori sepolti come diventano delicati e fragili per la nota usura del tempo. Infatti non ci fu bisogno di toccare.

C'era sul posto un caldo della malora, il sole era già alto, ore nove e quaranta, gli operai dello scavo tutti sudati, e intorno i miraggi e il tremolio delle cose appunto per l'*excursus* termico, tuttavia dal mare non troppo lontano, a respiri intermittenti, arrivava l'aria del mare con quell'odore sincero che fa così bene.

I presenti allora videro, al contatto di quell'aria viva, autentica, forte e primordiale, le spalline, le medaglie e i nastrini dissolversi in microscopiche scaglie, in un polverio impalpabile d'argento, che il vento disperdeva. Di tanta gloria non rimase, nel giro di uno o due minuti, che l'elmetto metallico, questo sì.

Senonché l'ingegnere era un abile e aveva immantinente scattato la fotografica che portava a tracolla; cosicché il documento sussiste che si trattava di un generale e non di uno scafesso qualsiasi.

Comunque l'ingegnere geologo e i suoi lavoranti eccetera rimasero là come dei fittoni, non sapevano più cosa dire, certo quel meschino scheletro faceva una curiosa impressione anche a loro che erano tipi tosti, abituati alle peggio cose.

Della guerra che c'era stata i lavoranti non sapevano niente o quasi, giovanotti di ventitré venticinque anni, figurarsi. L'ingegnere qualcosa di più, mica tanto però: era un ragazzetto quando si era sparato laggiù e di ricordarsene non gli importava. Però hanno subito capito ch'era un generale, un uomo importante (ai suoi tempi).

Con le debite precauzioni cercano allora fra le costole, gli sterni, le vertebre e i femori, un purchessia residuo palpabile dei documenti d'identificazione, o tessera, o foto, o lasciapassare o così via. Ma niente, non un segno di nome, iniziali o altro indizio. Generale, tutto lì.

Ora gli uomini della vita di oggi, i giovanotti dalle braccia come querce, ingegneri rotti all'elettronica e all'automazione, non hanno tempo né voglia di commuoversi per un morto. Non fanno una piega per l'uccellino strangolato, né per il gatto spalmato come burro sull'asfalto dai pneumatici del camion, né per il bambino succhiato dalla gora, neppure per il padre e la madre se la prendono poi tanto, nel caso.

Immaginarsi questo. È peggio di tutto un generale che nessuno sa il nome, nessuno ricorda, nessuno gli tiene compagnia, senza ufficiale d'ordinanza, senza attendente, senza automobile personale, senza squilli di trombe, e adesso il vento gli ha portato via anche le medaglie lasciandolo nudo bruco, figlio di cane.

Dall'ampiezza del cinturone si può arguire fosse di complessione pesante, una cinquantina d'anni come minimo, venuto su dalla Scuola di guerra, autore di pregevoli monografie, specialista in organica, matrimonio con perbene altolocata, uomo di spirito, amante delle arti, una piacevolissima conversazione, ufficiale di grande avvenire. E infatti.

Costellato dalle medaglie delle battaglie che hai perdute, tutte; tranne quella che avresti combattuta domani; ma in quel preciso giorno sei morto.

Avevi le spalline d'argento lucenti come il miraggio della gloria, a destra e a sinistra, sulle spalle un po' curve di grasso. E adesso neppure queste. Chi te le aveva regalate?

Ossicino a forma di flauto, graziosa e autorevole tibia, ne hai avute però di soddisfazioni quando poggiavi sulla staffa, vibrante di spiriti marziali, al suono delle fanfare, sognando vittorie eroiche da libri di testo, alla rivista dello Statuto!

Ossicino a forma di scettro, oggi debole come un grissino, a chi comandavi? Probabilmente eri dislocato in profondità, all'evidente scopo di controllare un vasto settore. Un comandante avveduto, dicevano. E ora sei qui.

Non c'è uno scalcinato trombetta capace di dare l'attenti per il signor generale X?

Non c'è. Non sono mai piaciuti alla gente i signori generali. Ma adesso! Meno che mai.

«Doveva avere una bella pancia 'sto qui» osserva con arguzia un lavorante, facendo segno all'immobile. Tutti si mettono a ridere, anche il vento si mette a ghignare fischiando fra gli arbusti intorno, fatti di spine e di magre foglie pelose.

Perché il povero soldatino ignoto fa ancora pietà, nonostante tutto quello che è successo in questi anni e la relativa resa dei conti che ha spazzato via le bandiere. Ma il generale no.

I generali non hanno fame, perché la loro mensa personale è la preoccupazione assillante del Corpo Sussistenza.

I generali non hanno scarpe di cartone che si crepano, determinando il martirio dei piedi.

I generali non hanno la morosa lontana il cui pensiero geloso li fa piangere di disperazione quando viene la sera.

I generali non hanno la mamma che aspetta, seduta accanto il camino, cucendo, e ogni tanto alza gli occhi al ritratto là sul canterano. E perciò la gente non li ama: e non ha pietà.

I generali non muoiono all'insaputa del mondo, sotto l'inferno delle artiglierie, delle bombe e delle mitraglie, senza che nessuno se ne accorga e nessun ruolino registri la perdita. (Questo qui è una sperduta eccezione, contro le regole.) E perciò la gente non li ama; e non ha pietà.

Come è difficile fare i generali, specialmente morti. Una volta sì, magari anche cerimonie e monumenti. Ma adesso? Adesso boccacce e getto di immondizie, quando gli va bene.

Dopodiché uno dei lavoranti, con un piede, fece franare la sabbia che si rovesciasse nella escavazione a coprire in qualche modo lo sciagurato. Poi, raccolti gli arnesi, saltò con gli altri sulla jeep e via, accendendo una sigaretta.

L'umiltà

Un frate di nome Celestino si era fatto eremita ed era andato a vivere nel cuore della metropoli dove massima è la solitudine dei cuori e più forte è la tentazione di Dio. Perché meravigliosa è la forza dei deserti d'Oriente fatti di pietre, di sabbia e di sole, dove anche l'uomo più gretto capisce la propria pochezza di fronte alla vastità del creato e agli abissi dell'eternità, ma ancora più potente è il deserto delle città fatto di moltitudini, di strepiti, di ruote, di asfalto, di luci elettriche, e di orologi che vanno tutti insieme e pronunciano tutti nello stesso istante la medesima condanna.

Orbene, nel luogo più sperduto di questa landa inaridita, viveva padre Celestino, rapito per lo più nell'adorazione dell'Eterno; ma poiché si sapeva quanto egli fosse illuminato, veniva da lui, anche dalle più remote contrade, gente afflitta o turbata, a chiedere un consiglio e a confessarsi. A ridosso di un capannone metalmeccanico egli aveva trovato, chissà come, i resti di un antico camion la cui minuscola cabina di guida, senza più vetri ahimè, gli serviva da confessionale.

Una sera, che già scendeva il buio, dopo essere stato per ore e ore ad ascoltare enumerazioni, più o meno contrite, di peccati, padre Celestino stava per lasciare la sua garitta quando nella penombra una smilza figura si avvicinò in atto penitente.

Solo all'ultimo, dopo che il forestiero si fu inginocchiato sul predellino, l'eremita si accorse che era un prete.

«Che posso fare per te, piccolo prete?» disse l'eremita con la sua pazienza soave.

«Sono venuto a confessarmi» rispose l'uomo; e senza por tempo di mezzo, cominciò a recitare le sue colpe.

Ora Celestino era abituato a subire le confidenze di persone, specialmente donne, che venivano a confessarsi per una specie di mania, tediandolo con meticolosi racconti di azioni innocentissime. Mai però gli era toccato un cristiano così sguarnito di male. Le mancanze di cui il pretino si accusava erano semplicemente ridicole, tanto futili, esili e leggere. Tuttavia, per la sua conoscenza degli uomini, l'eremita capì che il grosso era ancora da venire e che il pretino vi girava intorno.

«Su, figliolo, è tardi e, per essere sincero, comincia a fare freddo. Veniamo al dunque!»

«Padre, non ne ho il coraggio» balbettò il pretino.

«Che cos'hai mai commesso? Nell'insieme, mi sembri un bravo ragazzo. Non avrai mica ucciso, immagino. Non ti sarai infangato d'orgoglio.»

«Proprio così» fece l'altro in un fiato quasi impercettibile.

«Assassino?»

«No. L'altro.»

«Orgoglioso? Possibile?»

Il prete assentì, contrito.

«E parla, spiegati, anima benedetta. Benché oggi se ne faccia un esagerato consumo, alla misericordia di Dio non è stato dato fondo: il quantitativo ancora disponibile in giacenza dovrebbe bastare, per te, io penso.»

L'altro finalmente si decise:

«Ecco, padre. La cosa è molto semplice, anche se piuttosto tremenda. Sono prete da pochi giorni. Ho appena assunto il mio officio nella parrocchia assegnatami. Ebbene...»

«E parla, creatura mia, parla! Giuro che non ti mangerò.»

«Ebbene... quando mi sento chiamare "reverendo", cosa vuole? le sembrerò ridicolo, ma io provo un sentimento di gioia, come una cosa che mi riscalda dentro...»

Non era un gran peccato, per la verità; alla maggioranza dei fedeli, preti compresi, l'idea di confessarlo non sarebbe neanche mai passata per la mente. Però l'anacoreta, sebbene espertissimo del fenomeno chiamato uomo, non se l'aspettava. E lì per lì non sapeva cosa dire (mai gli era capitato).

«Ehm... ehm... capisco... la cosa non è bella... Se non è il Demonio in persona che ti riscalda dentro, poco ci manca... Ma tutto questo, per fortuna, l'hai capito da te... E la tua vergogna lascia seriamente sperare che non ricadrai... Certo, sarebbe triste se così giovane tu ti lasciassi infettare... *Ego te absolvo.*»

Passarono tre o quattr'anni e padre Celestino se ne era quasi completamente dimenticato quando l'innominato prete tornò da lui per confessarsi.

«Ma io ti ho già visto, o mi confondo?»

«È vero.»

«Lasciati guardare... ma sì, ma sì, tu sei quello... quello che godeva a sentirsi chiamare reverendo. O mi sbaglio?»

«Proprio così» fece il prete, che forse sembrava un po' meno pretino per una specie di maggiore dignità segnata in volto, ma nel resto era giovane e smilzo come la prima volta. E diventò di fiamma.

«Oh oh» diagnosticò secco Celestino con un rassegnato sorriso «in tutto questo tempo non ci siamo saputi emendare?»

«Peggio, peggio.»

«Mi fai quasi paura, figliolo. Spiegati.»

«Bene» disse il prete facendo un tremendo sforzo su se stesso. «È molto peggio di prima... Io... io...»

«Coraggio» lo esortò Celestino stringendogli le mani fra le sue «non tenermi in palpiti.»

«Succede così: se c'è qualcuno che mi chiama "monsignore" io... io...»

«Provi soddisfazione, intendi?»

«Sì, purtroppo.»

«Una sensazione di benessere, di calore?»

«Precisamente...»

Ma padre Celestino lo sbrigò in poche parole. La prima volta, il caso gli era sembrato abbastanza interessante, come singolarità umana. Ora non più. Evidentemente – pensava – si tratta di un povero stupido, un santo uomo magari, che la gente si diverte a prendere in giro. Era il caso di fargli sospirare l'assoluzione? In un paio di minuti padre Celestino lo mandò con Dio.

Passarono ancora una decina d'anni e l'eremita era ormai vecchio, quando il pretino ritornò. Invecchiato anche lui naturalmente, più smunto, più pallido, con i capelli grigi. Lì per lì, padre Celestino non lo riconobbe. Ma appena quello ebbe cominciato a parlare, il timbro della voce ridestò il sopito ricordo.

«Ah tu sei quello del "reverendo" e del "monsignore". O mi confondo?» chiese Celestino col suo disarmante sorriso.

«Hai una buona memoria, padre.»

«E da allora, quanto tempo è passato?»

«Sono quasi dieci anni.»

«E dopo dieci anni tu... ti trovi ancora a quel punto?»

«Peggio, peggio.»

«Come sarebbe a dire?»

«Vedi, padre... adesso... se qualcuno si rivolge a me chiamandomi "eccellenza", io...»

«Non dire altro, figliolo» fece Celestino con la sua pazienza a prova di bomba. «Ho già capito tutto. *Ego te absolvo*.»

E intanto pensava: purtroppo, con gli anni, questo povero prete sta diventando sempre più ingenuo e semplicione; e la gente si diverte più che mai a prenderlo in giro. E lui ci cade e ci trova perfino gusto, poveraccio. Fra cinque, sei anni, scommetto, me lo vedrò ricomparire dinanzi per confessarmi che quando lo chiamano "eminenza" eccetera eccetera.

La qual cosa avvenne, esattamente. Con l'anticipo di un anno sul previsto.

E passò, con la spaventosa celerità che tutti sanno, un'altra bella fetta di tempo. E padre Celestino era ormai così vecchio decrepito che dovevano portarlo di peso al suo confessionale ogni mattina e di peso riportarlo alla sua tana quando veniva la sera.

276

Occorre adesso raccontare per filo e per segno come l'innominato pretino un giorno ricomparve? E come fosse invecchiato anche lui, più bianco, curvo e rinsecchito che mai? E come fosse tormentato sempre dal medesimo rimorso? No, evidentemente, non occorre.

«Povero pretino mio» lo salutò con amore il vegliardo anacoreta «sei ancora qui col tuo vecchio peccato d'orgoglio?»

«Tu mi leggi nell'animo, padre.»

«E adesso la gente come ti lusinga? Ormai ti chiama "sua santità" immagino.»

«Proprio così» ammise il prete col tono della più cocente mortificazione.

«E ogni volta che così ti chiamano, un senso di gioia, di benessere, di vita ti pervade, quasi di felicità?»

«Purtroppo, purtroppo. Potrà Dio perdonarmi?»

Padre Celestino dentro di sé sorrise. Tanto ostinato candore gli sembrava commovente. E in un baleno ricostruì con l'immaginazione la oscura vita di quel povero pretino umile e poco intelligente in una sperduta parrocchia di montagna, tra volti spenti, ottusi o maligni. E le sue monotone giornate una uguale all'altra e le monotone stagioni, e i monotoni anni, e lui sempre più malinconico e i parrocchiani sempre più crudeli. Monsignore... eccellenza, eminenza... adesso sua santità. Non avevano più alcun ritegno nelle loro beffe paesane. Eppure lui non se la prendeva, quelle grandi parole rilucenti gli destavano anzi nel cuore una infantile risonanza di gioia. Beati i poveri di spirito, conchiuse fra sé l'eremita. *Ego te absolvo.*

Finché un giorno il vecchissimo padre Celestino, sentendosi prossimo a morire, per la prima volta nella vita domandò una cosa per sé. Lo portassero a Roma in qualche modo. Prima di chiudere gli occhi per sempre, gli sarebbe piaciuto vedere, almeno per un attimo, San Pietro, e il Vaticano, e il Santo Padre.

Potevano dirgli di no? Procurarono una lettiga, ci misero sopra l'eremita e lo portarono fino al cuore della cristianità.

Non basta. Senza perdere tempo perché Celestino aveva ormai le ore contate, lo trassero su per le scalinate del Vaticano e lo introdussero, con mille altri pellegrini, in un salone. Qui lo lasciarono in un angolo ad aspettare.

Aspetta aspetta, finalmente padre Celestino vide la folla fare largo e dal fondo lontanissimo del salone avanzare una sottile bianca figura un poco curva. Il Papa!

Com'era fatto? Che faccia aveva? Con inesprimibile orrore padre Celestino, ch'era sempre stato miope come un rinoceronte, constatò di aver dimenticato gli occhiali.

Ma per fortuna la bianca figura si avvicinò, facendosi via via più grande, finché venne a fermarsi accanto alla sua lettiga, addirittura. L'eremita si nettò col dorso di una mano gli occhi imperlati di lacrime e li alzò lentamente. Vide allora il volto del Papa. E lo riconobbe.

«Oh, sei tu, mio povero prete, mio povero piccolo prete» esclamò il vecchio in un irresistibile moto dell'animo.

E nella vetusta maestà del Vaticano, per la prima volta nella storia, si assistette alla seguente scena: il Santo Padre e un vecchissimo sconosciuto frate venuto da chissà dove, che, tenendosi per le mani, singhiozzavano insieme.

Riservatissima al signor direttore

Signor direttore,

dipende soltanto da lei se questa confessione a cui sono dolorosamente costretto si convertirà nella mia salvezza o nella mia totale vergogna, disonore, e rovina.

È una lunga storia che non so neppure io come sia riuscito a tenere segreta. Né i miei cari, né i miei amici, né i miei colleghi ne hanno mai avuto il più lontano sospetto.

Bisogna tornare indietro di quasi trent'anni. A quell'epoca ero semplice cronista nel giornale che lei adesso dirige. Ero assiduo, volonteroso, diligente, ma non brillavo in alcun modo. Alla sera, quando consegnavo al capocronista i miei brevi resoconti di furti, disgrazie stradali, cerimonie, avevo quasi sempre la mortificazione di vedermeli massacrare; interi periodi tagliati e completamente riscritti, correzioni, cancellature, incastri, interpolazioni di ogni genere. Benché soffrissi, sapevo che il capocronista non lo faceva per cattiveria. Anzi. Il fatto è che io ero, e sono, negato a scrivere. E se non mi avevano ancora licenziato era solo per il mio zelo nel raccogliere notizie in giro per la città.

Ciononostante, nel profondo del mio cuore, ardeva una disperata ambizione letteraria. E quando compariva l'articolo di un collega poco meno giovane di me, quando veniva pubblicato il libro di un mio coetaneo, e mi accorgevo che l'articolo o il libro avevano successo, l'invidia mi addentava le viscere come una tenaglia avvelenata.

Di quando in quando tentavo di imitare questi privilegiati scrivendo dei bozzetti, dei pezzi lirici, dei racconti. Ma ogni volta, dopo le prime righe, la penna mi cadeva di mano.

Rileggevo, e capivo che la faccenda non stava in piedi. Allora mi prendevano delle crisi di scoraggiamento e di cattiveria. Duravano poco, per fortuna. Le velleità letterarie si riassopivano, trovavo distrazione nel lavoro, pensavo ad altro e nel complesso la vita riusciva abbastanza serena.

Finché un giorno venne a cercarmi in redazione un uomo che non avevo mai conosciuto. Avrà avuto quarant'anni, basso, grassoccio, una faccia addormentata e inespressiva. Sarebbe riuscito odioso se non fosse stato così bonario, gentile, umile. L'umiltà estrema era la cosa che faceva più colpo. Disse di chiamarsi Ileano Bissàt, trentino, di essere zio di un mio vecchio compagno di liceo, di avere moglie e due figli, di aver perso per malattia un posto di magazziniere, di non saper dove sbattere la testa per mettere insieme un po' di soldi. «E io che posso farci?» domandai.

«Vede?» rispose facendosi piccolo piccolo. «Io ho la debolezza di scrivere. Ho fatto una specie di romanzo, delle novelle. Enrico (cioè il mio compagno di liceo, suo parente) li ha letti, dice che non sono male, mi ha consigliato di venire da lei. Lei lavora in un grande giornale, ha relazioni, ha appoggi, ha autorità, lei potrebbe...»

«Io? Ma io sono l'ultima ruota del carro. E poi il giornale non pubblica scritti letterari se non sono di grandi firme.»

«Ma lei...»

«Io non firmo. Io sono un semplice cronista. Ci mancherebbe altro.» (E il deluso demone letterario mi trafisse con uno spillo al quarto spazio intercostale.)

L'altro fece un sorriso insinuante: «Ma le piacerebbe firmare?».

«Si capisce. A esserne capaci!»

«Eh, signor Buzzati, non si butti via così! Lei è giovane, lei ne ha del tempo dinanzi. Vedrà, vedrà. Ma io l'ho disturbata abbastanza, adesso scappo. Guardi, le lascio qui i miei peccati. Se per caso ha mezz'ora di tempo, provi a darci un'occhiata. Se non ha tempo, poco male.»

«Ma io, le ripeto, non posso esserle utile, non si tratta di buona volontà.»

«Chissà, chissà» era già sulla porta, faceva dei grandi inchini di commiato. «Alle volte, da cosa nasce cosa. Ci dia un'occhiata. Forse non si pentirà.»

Lasciò sul tavolo un malloppo di manoscritti. Figurarsi se avevo voglia di leggerli. Li portai a casa, dove rimasero, sopra un cassettone, confusi in mezzo a pile di altre carte e libri, per almeno un paio di mesi.

Non ci pensavo assolutamente più, quando una notte che non riuscivo a prender sonno mi venne la tentazione di scrivere una storia. Idee per la verità ne avevo poche ma c'era sempre di mezzo quella maledetta ambizione.

Ma di carta da scrivere non ce n'era più, nel solito cassetto. E mi ricordai che in mezzo ai libri, sopra il cassettone, doveva esserci un vecchio quaderno appena cominciato. Cercandolo, feci crollare una pila di cartacce, che si sparsero sul pavimento.

Il caso. Mentre le raccattavo, lo sguardo mi cadde su di un foglio scritto a macchina che si era sfilato da una cartella. Lessi una riga, due righe, mi fermai incuriosito, andai fino in fondo, cercai il foglio successivo, lessi anche quello. Poi avanti, avanti. Era il romanzo di Ileano Bissàt.

Fui preso da una selvaggia gelosia che dopo trent'anni non si è ancora quietata. Boia d'un mondo, che roba. Era strana, era nuova, era bellissima. E forse bellissima non era, forse neanche bella, o addirittura era brutta. Ma corrispondeva maledettamente a me, mi assomigliava, mi dava il senso di essere io. Erano una per una le cose che avrei voluto scrivere e invece non ero capace. Il mio mondo, i miei gusti, i miei odii. Mi piaceva da morire.

Ammirazione? No. Rabbia soltanto, ma fortissima: che ci fosse uno che aveva fatto le precise cose che fin da ragazzo avevo sognato di fare io, senza riuscirci. Certo, una coincidenza straordinaria. E adesso quel miserabile, pubblicando i suoi lavori, mi avrebbe tagliato la strada. Lui sarebbe passato per primo nel regno misterioso dove io per una superstite speranza, ancora mi illudevo di poter aprire una via. Che figura ci avrei fatto, ammesso anche che l'ispirazione fosse arrivata finalmente in mio soccorso? La figura dello scopiazzone, del baro.

Ileano Bissàt non aveva lasciato l'indirizzo. Cercarlo non potevo. Bisognava che si facesse vivo lui. Ma che cosa gli avrei detto?

Passò un altro mese abbondante prima che ricomparisse. Era ancor più complimentoso e umile: «Ha letto qualche cosa?».

«Ho letto» feci. E rimasi in forse se dirgli o no la verità.

«Che impressione ha avuto?»

«Beh... mica male. Ma è da escludere che questo giornale...»

«Perché io sono uno sconosciuto?»

«Già.»

Restò qualche momento pensieroso. Poi: «Mi dica, signore... Sinceramente. Se fosse lei ad avere scritto queste cose, invece che io estraneo, non ci sarebbero probabilità di pubblicazione? Lei è un redattore, lei è della famiglia».

«Mio Dio, non so. Certo il direttore è un uomo di idee larghe, abbastanza coraggioso.»

La sua cadaverica faccia si illuminò di gioia: «E allora, perché non proviamo?».

«Proviamo cosa?»

«Senta, signore. Mi creda. Io ho soltanto bisogno di quattrini. Non ho ambizioni. Se scrivo è per puro passatempo. Insomma, se lei è disposto ad aiutarmi, le cedo tutto in blocco.»

«Come sarebbe a dire?»

«Glielo cedo. È roba sua. Ne faccia quello che crede. Io ho scritto, la firma la mette lei. Lei è giovane, io ho vent'anni più di lei, io sono vecchio. Lanciare un vecchio non dà soddisfazione. Mentre i critici puntano volentieri sui ragazzi che debuttano. Vedrà che avremo un magnifico successo.»

«Ma sarebbe una truffa, uno sfruttamento ignobile.»

«Perché? Lei mi paga. Io mi servo di lei come di un mezzo per piazzare la mia merce. Che mi importa se la marca vien cambiata? Il conto torna. L'importante è che i miei scritti la persuadano.»

«È assurdo, assurdo. Non capisce a che rischio mi espongo? Se la cosa si venisse a sapere? E poi, una volta pubblicate queste cose, una volta esaurite queste munizioni, io cosa faccio?»

«Le starò vicino, naturalmente. La rifornirò man mano. Mi guardi in faccia. Le pare che io sia un tipo capace di tradirla? È questo che lei teme? Oh, povero me.»

«E se per caso lei si ammala?»

«Per quel periodo si ammalerà anche lei.»

«E se poi il giornale mi manda a fare un viaggio?»

«La seguirò.»

«A mie spese?»

«Be', questo è logico. Ma io mi accontento di poco. Io non ho cattive abitudini.»

Se ne discusse a lungo. Un contratto ignobile, che mi avrebbe messo in balìa di un estraneo, che si prestava ai più bestiali ricatti, che poteva trascinarmi nello scandalo. Ma la tentazione era tanta, gli scritti di quel Bissàt mi sembravano così belli, il miraggio della fama mi affascinava talmente.

I termini dell'accordo erano semplici. Ileano Bissàt si impegnava a scrivere per me ciò che avrei voluto, lasciandomi il diritto di firmare; a seguirmi e assistermi in caso di viaggi e servizi giornalistici; a mantenere il più rigoroso segreto; a non scrivere nulla per proprio conto o per conto di terzi. Io, in compenso, gli cedevo l'80 per cento dei guadagni. E così avvenne.

Mi presentai dal direttore pregandolo di leggere un mio racconto. Lui mi guardò in un certo modo, strizzò un occhio, ficcò il mio scritto in un cassetto. Mi ritirai in buon ordine. Era l'accoglienza prevista. Sarebbe stato idiota aspettarsi di più. Ma la novella (di Ileano Bissàt) era di primo ordine. Io avevo molta fiducia.

Quattro giorni dopo il racconto compariva in terza pagina fra lo sbalordimento mio e dei colleghi. Fu un colpo strepitoso. E l'orribile è questo: che anziché tormentarmi di vergogna e di rimorso, ci presi gusto. E assaporai le lodi come se spettassero veramente a me. E quasi quasi mi persuadevo che il racconto l'avessi scritto veramente io.

Seguirono altri "elzeviri", poi il romanzo che fece clamore. Divenni un "caso". Comparvero le prime mie fotografie, le prime interviste. Scoprivo in me una capacità di menzogna e una improntitudine che non avrei mai sospettato.

Da parte sua Bissàt fu inappuntabile. Esaurita la scorta originaria di racconti, me ne fornì altri, che a me sembravano uno più bello dell'altro. E si tenne scrupolosamente nell'ombra. Le diffidenze, intorno a me, cadevano ad una ad una. Mi trovai sulla cresta dell'onda. Lasciai la cronaca, diventai uno "scrittore di terza pagina", cominciai a guadagnare forte. Bissàt, che nel frattempo aveva messo al mondo altri tre figli, si fece una villa al mare e l'automobile.

Era sempre complimentoso, umilissimo, neppure con velate allusioni mi rinfacciava mai la gloria di cui godevo per esclusivo merito suo. Ma di soldi non ne aveva mai abbastanza. E mi succhiava il sangue.

Gli stipendi sono una cosa segreta, ma qualcosa trapela sempre nelle grandi aziende. Tutti più o meno sanno che ꞏ ꞏcchio spettacoloso di bigliettoni mi aspetti ogni fine del mese. E non riescono a spiegarsi come mai io non giri ancora in Maserati, non abbia amichette cariche di diamanti e visoni, yachts, scuderie da corsa. Cosa ne faccio di tanti milioni? Mistero. E così si è sparsa la leggenda della mia feroce avarizia. Una spiegazione doveva pur essere trovata.

Questa la situazione. Ed ora, signor direttore, vengo al dunque. Ileano Bissàt aveva giurato di non avere ambizioni; e credo sia vero. Non di qui viene la minaccia. Il guaio è la sua crescente avidità di soldi: per sé, per le famiglie dei figli. È diventato un pozzo senza fondo. L'80 per cento sui compensi degli scritti pubblicati non gli basta più. Mi ha costretto a indebitarmi fino al collo. Sempre melliflu, bonario, schifosamente modesto.

Due settimane fa, dopo quasi trent'anni di fraudolenta simbiosi, c'è stato un litigio. Lui pretendeva pazzesche somme supplementari, non pattuite. Io gli ho risposto picche. Lui non ha ribattuto, non ha fatto minacce, non ha alluso a ricatti eventuali. Semplicemente ha sospeso la fornitura della merce. Si è messo in sciopero. Non scrive più una parola. E io mi trovo a secco. Da una quindicina di giorni infatti al pubblico è negata la consolazione di leggermi.

Per questo, caro direttore, sono costretto a rivelarle finalmente il complotto scellerato. E a chiederle perdono e clemenza. Vorrebbe abbandonarmi? Veder troncata per sempre la carriera di uno che, bene o male, con l'imbroglio o no, ha fatto del suo meglio per il prestigio dell'azienda? Si ricorda di certi "miei" pezzi che piombavano come ardenti meteore nell'indifferenza paludosa dell'umanità che ci circonda? Non erano meravigliosi? Mi venga incontro. Basterebbe un piccolo aumento, non so, di due-trecentomila al mese. Sì, penso che duecento basterebbero, almeno per ora. Oppure, nella peggiore ipotesi, un prestito, che so io?, di qualche milioncino. Cosa vuole che sia per il giornale? E io sarei salvo.

A meno che lei, signor direttore, non sia diverso da quello che ho sempre creduto. A meno che lei non saluti come una provvidenza questa facilissima occasione per sbarazzarsi di me. Si rende conto che oggi lei potrebbe sbattermi sul lastrico senza manco una lira di liquidazione? Basterebbe che lei prendesse questa lettera e la pubblicasse, senza togliere una virgola, sulla terza pagina, come elzeviro.

No. Lei non lo farà. Intanto, lei finora è sempre stato un uomo di cuore, incapace di dare la pur minima spinta al reprobo per precipitarlo nell'abisso, anche se lo merita.

E poi mai il suo giornale pubblicherebbe, come elzeviro, una schifezza simile. Che vuole? Io personalmente scrivo come un cane. Non ho pratica. Non è il mio mestiere. Nulla a che fare con quelle stupende cose che mi forniva Bissàt; e che portavano la mia firma.

No. Anche nell'assurda ipotesi che lei fosse un uomo malvagio e mi volesse distruggere, mai e poi mai farebbe uscire questa obbrobriosa lettera (che mi costa lacrime e sangue!). Il giornale ne riceverebbe un duro colpo.

Un torbido amore

Per uno di quei moti di insofferenza verso la monotonia della vita quotidiana che colgono, talora, anche le persone di meno fantasia, Ubaldo Résera, 41 anni, commerciante di legnami, una sera d'estate, per rincasare a piedi dal suo ufficio, anziché prendere la solita strada, fece un giro più lungo attraverso un quartiere a lui pressoché ignoto. Capita infatti di abitare per una intera vita nella medesima casa senza spingersi mai in strade o piazze magari vicinissime, questa stessa vicinanza togliendo la curiosità di visitarle.

In realtà quel rione, a prima vista, non aveva niente di speciale: la sua fisionomia complessiva non differiva dai luoghi ch'egli frequentava abitualmente. Desideroso, quella sera, di vedere qualcosa di nuovo, egli perciò ne rimase contrariato: le stesse case, le stesse architetture, gli stessi stenti alberetti lungo i marciapiedi, gli stessi tipi di negozio. Perfino le facce dei passanti gli sembravano le stesse. Cosicché non gliene venne alcun sollievo.

Senonché, circa a metà del viale Eraclito, lo sguardo, per puro caso, gli cadde su una piccola palazzina a due piani in fondo a una breve strada laterale. Ivi era una piazzetta nella quale confluivano diverse vie a raggiera. La casa formava appunto l'angolo smussato fra due di queste. E ai fianchi, da una parte e dall'altra, aveva due minuscoli giardini.

Fu, il primo, uno sguardo casuale e rapidissimo. Ma, come avviene talora quando per la strada l'uomo incontra la donna e gli occhi si incrociano per una frazione di secondo e sul momento lui non ci fa caso però, fatti pochi passi, sente un rimescolìo, quasi i due occhi sconosciuti gli avessero messo dentro una cosa che non si potrà mai più cancellare. E allora, dominato da un richiamo misterioso, arresta il passo, si volta e vede lei che, con identica mossa, in quello stesso istante, pur continuando a camminare, volge la testa indietro. Quindi per la seconda volta gli sguardi dei due si incontrano e ancor più forte quel turbamento, come acuta punta, si configge nell'animo, arcano presentimento di una fatalità.

Così il Résera, oltrepassato l'incrocio con la strada laterale, non fece in tempo a percorrere dieci metri che l'immagine della palazzina gli si ripercosse dentro. Che strano, egli pensò, chissà che cosa ha di speciale quella casa; e in tale modo tentava di nascondere a se stesso la verità di cui, nel profondo della coscienza, era già perfettamente consapevole.

Con l'imperioso bisogno di rivedere subito la casa, fece dietro front tornando sui propri passi. Ma, per quale motivo, nel compiere questa diversione, in sé di nessuna importanza, simulava una falsa indifferenza, atteggiandosi a colui che, passeggiando, torna indietro così, per capriccio disinteressato? Si vergognava forse? Aveva paura che qualcuno lo vedesse e indovinasse i suoi pensieri?

Col rischio di tradirsi – anche in questo però recitando la parte di un passante svagato che, per noia, si guarda intorno – fece uno sbadiglio del tutto artificiale, ciò per alzare gli occhi ai piani superiori delle case circostanti senza che la volontarietà del gesto trapelasse.

Sorpresa ingrata: tre persone come minimo, cioè due donne anziane da un balcone, e un giovanotto scamiciato al davanzale, lo stavano osservando. Gli parve perfino che il giovanotto gli sorridesse con sfrontata ironia quasi per dirgli: è inutile, egregio signore, che faccia la commedia, sappiamo benissimo perché lei è tornato indietro.

"È assurdo" disse a se stesso il Résera per tranquillizzarsi. "Se quei tre mi guardano, non c'è la minima intenzione. In questo momento sono l'unico passante, logico che la loro curiosità, automaticamente, cada su di me. E del resto, pensino pure quello che vogliono. Che male c'è, dopo tutto, se mi ha preso lo sfizio di dare un'occhiata a una casa?" Sapeva tuttavia benissimo, ragionando così, di non essere sincero con se stesso.

Comunque, era già in ballo. Fare un altro dietro front, quasi per pentimento del primo, sarebbe stata un'aperta confessione. Proseguì.

Quando giunse all'incrocio e gli si aprì di nuovo la prospettiva della piazzetta in fondo, con la palazzina che chiudeva la vista, l'impressione fu ancora più intensa. Benché sapesse che dall'alto sei occhi almeno lo stavano controllando, non resisté all'impulso e, invece di proseguire dritto giù per viale Eraclito, voltò a sinistra, avvicinandosi alla casa.

Non aveva, questa, particolari pregi o stranezze architettoniche. A lume di ragione, non vi si poteva trovare nulla di irregolare o provocante. Eppure si distingueva violentemente dalle altre. Il suo stile, seppure si poteva parlare di stile, era quel barocchetto novecento, di vago sapore austriaco, pieno di pretese signorili, che piacque molto dal '20 al '30. Ma non era qui la sua attrazione, tanto più che lo stesso gusto e gli stessi vezzi architettonici si riscontravano in molte altre abitazioni intorno, che non dicevano nulla. Né il Résera, che aveva rallentato il passo per prolungare lo spettacolo, sapeva spiegarsi perché la villetta risvegliasse in lui un interesse così ardente e quasi fisico. Una sottile cornice all'altezza del primo piano attraversava la breve facciata la cui sagoma, a flessuose sporgenze, ricordava certi *trumeaux* del Settecento. E l'ombra sottostante, assottigliantesi ai lati, pareva, da lontano, una bocca incurvata in un languido e pernicioso sorriso, rivolto determinatamente a lui, Ubaldo Résera. Certo, per una di quelle inesplicabili armonie, o disarmonie, di linee che danno vita alle perfette architetture, quei muri, quelle leggiadre finestre, quelle cadenze, quelle curve, quel tetto sfuggente sormontato da curiosi camini (simili a gatti o a gufi alla posta) esprimevano una personalità compatta, eccitante, sfrontata, allegra e proterva. Dietro la maschera di aristocratica dignità che cosa si nascondeva? Quali inconfessabili tentazioni, quali deliziosi peccati?

Senza capire che cosa gli stesse succedendo, il Résera, vagamente intontito, con un torbido fermento di sentimenti e di voglie, si fece da presso. La porta d'ingresso, alta e sottile, era chiusa. Fissato con una puntina da disegno era appeso un piccolo cartello: "In vendita. Per informazioni rivolgersi al rag. Leuterio Stella, via Garibaldi 7, interno 3". In cuor suo il Résera era già deciso.

«Aldo» gli disse la moglie «pagherei qualsiasi cosa per sapere che cos'hai. Da qualche tempo sei cambiato. Sempre chiuso in te stesso. Sempre fuori di casa. E di notte, nel sonno, ti lamenti e parli.» «E cosa dico?» fece il Résera, con un soprassalto. «Ti preoccupi di quello che dici in sonno? Hai paura? Vedi che mi nascondi qualcosa?» «Ma no, ti giuro, Enrica, non ho paura, non sono affatto cambiato, sarà forse un po' di esaurimento.» «Lo sai da quando non sei più tu? Da quando ti sei ficcato in mente di comperare quella casa! E allora lo sai che cosa ti dico? Quella casa sarà un affare d'oro come dici, però a me è semplicemente odiosa!» «Odiosa, odiosa» disse lui, di colpo tenero e suasivo. «È bellissima, invece. Tu sei abitudinaria e ti sei affezionata a questo appartamento. Vedrai come staremo bene in casa propria, completamente padroni. Io non vedo l'ora che venga il giorno del trasloco.» Gli brillavano stranamente gli occhi. La moglie lo fissò, spaurita, poi scoppiò in lacrime.

Solo allora il Résera, per la prima volta, si rese conto: si era innamorato di una casa.

Contrariamente a quanto accade di solito ai desideri esauditi, la gioia di abitare alla sospirata palazzina fu per il Résera, nei primi tempi, piena e quasi sconvolgente. Vedendolo così contento, anche la moglie, che aveva sospettato l'esistenza di una donna, si rassicurò, ma inutilmente cercava di trovarsi a suo agio in quella casa; senza capire il perché, ne provava una invincibile avversione.

Il Résera, al contrario, godeva le ineffabili tenerezze dell'amore ricambiato. Sì, egli sentiva che la casa era felice della sua presenza come lui era felice di abitarci. La sera, rincasando, aveva l'impressione che lei, la villetta, lo salutasse con uno speciale sorriso. E al mattino, quando prima di oltrepassare l'angolo si voltava per un'ultima occhiata, anche lei lo salutava, sporgendosi perfino un poco in fuori, quasi per diminuire la distanza che li separava.

Eppure, nel fondo, un inquietante presentimento lo rodeva, ch'egli non riusciva a decifrare.

Cominciò a notare – non era passato neanche un mese – che la casa non gli badava più. Al mattino, quand'egli si voltava per un ultimo saluto prima di oltrepassare l'angolo, lei non ricambiava, già distratta. Distratta da chi? Sporgendo appena il capo da un cantone, da lontano, per non farsi vedere, prese a spiarla di nascosto: e più di una volta la sorprese che sorrideva ammiccando, a sconosciuti, anche di infima estrazione. Quasi ogni giorno poi una ricca automobile nera guidata da autista sostava a lungo nella piazzetta e dall'interno il proprietario, tipo pletorico sulla cinquantina, faceva, rivolto alla villetta, strani cenni con le mani.

Gelosia, lungo supplizio. Specialmente di notte, si accavallavano i sospetti più mostruosi. Di chi erano quelle impronte, giù in giardino? Che voleva il miliardario sempre fermo con la sua automobile nera? E questi strani rumori nel solaio, come di passi umani? E chi erano i nottambuli che a due a due, con l'aria di nulla, passavano e ripassavano dinanzi fino alle prime luci dell'alba, e confabulando gettavano alla villa spudorati sguardi? Dal buio del giardino, appostato fra gli arbusti, egli guatava attraverso la cancellata per sorprendere il complotto.

Ebbene, questa è l'inumana legge dell'amore. Quale conforto poteva mai trovare una pena ch'era in sé pura follia? A stento la moglie, allarmata da tanti orribili sintomi, cominciava finalmente a capire. Ma di odiare non era capace. Quello sciagurato, prima di tutto, le faceva pietà.

Fu lui stesso, in una notte di agosto, a troncare l'intollerabile. Verso le due svegliò la moglie. «Presto, vieni, che la casa brucia.» «Come? Come?» balbettò lei stentando a credere vera una così lieta notizia. E lui modestamente: «Deve essere stato un corto circuito».

Bruciò come una scatola di fiammiferi. Nell'ombra di un portico, dall'altro lato della piazza, il Résera fu visto singhiozzare a lungo. Circostanza singolare: quella notte c'era un forte vento. I pompieri poterono fare poco o nulla.

All'ululo delle sirene, il vescovo, che, a quell'ora, stava ancora studiando, si affacciò al davanzale, incuriosito. Vide il rosso bagliore, di là dai tetti. Sentì l'odore di bruciaticcio.

Il vento sparpagliava per la città l'argenteo polverio delle ceneri. Un piccolo frammento, lembo forse di stoffa incenerita, si posò su una manica del prete, simile a fragile ala di farfalla. Con circospezione egli lo avvicinò al naso per fiutarlo. Ebbe un moto di desiderio, di repulsione, o di paura. Si spolverò energicamente la manica. «*Et ne nos inducas...*» bisbigliò, facendosi il segno della croce.

Il conto

L'esile vecchietto si levò dal sedile, la testina da uccello impercettibilmente piegò e fece anche così con le spalle, quel suo gesto caratteristico. Era una larva, un denutrito, uno stoppino di garza, una reticella del gas bruciacchiata, un poverino.

Così tremando sollevò una busta di carta bianca che giaceva sul tavolo e la porse con mano incerta a Joseph De Zintra il poeta, il quale aspettava in piedi di fronte a lui. Con la bocca cercò inoltre di eseguire un vago barlume di sorriso e poi disse: «Ghh ghh ghl fisc!». Chissà che cosa voleva dire, non gli uscì che quel suono.

Era una ragnatela, una foglia secca, peggio, era questo era quello di orribilmente consumato e prossimo all'inevitabile fine, eppure era vestito in frac, un bellissimo frac ricoperto di decorazioni, era vestito di meravigliose uniformi cariche di spalline, nappe e medaglie, uniforme da generale, da ammiraglio, uniforme di cavalleria, paracadute, carro armato, uniforme di artiglieria e mitraglia, una uniforme sull'altra e dentro nell'altra, perché egli era l'Imperatore Sua Maestà, Signore dei Corpi e delle Anime, Presidente delle Confederazioni universali, Capo supremo delle estensioni nordiche e sudiche, Lume dei Mondi, Sole incarnato, e in lui concentrandosi terribilmente la potestà dominante tre quarti della Terra, ne emanava una forza smisurata.

Con la mano tremante e fermissima, col suo sciancato e radioso sorriso, egli porse la busta bianca al poeta Joseph De

Zintra che la prese, piegandosi debitamente in due con un inchino studiato in precedenza.

Suonò una tromba, una lacrima luccicò qua e là nella folla, gli applausi; le sventolanti bandiere, bagliori di flashes, allungamenti sornioni di telecamere come teste di brontosauri, e finalmente la banda imperiale attaccò l'inno dell'Universo per la esaltazione degli spiriti.

Così ebbe termine la cerimonia per la premiazione del signor De Zintra poeta, niente di più; il quale si trovò ad oscillare sulle onde massime della gloria, sensazione divina, dicono i pochissimi che l'hanno provata.

Ma c'era insieme la nausea della grande cosa sperata e ottenuta, che di colpo si sgonfia come un cartoccio pieno d'aria, e tra le dita non resta più nulla.

Con un codazzo dietro, attraversò la spianata dinanzi alla reggia, ancora applausi qua e là, spari di foto, ragazzine che gli si premono intorno, gli occhi imploranti, sui sedici-diciassette, smilze, desiderabili, e l'assedio delle domande cretine e intellettuali: «Ma qual è il significato recondito della sua poesia *Località*? Ma qual è il substrato filosofico? E il messaggio? Ci parli del suo messaggio! Lei pensa maestro che solo l'umanità del futuro sarà in grado di raccoglierlo oppure lei pensa che anche noi...?».

E lui a rispondere che sì che naturalmente che forse che certo, con una voglia di prenderli a calci nel sedere, eppure sorride e scherza, lusingato. La frotta degli ammiratori lo tallona, lo trascina, gli sembra di flottare sopra un fiume elettrico e felice. Dove si va dunque? Abbiamo cocktail-parties, banchetti, conferenze-stampa, pranzi all'osteria letteraria, teleinterviste, contratti per film, inviti in casa della diva? Sì certo, stasera e poi domani in una successione senza fine di luci, eleganze, occasioni, che barba naturalmente, nello stesso tempo che deliziosa lusinga dell'io.

La gloria! Certo che ha faticato per averla, ci ha dato dentro per l'intera vita (mica poi tanto, a pensarci bene, però).

Sofferto, anche, in molte notti solitarie: il segreto martirio dell'arte, s'intende, negato alla comunità dei mortali. Ma, diciamolo in strettissima confidenza, così esaltante, pieno d'orgoglio, così comodo, così schifosamente comodo al paragone degli autentici dolori della vita come la nevralgia al trigemino, la gelosia d'amore, le obbrobriose umiliazioni del cancro. Ma in questo – pensò di respingere il rimorso – consiste appunto il privilegio dell'arte, distribuito da Dio come la grazia giansenista, misteriosamente, senza motivi apparenti, anche se il motivo c'è.

A piedi, nella sera, per una strada sconosciuta e bellissima della città straniera, con intorno ancora il gruppetto anelante di succhiare da lui un piccolo riverbero di gloria, quel senso vertiginoso e folle, dal sapore così buono. Le adolescenti, il grande editore, l'umorista del «New Yorker», la celebre mecenate di Amburgo dalla faccia di mummia, il re degli invertiti dell'Île-de-France, due studenti con barba bionda e poi, in coda, un po' a sinistra, un ostinato tipo ch'egli aveva notato fuggevolmente durante la funesta cerimonia: uomo, né alto né basso, pallido anzichenò, vestito di scuro, del tutto insignificante. Del tutto? Proprio del tutto? E quando lui, Joseph, inavvertitamente, conversando con questo o con quello, dava un'occhiata all'indietro, l'uomo andò agitando qualcosa con la mano destra come per richiamare l'attenzione, un cartellino, un biglietto, un opuscolo, un libretto di versi di lui, De Zintra, forse, ne avevano pubblicati tanti in tutte le lingue del mondo. E ogni tanto chiamava "Signor! Signor!", con discrezione tuttavia. Uno di quei maledetti cacciatori di autografi e dediche, ecco chi era, che il Cielo ne sterminasse la razza.

Paziente, lo pedinava. Fino a che, approssimatasi coi suoi passi silenti, la notte piombò con l'immenso suo corpo di tenebre sulla città e vi giacque, e le ore cominciarono il galoppo senza pietà che ci divora, noi indifese creature (dalle torri che si perdono nella nebbia, alte e nere, i rintocchi battendo battendo).

Venuta l'ora che disperde le liete compagnie, ad uno ad uno

i bravi amici danno la buonanotte e il poeta Joseph De Zintra eccolo dinanzi alla porta dell'ascensore nella hall del grande albergo. Solo. Perché si tratta di un hôtel magnificente che ha lo splendore delle incoronazioni, e l'ascensore sfavilla di vernici e di ori nonché del sorriso del lift, incantevole giovanetto, e ai piani superiori aspettano i corridoi silenziosi con le moquettes di porpora alte così, le porte massicce che si chiudono con repressi sospiri, i lumi che occhieggiano, i bagni da arciduca, tutte le materiali dolcezze che parlano di potenza e miliardi, sottovoce alludendo a romanzesche avventure, ma anche qui, a una certa ora, benché grondante di gloria, benché di nome Joseph De Zintra poeta, lo straniero sente un desiderio selvaggio, di che cosa? di cosa? Lui non riesce a capire eppure dalla testa ai piedi è infelice.

Con questo buco che gli si spalancava dentro Joseph De Zintra stava per entrare nell'appartamento n. 43 quando nella signorile penombra, un'ombra. L'uomo di prima, agitante con la destra un cartellino, un opuscolo, chissà, vestito di scuro, insignificante d'aspetto.

«Scusi, signor» ha detto, tralasciando la vocale. De Zintra si volge, guardandolo. E non ci fu bisogno d'altro perché sapesse, vagamente sapesse: non ammiratore molesto, né collezionista di autografi e dediche, non reporter letterario, non vanesio, non importuno, non indebito intruso. «Si accomodi, prego.»

Nella camera entrati che furono, De Zintra può vedere bene ciò che l'altro gli porgeva. Era una busta di carta bianca del tutto simile a quella che Sua Maestà sette ore prima aveva dato al poeta.

«Il conto» lo sconosciuto mormorò.

«Il conto? Il conto di che?» chiese De Zintra, ma un presentimento c'era. «Prego, prego, si accomodi.» L'altro però non si è seduto.

Allora De Zintra si accorge che quello è molto più alto di lui, e porta una faccia potente e chiusa, come la cassaforte dei Rothschild.

«Tu sei il poeta dell'angoscia?» l'uomo parlava con calma. «Ti hanno chiamato il maestro dell'apocalisse?»

De Zintra assentì, intimidito.

«Tu hai parlato a lungo di paura, incubo e morte. Tu hai fatto piangere migliaia e migliaia, quando scendeva la sera. Con le tue parole dilaniavi, facendo dolere. Tu hai cantato le lacrime, la solitudine, la disperazione e il sangue. Tu ti sei gingillato con le cose crudeli della vita, le trasformavi in quella che voi chiamate arte. Ah ah. La tua miniera si chiama dolore, e ne hai cavato celebrità e ricchezza, oggi finalmente il trionfo. Ma quel dolore non ti apparteneva. Erano gli altri. Tu li guardavi e poi scrivevi.»

«C'era la comprensione, la pietà» tentò di difendersi il poeta.

L'altro scosse il capo. «Forse è anche vero. Ma qui purtroppo sulla Terra c'è la legge: tutto si paga. E tu...»

«Io...?»

«L'arte è il lusso che si paga più caro. E la poesia più di tutte le arti. E il pianto e le afflizioni per cui i tuoi versi diventavano lingue di fuoco, li hai presi in prestito dalle sventure altrui. E ognuno dei tuoi capolavori è un debito. Credevi di poter avere tutto per niente? Tu devi pagare. E adesso, amico, è l'ora.»

«Come? Come posso?» balbettava.

«Ecco qui» disse il messaggero con alquanta misericordia. E gli tese la busta.

«Cosa significa? Cosa c'è dentro?» Meccanicamente egli l'afferra. E l'altro scomparve come un'ombra.

Restò là immobile nello splendore dell'albergo, l'uomo fortunato e felice, per cui donne stupende sospiravano e gli uomini si torcevano d'invidia, il grande poeta incoronato e immortale. E non c'era bisogno, ahimè, che egli aprisse la busta. La notizia! Oramai la sapeva.

Allora tutto quello che egli ha consumato l'esistenza a descrivere, e che mai è stato suo veramente, diventa cosa di lui, carne della sua carne. Di colpo, ciò che fino a quel momento è stata la sua vita, si disfà, tramutandosi in una lontana e incredibile favola. E non gli importa più di niente, della gloria, dei soldi, degli applausi, degli onori, non gli importa un corno di essere un uomo ancor in gamba e affascinante, dicono, né di avere dinanzi tante giornate di feste, né di trovarsi in quella camera d'albergo che prima non avrebbe mai osato sognare. Una cosa orrenda e infocata si contorce nell'interno del petto.

Boccheggiando, aprì la finestra. Vide la città immensa che stentava ad addormentarsi, che non pensava più a lui e che per lui non poteva fare niente. Era freddo. Aria nebbiosa. Mugolii ovattati di automobili. Dal basso rotti echi di musica, gli parve di riconoscere il *Saint James Infirmary*, ricordo della sua giovinezza lontana.

Si buttò sul letto. Chi lo poteva aiutare? Finite per sempre le cose quiete, oneste e serene. Si accorse di singhiozzare. Era giusto, capiva ch'era giusto. E mai ci aveva pensato.

Cacciatori di vecchi

Roberto Saggini, amministratore di una piccola cartiera, quarantasei anni, capelli grigi, bell'uomo, fermò alle due di notte la sua automobile a pochi passi da un bar tabaccheria, chissà come ancora aperto.

«Un minuto, e torno» disse alla ragazza seduta al suo fianco. Era una bella ragazza, alla luce dei lampioni al neon il rosso delle labbra spiccava come un esaltato fiore.

Dinanzi alla tabaccheria erano posteggiate delle macchine. Lui aveva dovuto fermarsi un poco più in là. Era una sera di maggio con l'aria tepida e viva della primavera. Strade tutte deserte.

Lui entrò nel bar, a comperare sigarette. Come fu di nuovo sulla soglia e si apprestava a raggiungere la macchina, il sinistro richiamo echeggiò.

Dalle case di fronte? O da una strada laterale? O erano scaturiti dall'asfalto stesso, creature scellerate? Due, tre, cinque, sette fulminee sagome si avventarono concentriche in direzione della macchina. «Dàgli! Dàgli al vecchio.»

Ed ecco il sibilo lacerante, lungo, a singhiozzi, fanfara di guerra per le giovani canaglie: nelle ore più strane della notte esso scuoteva dal sonno interi rioni e la gente con un brivido si rintanava ancor di più nel letto, raccomandando a Dio lo sciagurato di cui si stava iniziando il linciaggio.

Roberto misurò il pericolo. Ce l'avevano con lui. Erano i tempi che gli uomini di oltre quarant'anni ci pensavano due volte a mostrarsi in giro nelle ore fonde della notte. Oltre i quarant'anni si era vecchi. E per i vecchi le generazioni nuove avevano un totale disprezzo. Un risentimento cupo eccitava i nipoti verso i nonni, i figli verso i padri. Di più: si erano formate delle specie di club, di compagnie, di sette, dominate da un odio selvaggio verso gli anziani, come se questi fossero responsabili delle loro scontentezze, malinconie, delusioni, infelicità, così tipiche, da che mondo è mondo, della giovinezza. E di notte queste masnade si scatenavano, soprattutto in periferia, alla caccia di vecchi. Se riuscivano ad agguantarne uno, lo tempestavano di botte, lo denudavano, lo frustavano, lo imbrattavano di vernici, per poi lasciarlo legato ad un albero o a un lampione. In certi casi, nella frenesia del brutale rito, andavano più in là. E, all'alba, sconvolti e deturpati cadaveri venivano trovati in mezzo alla strada.

Il problema dei giovani! Questo eterno cruccio, che nei millenni della storia era stato digerito senza scosse di padre in figlio, finalmente esplodeva. I giornali, la radio, la televisione, i film gli avevano dato corda. I giovani vennero blanditi, commiserati, adulati, esaltati, incoraggiati a imporsi nel mondo con qualsiasi mezzo. I vecchi stessi, impauriti da questo vasto moto degli animi, vi partecipavano, per crearsi un alibi, per far sapere – ma, tanto, era inutile – che loro avevano sì cinquanta o sessant'anni ma il loro spirito era ancora fresco, loro condividevano le aspirazioni e i travagli delle nuove reclute. Illusi: parlassero in un modo o in un altro, i giovani erano contro, i giovani si sentivano i padroni del mondo, i giovani, come era giusto, pretendevano la signoria finora tenuta dai patriarchi. "L'età è una colpa" era il loro slogan.

Di qui le scorrerie notturne, per le quali l'autorità, a sua volta intimorita, chiudeva volentieri un occhio. Peggio per loro, in fondo, se dei deteriorati fusti, che avrebbero fatto bene a star rinchiusi in casa, si permettevano il lusso di provocare i giovani con le loro smanie senili.

Specialmente presi di mira erano i vecchi in compagnia di donne giovani. Allora il giubilo dei persecutori toccava il colmo. Nei casi favorevoli, che per la verità si ripetevano assai spesso, l'uomo veniva legato e bastonato mentre, sotto i suoi occhi, la compagna veniva sottoposta, dai coetanei, a complicate e lunghe sopraffazioni corporali di ogni genere.

Roberto Saggini misurò il pericolo. Si disse: io non faccio in tempo a raggiungere la macchina. Ma mi posso rifugiare nel bar, quei mascalzoni non oseranno entrare. Lei sì, invece, fa in tempo.

«Silvia, Silvia!» gridò «metti in moto e fuggi. Presto! presto!»

La ragazza per fortuna capì. Con un fulmineo colpo d'anca passò al posto di guida, mise in moto, innestò la marcia e scattò in avanti col motore imballato.

L'uomo respirò di sollievo. Ora doveva pensare a se stesso. E si voltò per trovare scampo nel bar. Ma in quell'istante stesso la saracinesca fu abbassata di schianto.

«Aprite, aprite!» supplicò. Nessuno dall'interno rispose. Come sempre, quando erano in corso le scorrerie dei ragazzi, tutti si rinchiudevano nel guscio. Nessuno voleva vedere o sapere, nessuno voleva restarci immischiato.

Non c'era un istante da perdere. Illuminati in pieno dai vividi lampioni, sette otto tipi convergevano verso di lui, senza neppure correre, tanto erano certi di agguantarlo.

Ce n'era uno, alto, pallido, la testa rasata, con un maglione rosso scuro su cui spiccava una grande R maiuscola bianca. "Sono perduto" pensò Saggini. Di quell'R i giornali parlavano da mesi. Era la sigla di Sergio Régora, il capobanda più crudele, si raccontava che di vecchi ne avesse già sconciati personalmente più di una cinquantina.

L'unica era tentare. A sinistra, in fondo al viale, si apriva un largo spiazzo dove era installato un luna-park. Tutto stava nel riuscire a portarsi incolume fin là. Poi, nell'intrico dei padiglioni e delle "carovane", sarebbe stato facile nascondersi.

Partì di scatto, era ancora un uomo agile, con la coda dell'occhio vide che gli arrivava addosso, da destra, per tagliargli la strada, un ragazzetta tarchiata, anche lei col maglione e l'R bianca. Aveva una faccia rincagnata tutt'altro che spiacevole, una bocca larga che gridava: «Ferma, ferma, vecchio porco!». Nella destra impugnava un pesante scudiscio di cuoio.

La ragazza gli venne a sbattere addosso. Ma l'uomo aveva una tale rincorsa che lei non resse e si trovò scaraventata a terra prima di aver avuto neppure il tempo di colpirlo.

Apertosi così un varco, Saggini, con tutto il fiato che gli restava, si lanciò verso lo spiazzo tenebroso. Un recinto di transenne chiudeva l'area della fiera. Lo superò d'un balzo, corse là dove le tenebre gli sembravano più fitte. E gli altri dietro.

«E vuol fuggire, la carogna» esclamò Sergio Régora che non si affrettava eccessivamente, sicuro di scovare la preda. «E si ribella anche!»

Un compagno gli galoppava accanto: «Senti, capo, devo dirti una cosa». Erano al limite del luna-park. Si fermarono.

«Proprio adesso vuoi dirla?»

«Vorrei sbagliarmi, ma ho tutta l'impressione che quel tipo sia mio babbo.»

«Tuo papà quel maiale?»

«Sì, mi sembra proprio lui.»

«Tanto meglio.»

«Ma io...»

«Adesso non vorrai piantare grane, spero.»

«Mi sembra una certa cosa...»

«Tu gli vuoi bene?»

«Uffa, è un tale imbecille. E poi un rompiscatole che non finisce più.»

«E allora?»

«Mi sembra una certa cosa, ti ripeto.»

«Sei una gelatina sei. Vergognati! Con mio padre finora non mi è mai capitato, ma scommetto che ci troverei più gusto. Su, su, adesso bisogna stanarlo...»

Col cuore in gola per l'affanno della corsa, Saggini si era rincantucciato ai piedi di un gran tendone, forse un piccolo circo, in piena ombra, cercando di sparire fra i lembi di tela.

Accanto, a cinque sei metri, stava un carrozzone zingaresco

con un finestrino illuminato. L'aria fu lacerata da un nuovo sibilo dei malnati. Nel carrozzone ci fu un tramestìo. Poi una donna grassa e molto bella si affacciò alla porticina, incuriosita.

«Signora, signora» bisbigliò Saggini, dal suo malcerto nascondiglio.

«Cosa c'è?» fece quella, diffidente.

«La supplico, mi lasci entrare. Sono inseguito. Mi vogliono ammazzare.»

«No no, qui non vogliamo pasticci.»

«Ventimila lire se mi lascia entrare.»

«Cosa?»

«Ventimila lire.»

«No, no. Qui siamo gente onesta.» Si ritirò, richiuse la porticina, si udì il colpo del catenaccio interno. Anche la luce si spense.

Silenzio. Non voci né rumori di passi. Che la banda avesse rinunciato? Un orologio lontano batté le due e un quarto. Un orologio lontano batté le due e mezza. Un orologio lontano batté le due e tre quarti.

Lentamente, attento a non far rumore, Saggini si alzò in piedi. Forse adesso poteva squagliarsela.

D'impeto uno di quei maledetti gli fu addosso, e alzò la destra vibrando un coso che non si capiva bene. Saggini, con pensiero fulmineo, si ricordò ciò che tanti anni prima gli aveva detto un amico: se uno ti vuol menare, basta un pugno nel mento, l'importante è fare contemporaneamente un salto in su, allora non è il pugno ma tutto il corpo che colpisce.

Saggini spiccò il salto, il pugno incontrò una cosa dura con un sordo crocchio. «Ah» gemette l'altro, afflosciandosi riverso. Nel volto contratto e doloroso che si ribaltava all'indietro, il Saggini riconobbe suo figlio. «Tu Ettore!» e si chinò con l'intenzione di soccorrerlo.

Ma tre quattro ombre sbucarono. «È qui, è qui. Dàgli al vecchio!»

Via, come un pazzo, balzando da una zona d'ombra all'altra, incalzato dall'ansito dei cacciatori, sempre più rabbioso e più vicino. All'improvviso un arnese metallico gli fu pestato di traverso a una guancia con terribile dolore. Fece uno scarto disperato, cercò intorno uno scampo, lo avevano costretto ai limiti del recinto. Il luna-park non gli poteva offrire più salvezza.

Più in là, a un centinaio di metri cominciavano i giardini. Le energie della disperazione gli fecero superare la distanza senza essere raggiunto. Anzi, la manovra colse i cacciatori di sorpresa. Solo all'ultimo, quando egli già aveva raggiunto il bordo di un boschetto, fu dato l'allarme. «Di là, di là, guardatelo che si nasconde nel bosco. Dàgli, dàgli al vecchio!»

Ricominciò l'inseguimento. Solo che lui avesse durato fino alle prime luci dell'alba, forse sarebbe stato salvo. Ma quante ore mancavano? Gli orologi qua e là battevano le ore, nell'orgasmo egli non riusciva mai a contare i colpi. Giù in una valletta, su per una ripa, via attraverso un fiumiciattolo, ma ogni volta che si volgeva indietro, tre quattro manigoldi erano là implacabili, annaspanti verso di lui.

Quando, con le ultime forze, si fu inerpicato sul ciglio di un ripidissimo bastione, vide che il cielo, di là dello schieramento dei tetti, impallidiva. Ma ormai era troppo tardi. Si sentiva completamente esausto. Dalla guancia ferita, rivoli di sangue. E Régora lo stava per raggiungere. Ne intravedeva nella penombra il bianco sogghigno.

I due si trovarono di fronte, sul breve crinale erboso. Régora non ebbe neanche bisogno di colpirlo. Per scansarsi, Saggini fece un passo indietro, non trovò l'appoggio, precipitò all'indietro giù per la diruta scarpata, tutta pietre e rovi. Si ebbe il tonfo, poi un gemito carnoso.

«Non ci ha rimesso la pelle. Ma si è conciato come si deve» disse Régora. «Adesso è meglio sloggiare. Non si sa mai. La polizia ha le sue lune.»

Se n'andarono in gruppetto, commentando la caccia fra sguaiati scoppi di risa. Quanto era durata, però. Nessun vecchio aveva dato tanto da fare. Anche loro erano stanchi. Chissà perché, ma erano stanchissimi. Il gruppetto si sciolse.

Régora si incamminò con la ragazza. Giunsero a una piazza illuminata intensamente.

«Ma che cos'hai sulla testa?» chiese lei.

«E tu? Anche tu.»

Si avvicinarono, esaminandosi a vicenda.

«Dio, che faccia che hai. E come mai tutto quel bianco sui capelli?»

«Anche tu, anche tu hai una faccia spaventosa.»

Una improvvisa inquietudine. A Régora non era mai capitato. Si avvicinò a una vetrina per specchiarsi.

Nel vetro vide distintamente un uomo di circa cinquant'anni, gli occhi e le guance vizze, il collo come quello dei pellicani. Provò a sorridere, proprio davanti gli mancavano due denti.

Era un incubo? Si voltò. Anche la ragazza era sparita. Poi dal fondo della piazza sbucarono di gran corsa tre ragazzi. Erano cinque, erano otto. Mandarono un lungo terrificante fischio.

«Dàgli, dàgli al vecchio!»

Régora cominciò a correre con tutte le sue forze. Ma erano poche. La giovinezza, la spavalda e spietata stagione, sembrava che dovesse durare tanto, sembrava che non dovesse finire mai più. E a bruciarla era bastata una notte. Adesso non restava più niente da spendere. Adesso il vecchio era lui. E veniva il suo turno.

La giacca stregata

Benché io apprezzi l'eleganza nel vestire, non bado, di solito, alla perfezione o meno con cui sono tagliati gli abiti dei miei simili.

Una sera tuttavia, durante un ricevimento in una casa di Milano conobbi un uomo, dall'apparente età di quarant'anni, il quale letteralmente risplendeva per la bellezza, definitiva e pura, del vestito.

Non so chi fosse, lo incontravo per la prima volta, e alla presentazione, come succede sempre, capire il nome fu impossibile. Ma a un certo punto della sera mi trovai vicino a lui, e si cominciò a discorrere. Sembrava un uomo garbato e civile, tuttavia con un alone di tristezza. Forse con esagerata confidenza – Dio me ne avesse distolto – gli feci i complimenti per la sua eleganza; e osai perfino chiedergli chi fosse il suo sarto.

L'uomo ebbe un sorrisetto curioso, quasi che si fosse aspettato la domanda. «Quasi nessuno lo conosce» disse «però è un grande maestro. E lavora solo quando gli gira. Per pochi iniziati.» «Dimodoché io...?» «Oh, provi, provi. Si chiama Corticella, Alfonso Corticella, via Ferrara 17.» «Sarà çaro, immagino.» «Lo presumo, ma giuro che non lo so. Quest'abito me l'ha fatto da tre anni e il conto non me l'ha ancora mandato.» «Corticella? Via Ferrara 17, ha detto?» «Esattamente» rispose lo sconosciuto. E mi lasciò per unirsi a un altro gruppo.

In via Ferrara 17 trovai una casa come tante altre e come quella di tanti altri sarti era l'abitazione di Alfonso Corticella.

Fu lui che venne ad aprirmi. Era un vecchietto, coi capelli neri, però sicuramente tinti.

Con mia sorpresa, non fece il difficile. Anzi, pareva ansioso che diventassi suo cliente. Gli spiegai come avevo avuto l'indirizzo, lodai il suo taglio, gli chiesi di farmi un vestito. Scegliemmo un pettinato grigio quindi egli prese le misure, e si offerse di venire, per la prova, a casa mia. Gli chiesi il prezzo. Non c'era fretta, lui rispose, ci saremmo sempre messi d'accordo. Che uomo simpatico, pensai sulle prime. Eppure più tardi, mentre rincasavo, mi accorsi che il vecchietto aveva lasciato un malessere dentro di me (forse per i troppi insistenti e mellifui sorrisi). Insomma non avevo nessun desiderio di rivederlo. Ma ormai il vestito era ordinato. E dopo una ventina di giorni era pronto.

Quando me lo portarono, lo provai, per qualche secondo, dinanzi allo specchio. Era un capolavoro. Ma, non so bene perché, forse per il ricordo dello sgradevole vecchietto, non avevo alcuna voglia di indossarlo. E passarono settimane prima che mi decidessi.

Quel giorno me lo ricorderò per sempre. Era un martedì di aprile e pioveva. Quando ebbi infilato l'abito – giacca, calzoni e panciotto – constatai piacevolmente che non mi tirava o stringeva da nessuna parte, come accade quasi sempre con i vestiti nuovi. Eppure mi fasciava alla perfezione.

Di regola nella tasca destra della giacca io non metto niente, le carte le tengo nella tasca sinistra. Questo spiega perché solo dopo un paio d'ore, in ufficio, infilando casualmente la mano nella tasca destra, mi accorsi che c'era dentro una carta. Forse il conto del sarto?

No. Era un biglietto da diecimila lire.

Restai interdetto. Io, certo, non ce l'avevo messo. D'altra parte era assurdo pensare a uno scherzo del sarto Corticella. Tanto meno a un regalo della mia donna di servizio, la sola persona che, dopo il sarto, aveva avuto occasione di avvicinarsi al vestito. O che fosse un biglietto falso? Lo guardai controluce, lo confrontai con altri. Più buono di così non poteva essere.

Unica spiegazione possibile, una distrazione del Corticella. Magari era venuto un cliente a versargli un acconto, il sarto in quel momento non aveva con sé il portafogli e, tanto per non lasciare il biglietto in giro, l'aveva infilato nella mia giacca, appesa ad un manichino. Casi simili possono capitare.

Schiacciai il campanello per chiamare la segretaria. Avrei scritto una lettera al Corticella restituendogli i soldi non miei. Senonché, e non ne saprei dire il motivo, infilai di nuovo la mano nella tasca.

«Che cos'ha dottore? si sente male?» mi chiese la segretaria entrata in quel momento. Dovevo essere diventato pallido come la morte. Nella tasca, le dita avevano incontrato i lembi di un altro cartiglio; il quale pochi istanti prima non c'era.

«No, no, niente» dissi. «Un lieve capogiro. Da qualche tempo mi capita. Forse sono un po' stanco. Vada pure, signorina, c'era da dettare una lettera, ma lo faremo più tardi.»

Solo dopo che la segretaria fu andata, osai estrarre il foglio dalla tasca. Era un altro biglietto da diecimila lire. Allora provai una terza volta. E una terza banconota uscì.

Il cuore mi prese a galoppare. Ebbi la sensazione di trovarmi coinvolto, per ragioni misteriose, nel giro di una favola come quelle che si raccontano ai bambini e che nessuno crede vere.

Col pretesto di non sentirmi bene, lasciai l'ufficio e rincasai. Avevo bisogno di restare solo. Per fortuna, la donna che faceva i servizi se n'era già andata. Chiusi le porte, abbassai le persiane. Cominciai a estrarre le banconote una dopo l'altra con la massima celerità, dalla tasca che pareva inesauribile.

Lavorai in una spasmodica tensione di nervi, con la paura che il miracolo cessasse da un momento all'altro. Avrei voluto continuare per tutta la sera e la notte, fino ad accumulare miliardi. Ma a un certo punto le forze mi vennero meno.

Dinanzi a me stava un mucchio impressionante di banconote. L'importante adesso era di nasconderle, che nessuno ne avesse sentore. Vuotai un vecchio baule pieno di tappeti e sul fondo, ordinati in tanti mucchietti, deposi i soldi, che via

via andavo contando. Erano cinquantotto milioni abbondanti.

Mi risvegliò al mattino dopo la donna, stupita di trovarmi sul letto ancora tutto vestito. Cercai di ridere, spiegando che la sera prima avevo bevuto un po' troppo e che il sonno mi aveva colto all'improvviso.

Una nuova ansia: la donna mi invitava a togliermi il vestito per dargli almeno una spazzolata.

Risposi che dovevo uscire subito e che non avevo tempo di cambiarmi. Poi mi affrettai in un magazzino di abiti fatti per comprare un altro vestito, di stoffa simile; avrei lasciato questo alle cure della cameriera; il "mio", quello che avrebbe fatto di me, nel giro di pochi giorni, uno degli uomini più potenti del mondo, l'avrei nascosto in un posto sicuro.

Non capivo se vivevo in un sogno, se ero felice o se invece stavo soffocando sotto il peso di una fatalità troppo grande. Per la strada, attraverso l'impermeabile, palpavo continuamente in corrispondenza della magica tasca. Ogni volta respiravo di sollievo. Sotto la stoffa rispondeva il confortante scricchiolio della carta moneta.

Ma una singolare coincidenza raffreddò il mio gioioso delirio. Sui giornali del mattino campeggiava la notizia di una rapina avvenuta il giorno prima. Il camioncino blindato di una banca che, dopo aver fatto il giro delle succursali, stava portando alla sede centrale i versamenti della giornata, era stato assalito e svaligiato in viale Palmanova da quattro banditi. All'accorrere della gente, uno dei gangster, per farsi largo, si era messo a sparare. E un passante era rimasto ucciso. Ma soprattutto mi colpì l'ammontare del bottino: esattamente cinquantotto milioni (come i miei).

Poteva esistere un rapporto fra la mia improvvisa ricchezza e il colpo brigantesco avvenuto quasi contemporaneamente? Sembrava insensato pensarlo. E io non sono superstizioso. Tuttavia il fatto mi lasciò molto perplesso.

Più si ottiene e più si desidera. Ero già ricco, tenuto conto delle mie modeste abitudini. Ma urgeva il miraggio di una vita di lussi sfrenati. E la sera stessa mi rimisi al lavoro. Ora procedevo con più calma e con minore strazio dei nervi. Altri centotrentacinque milioni si aggiunsero al tesoro precedente.

Quella notte non riuscii a chiudere occhio. Era il presentimento di un pericolo? O la tormentata coscienza di chi ottiene senza meriti una favolosa fortuna? O una specie di confuso rimorso? Alle prime luci balzai dal letto, mi vestii e corsi fuori in cerca di un giornale.

Come lessi, mi mancò il respiro. Un incendio terribile, scaturito da un deposito di nafta, aveva semidistrutto uno stabile nella centralissima via San Cloro. Fra l'altro erano state divorate dalle fiamme le casseforti di un grande istituto immobiliare, che contenevano oltre centotrenta milioni in contanti. Nel rogo, due vigili del fuoco avevano trovato la morte.

Devo ora forse elencare uno per uno i miei delitti? Sì, perché ormai sapevo che i soldi che la giacca mi procurava, venivano dal crimine, dal sangue, dalla disperazione, dalla morte, venivano dall'inferno. Ma c'era pure dentro di me l'insidia della ragione la quale, irridendo, rifiutava di ammettere una mia qualsiasi responsabilità. E allora la tentazione riprendeva, allora la mano – era così facile! – si infilava nella tasca e le dita, con rapidissima voluttà, stringevano i lembi del sempre nuovo biglietto. I soldi, i divini soldi!

Senza lasciare il vecchio appartamento (per non dare nell'occhio), mi ero in poco tempo comprato una grande villa, possedevo una preziosa collezione di quadri, giravo in automobili di lusso, e, lasciata la mia ditta per "motivi di salute", viaggiavo su e giù per il mondo in compagnia di donne meravigliose.

Sapevo che, ogniqualvolta riscuotevo denari dalla giacca, avveniva nel mondo qualcosa di turpe e doloroso. Ma era pur sempre una consapevolezza vaga, non sostenuta da logiche prove. Intanto, a ogni mia nuova riscossione, la coscienza mia si degradava, diventando sempre più vile. E il sarto? Gli telefonai per chiedere il conto, ma nessuno rispondeva. In via Ferrara, dove andai a cercarlo, mi dissero che era emigrato all'estero, non sapevano dove. Tutto dunque congiurava a dimostrarmi che, senza saperlo, io avevo stretto un patto col demonio.

Finché, nello stabile dove da molti anni abitavo, una mattina trovarono una pensionata sessantenne asfissiata dal gas; si era uccisa per aver smarrito le trentamila lire mensili riscosse il giorno prima (e finite in mano mia).

Basta, basta! per non sprofondare fino al fondo dell'abisso, dovevo sbarazzarmi della giacca. Non già cedendola ad altri, perché l'obbrobrio sarebbe continuato (chi mai avrebbe potuto resistere a tanta lusinga?). Era indispensabile distruggerla.

In macchina raggiunsi una recondita valle delle Alpi. Lasciai l'auto su uno spiazzo erboso e mi incamminai su per un bosco. Non c'era anima viva. Oltrepassato il bosco, raggiunsi le pietraie della morena. Qui, fra due giganteschi macigni, dal sacco da montagna trassi la giacca infame, la cosparsi di petrolio e diedi fuoco. In pochi minuti non rimase che la cenere.

Ma all'ultimo guizzo delle fiamme, dietro di me – pareva a due tre metri di distanza – risuonò una voce umana: «Troppo tardi, troppo tardi!». Terrorizzato, mi volsi con un guizzo da serpente. Ma non si vedeva nessuno. Esplorai intorno, saltando da un pietrone all'altro, per scovare il maledetto. Niente. Non c'erano che pietre.

Nonostante lo spavento provato, ridiscesi al fondo valle con un senso di sollievo. Libero, finalmente. E ricco, per fortuna.

Ma sullo spiazzo erboso, la mia macchina non c'era più. E, ritornato che fui in città, la mia sontuosa villa era sparita; al suo posto, un prato incolto con dei pali che reggevano l'avviso "Terreno comunale da vendere". E i depositi in banca, non mi spiegai come, completamente esauriti. E scomparsi, nelle mie numerose cassette di sicurezza, i grossi pacchi di azioni. E polvere, nient'altro che polvere, nel vecchio baule.

Adesso ho ripreso stentatamente a lavorare, me la cavo a mala pena, e, quello che è più strano, nessuno sembra meravigliarsi della mia improvvisa rovina.

E so che non è ancora finita. So che un giorno suonerà il campanello della porta, io andrò ad aprire e mi troverò di fronte, col suo abbietto sorriso, a chiedere l'ultima resa dei conti, il sarto della malora.

L'ascensore

Ecco che non è stato possibile: un giorno contro il campanello della porta, ti cento ad arrivare e mi trovavo fronte col tuo... al dietro, solo dia, a chiedere e telefono rossa dei ponti, il gatto della natura.

Quando al trentunesimo piano del grattacielo popolare dove abito presi l'ascensore per discendere, sul quadro-spia della cabina erano accese le lampadine del ventisettesimo e del ventiquattresimo piano. Segno che qui l'ascensore si sarebbe fermato a rilevare qualcuno.

Le due valve della porta si richiusero e l'ascensore cominciò a precipitare. Era un ascensore velocissimo.

Dal trentunesimo al ventisettesimo fu un attimo. Al ventisettesimo si fermò. La porta automaticamente si dischiuse, io guardai e sentii una cosa qui dentro, in corrispondenza dello sterno, come una dolce vertigine viscerale.

Era entrata lei, la ragazza che da mesi e mesi incontravo nei paraggi e ogni volta avevo il batticuore.

Era una ragazza di circa diciassette anni, la incontravo specialmente di mattino, portava la borsa della spesa, non era elegante ma non era neppure sciatta, i capelli neri li portava indietro trattenuti da un nastro alla greca teso sopra la fronte. Ma l'importante erano due cose: la faccia, asciutta, stagna, forte, dagli zigomi molto rilevati, la bocca piccola, ferma e sdegnosa, una faccia che era una specie di sfida. E poi c'era il modo con cui lei camminava, perentorio, classico, con una arrogante sicurezza corporale, come se fosse la padrona del mondo.

Lei entrò nell'ascensore, stavolta non aveva la borsa della spesa ma i capelli erano sempre tenuti indietro da quella banda tipo greco e neppure stavolta aveva rossetto ma le ferme e sdegnose labbra non avevano bisogno di rossetto con quella loro bellissima sporgenza.

Entrando, non so neanche se mi diede un'occhiata, poi si mise a fissare con indifferenza la parete di fronte. Non c'è nessun posto al mondo dove le facce delle persone che non si conoscono assumano un'espressione di assoluto cretinismo come in ascensore. E anche lei, la ragazza, aveva inevitabilmente un'espressione cretina, era un cretinismo tuttavia protervo ed eccessivamente sicuro di sé.

Ma l'ascensore si era intanto fermato al ventiquattresimo piano e la intimità fra lei e me, quell'intimità del tutto casuale, stava per cessare. Le due valve della porta infatti si aprirono ed entrò un signore a cui avrei dato cinquantacinque anni, alquanto scalcinato, non grasso né magro, quasi calvo, la faccia segnata e intelligente.

La ragazza stava diritta in piedi, il piede destro leggermente aperto in fuori, come è uso delle mannequins quando si fanno fotografare. Aveva due sandali di vernice nera col tacco altissimo. Aveva un borsetta di pelle bianca o di finta pelle, una borsetta piuttosto modesta. E continuò a fissare la parete di fronte con indifferenza suprema.

Era uno di quei tipi maledetti che pur di non dare soddisfazione si lascerebbero scannare. Un timido come me che cosa aveva mai da sperare? Assolutamente niente. E poi se era veramente una domestica avrebbe avuto per me tutta la scontrosa diffidenza delle domestiche verso i signori.

Lo strano fu che dal ventiquattresimo piano l'ascensore, anziché sprofondare in basso con l'impeto elastico di sempre, si mosse lentamente e, con altrettanta lentezza, proseguì nella discesa. Guardai l'avviso attaccato ad una parete della cabina: "Fino a quattro persone, alta velocità, da quattro a otto persone bassa velocità". Automaticamente, se il peso era cospicuo, l'ascensore rallentava l'andatura.

«Curioso» dissi «siamo appena in tre, e neanche molto grassi direi.»

Guardai la ragazza, speravo che almeno si degnasse di guardarmi, invece niente.

«Non sono grasso» fece allora il signore sui cinquantacinque sorridendo benevolmente «però io peso molto, sa?»

«Quanto?»

«Molto, molto. E poi c'è questa valigia.»

Le due valve della portiera avevano ciascuna una finestrella di vetro attraverso la quale si vedevano sfilare le porte chiuse dei piani e i corrispondenti numeri. Ma come mai l'ascensore andava così lento? Sembrava preso da paralisi.

Però io ero contento. Più lento andava, più a lungo sarei rimasto vicino a lei. Giù giù, a velocità di lumaca. E nessuno dei tre parlava.

Passò un minuto, due minuti. A uno a uno, i piani sfilavano dietro i finestrini della porta, dal sotto in su. Quanti erano passati? A quest'ora si sarebbe dovuto essere arrivati al pianterreno.

E invece l'ascensore scendeva, continuava a scendere, con impressionante pigrizia, ma scendeva.

Finalmente lei si guardò intorno, come inquieta. Poi si rivolse allo sconosciuto signore: «Cosa succede?».

L'altro, placido: «Vuol dire che ormai abbiamo oltrepassato il pianterreno? Sì, certo, signorina. Alle volte capita. In effetti ci troviamo sottoterra, lo vede che non ci sono più le porte dei piani?».

«Lei vuole scherzare» fece la ragazza.

«No, no. Non succede tutti i giorni, ma qualche volta succede.»

«E dove si va a finire?»

«Chi lo sa?» rise enigmatico «comunque mi ha l'aria che ci staremo un pezzo chiusi qui dentro. Forse è meglio che ci presentiamo» tese la destra alla ragazza e quindi a me. «Permette? Schiassi.»

«Perosi» disse la ragazza.

«Perosi come?» osai, tendendo alla mia volta la mano.

«Ester» fece lei riluttante. Era spaurita.

Per un misterioso fenomeno, l'ascensore continuava a infossarsi nelle viscere della terra. Era una situazione spaventosa, in altri casi sarei stato paralizzato dal terrore. Invece mi sentivo

314

felice. Eravamo come tre naufraghi in un'isola deserta. E mi sembrava logico che la Ester se la sarebbe fatta con me. Io non avevo neanche trent'anni, il mio aspetto era più che decente: come la maschietta avrebbe potuto preferire l'altro uomo, ormai anziano e délabré?

«Ma dove andiamo, dove andiamo?...» fece Ester aggrappandosi a una manica di Schiassi.

«Calma, calma, figliola, non c'è nessun pericolo. Non lo vede come scendiamo adagio?»

Perché non si era aggrappata a me? Come se mi avesse dato uno schiaffo.

«Signorina Ester» feci «devo dirle una cosa: lo sa che la penso sempre? lo sa che lei mi piace da morire?»

«Ma se ci vediamo per la prima volta!» fece, dura.

«Quasi ogni giorno la incontro» dissi. «La mattina. Quando va a fare la spesa.»

Avevo fatto un passo falso. Infatti Ester: «Ah, dunque lei sa che sono cameriera?».

Cercai di riparare: «Cameriera lei? No! Giuro che non l'avrei mai immaginato».

«E cosa pensava che fossi? Una principessa, alle volte?»

«Su, signorina Ester» fece lo Schiassi benigno. «Non è il caso, mi sembra, di litigare. Ormai siamo tutti di una sorte.»

Gli fui grato ma nello stesso tempo mi irritò: «Lei, signor Schiassi, scusi l'indiscrezione, lei chi è?».

«Chi lo sa. Me lo sono chiesto tante volte. Polivalente, direi. Commerciante, filosofo, medico, ragioniere, pirotecnico, insomma a uso da destinarsi.»

«Anche mago? Non sarà mica il diavolo, alle volte?»

Mi meravigliavo io stesso, in una situazione da incubo, di sentirmi così padrone di me, di sentirmi quasi un eroe. Lo Schiassi fece una bella risata. E intanto l'ascensore scendeva scendeva, guardai l'orologio, era già passata più di un'ora.

L'Ester scoppiò a piangere. Io la presi dolcemente per le spalle. «No, non piangere, vedrai che tutto si aggiusta.»

«E se continua così» chiese la giovane fra i singhiozzi «se continua così?...» Non riuscì a dire altro.

«No, no, signorina» disse Schiassi «non moriremo né di fame né di sete. Qui in valigia ho tutto l'occorrente. Per almeno tre mesi.»

Lo guardai con inquietudine. Dunque quel tipo sapeva già tutto in partenza? Era stato lui a combinare il guaio? Che fosse il diavolo sul serio? Ma che importava, in fondo, se era il diavolo? Io mi sentivo così forte, giovane, sicuro di me.

«Ester» le mormorai in un orecchio. «Ester non dirmi di no. Chissà quanto tempo staremo imprigionati qui. Ester, dimmi: non mi sposeresti?»

«Sposarti?» disse lei e quel tu mi riempiva di esultanza «ma come fai a pensare di sposarmi proprio qui?»

«Se è per questo» disse Schiassi «ragazzi miei, io sono anche sacerdote.»

«Ma tu che mestiere fai?» mi chiese la Ester, finalmente rabbonita.

«Perito industriale. Guadagno anche mica male. Puoi fidarti, bellezza. Io mi chiamo Dino.»

«Ci pensi signorina» disse Schiassi «dopo tutto può essere un'occasione.»

«E allora?» insistetti. L'ascensore continuava a scendere. Ormai avevamo inghiottito un dislivello di chissà quante centinaia di metri.

La Ester fece una curiosa smorfietta spaurita. «Ma sì, signor Dino, dopo tutto non mi dispiaci, sai?»

La strinsi a me, prendendola alla vita. Le diedi, per non spaventarla, solo un bacetto sulla fronte.

«Dio vi benedica» fece Schiassi, alzando ieratico le mani.

In quell'istante l'ascensore si fermò. Restammo in sospeso. Che cosa stava per accadere? Avevamo toccato il fondo? O era una sosta prima del balzo finale alla catastrofe?

Invece, con un lungo sospiro, l'ascensore cominciò adagio a risalire.

«Lasciami, Dino, ti prego» disse subito la Ester, perché ancora la tenevo fra le braccia.

L'ascensore risaliva.

«Ma no figurati» disse la Ester poiché io sollecitavo «neppure da pensarci adesso che il pericolo è passato... se proprio vuoi ne parleremo ai miei... Fidanzati? mi pare che tu corri un po' presto... Diamine, era uno scherzo no? Speravo che tu lo avessi capito...»

L'ascensore continuava a risalire.

«Non insistere adesso, ti prego... Sì, sì, innamorato, innamorato, lo so, la solita solfa... Insomma lo sa che lei è un bel noioso?»

Si risaliva a velocità vertiginosa.

«Vederci domani? E perché dovremmo vederci domani? Se non la conosco neanche... E poi si figuri se ho tempo... Per chi mi prende? Si approfitta perché sono una serva?»

L'afferrai per un polso. «Ester, non fare così, ti supplico, sii buona!»

Si risentì. «Mi lasci, mi lasci... Che modi sono questi? È diventato matto? Si vergogni, piuttosto. Mi lasci, le dico... Signor Schiassi, lo metta a posto lei, la prego, questo mascalzone.» Ma Schiassi inesplicabilmente era sparito.

L'ascensore si fermò. La porta con un soffio si dischiuse. Eravamo giunti al pianterreno.

Ester si liberò con uno strattone. «La pianti sa? Se no io qui faccio succedere un tale quarantotto che lei poi se lo ricorda per tutta la vita!»

Un'occhiata di disprezzo. Era già sulla via. Si allontanò. Marciava diritta coi suoi passi spavaldi che erano tanti insulti per me.

Il palloncino

Un mattino di domenica, dopo aver ascoltato la messa, due santi di nome Oneto e Segretario, seduti comodamente su due poltrone di cuoio nero tipo Miller, guardavano in giù, sulla terra, ciò che quei bei tipi di uomini stavano combinando.

«Dimmi, Segretario» fece Santo Oneto dopo un lungo silenzio «tu in vita eri stato qualche volta felice?»

«Che discorsi» rispose l'amico sorridendo. «Ma nessuno, sulla terra, può essere felice!»

Ciò dicendo trasse di tasca un pacchetto di Marlboro. «Una sigaretta?»

«Volentieri, grazie» disse Santo Oneto «benché di solito al mattino io non fumi, ma oggi è giornata di festa... Eppure in qualche caso, la felicità io penso che...»

Segretario lo interruppe: «A te personalmente è capitata?».

«A me no. Però sono convinto...»

«Ma guardali, guardali!» esclamò Santo Segretario facendo cenno in basso. «Sono miliardi e miliardi, oggi è domenica, e non è ancora finito il mattino che è la parte migliore della domenica, ed è una bellissima giornata con magnifico sole, non calda anzi fresca e ventilata, e gli alberi sono in fiore e i prati idem, in piena primavera, per di più c'è il miracolo economico, dunque dovrebbero essere contenti, no? Bene, tu fammene vedere uno fra tanti miliardi, uno che sia felice, non pretendo di più. E se tu me lo indichi, ti pagherò una cena coi fiocchi.»

«Benissimo» disse Oneto, e si mise coi lunghissimi sguardi a cercare qua e là nel formicolio sterminato degli esseri umani laggiù. Si rendeva ben conto come fosse assurdo pretendere di far centro al primo colpo; ci sarebbero voluti giorni e giorni di lavoro come minimo. Ma non si sa mai.

Col suo sorrisetto ironico Segretario lo osservava (s'intende, una ironia molto benigna, altrimenti che razza di santo sarebbe stato?).

«Perbacco, lì c'è un'occasione!» fece ad un tratto Oneto drizzandosi sulla poltrona.

«Dove?»

«In quella piazza» e fece segno a un paesetto di collina del tutto insignificante; «là, fra la gente che esce di chiesa... la vedi quella bambina?»

«Quella con le gambette storte?»

«Sì, proprio quella... ma attento che...!»

Aveva effettivamente le gambe un poco storte, e magre, fragili, come per una sofferta malattia, la bambina Noretta di quattro anni. La mamma la teneva per mano e si capiva benissimo che doveva essere una famiglia povera eppure la piccola aveva un abitino bianco coi pizzi proprio da domenica, chissà che sacrifici era costato.

Ma sotto la scalinata della chiesa stavano dei venditori e delle venditrici di fiori, un venditore di medagliette e immagini sacre perché doveva esserci la festa di qualche patrono e c'era anche un venditore di palloncini, un meraviglioso grappolo di variopinti globi che ondeggiava con grazia sopra la testa dell'uomo a ogni fiato di vento.

Ecco, dinanzi all'uomo dei palloncini la bimba si era fermata trattenendo per mano la mamma, e adesso, con un piccolo sorriso di disarmata seduzione alzava gli occhi alla mamma e in quello sguardo c'era un tale desiderio, struggimento, implorazione, amore, che nemmeno le potestà dell'inferno avrebbero saputo sopportarlo. Solo gli sguardi dei bambini posseggono, forse, una così terribile potenza, per il motivo ch'essi sono piccoli, deboli e innocenti (o forse anche gli sguardi di certi cuccioletti maltrattati).

Appunto perciò Santo Oneto, che se ne intendeva, aveva adocchiato la bambina, facendo il seguente ragionamento: è talmente spaventoso in questa creatura il desiderio di avere un palloncino che se, Dio volendo, la mamma lo accontenterà, lei sarà inevitabilmente felice, solo per qualche ora forse, comunque felice. E se questo accade io vinco la scommessa con Segretario.

Santo Oneto poteva seguire la scena laggiù nella piazza del paese ma non poteva udire quello che la bambina diceva alla mamma né quello che la mamma rispondeva: ciò a causa di una strana contraddizione che nessuno è mai riuscito a spiegare: dal paradiso i santi riescono a vedere perfettamente quello che avviene sulla terra come se avessero un potente telescopio inglobato negli occhi ma i rumori e le voci della terra lassù in paradiso non arrivano (tranne rare eccezioni che vedremo): il quale provvedimento può darsi abbia lo scopo di proteggere il sistema nervoso dei santi dal selvaggio strepito delle motorizzazioni.

La mamma cercò di proseguire tirando per la mano la bambina e per un istante Oneto ebbe paura che tutto sarebbe finito in niente secondo l'amara legge della delusione così diffusa tra gli uomini.

Perché alla tèrrificante preghiera che stava negli sguardi di Noretta neppure tutti gli eserciti corazzati del mondo in compatta coalizione avrebbero potuto resistere ma la miseria sì avrebbe potuto resistere, la miseria dei soldi non ha cuore né si impietosisce per l'infelicità di una bambina.

Per fortuna si vide la piccola Noretta puntare i piedi, sempre fissando gli occhi della mamma e l'intensità degli sguardi imploranti aumentò ancora, se possibile. Si vide la mamma parlare all'uomo dei palloncini e consegnargli alcune monete, si vide la bambina fare segno col dito e l'uomo staccò dal grappolo uno dei palloncini più gonfi e in buona salute, di un colore giallo bellissimo.

Noretta adesso cammina di fianco alla mamma e continua a contemplare incredula il palloncino che con gentili sobbalzi segue i suoi passi a mezz'aria trattenuto dal filo. Allora Santo Oneto diede un colpetto di gomito a Santo Segretario, facendo un furbesco sorriso. E anche Segretario sorrise perché un santo è ben felice di perdere una scommessa se questo significa un granello in meno di afflizione per gli uomini.

Che cosa sei Noretta col tuo palloncino attraversando il paese nel mattino di domenica? Sei la sposa raggiante che esce dalla chiesa, sei la regina in trionfo dopo la vittoria, sei la divina cantante sollevata a spalle dalla folla in delirio, sei la donna più ricca e bella del mondo, sei l'amore grande e fortunato, i fiori, la musica, la luna, le foreste e il sole, tutto questo in una sola volta sei, perché un palloncino di guttaperca pneumatica ti ha resa felice. E le povere gambette malate non sono più malate, sono spavalde gambe d'atleta giovanetto che esce incoronato dalle Olimpiadi.

Sporgendo la testa dal bordo della poltrona i due santi continuarono a guardarla, mamma e figlia raggiunsero la casa in uno squallido sobborgo arrampicato sul colle, la mamma entrò in casa per le faccende domestiche, Noretta col suo palloncino sedette sopra un rialzo di pietra sul bordo della viuzza e alternamente guardava il palloncino e la gente che passava: come ci teneva che il mondo invidiasse la sua meravigliosa fortuna. E sebbene la strada chiusa fra alte e tetre case non fosse battuta dal sole, il viso della bambina, non bello in sé, mandava tale luce da illuminare le case intorno vivamente.

Fra gli altri, un gruppo di tre ragazzotti passò. Erano dei dichiarati teppisti eppure anch'essi furono costretti a guardare la bambina e lei gli sorrise. Allora uno dei tre, come fosse la cosa più naturale del mondo, si tolse la sigaretta accesa dalla bocca e con la sigaretta toccò il palloncino. Il quale fece pac esplodendo e il filo che stava su bello diritto in direzione del cielo ricadde fra le mani della bambina con attaccato in fondo un piccolo grumo di membrana cincischiata.

Al momento Noretta non capì che cos'era successo, e guardò spaventata i tre tangheri che fuggirono sghignazzando. Poi si rese conto, il palloncino non esisteva più, l'unica gioia della vita le era stata tolta per sempre. Il visetto ebbe due tre curiose contrazioni, quindi si devastò nella smorfia del pianto disperato.

Era un dolore di smisurate dimensioni, era una cosa selvaggia e terribile, e non esisteva rimedio. Nei soavi giardini del paradiso per la regola che si è detto non arrivano i rumori degli uomini, né il fracasso dei motori, né le sirene, né gli spari, né le urla, né il frastuono delle atomiche. Vi arrivarono invece i singhiozzi della bambina e riecheggiavano in modo tremendo da un capo all'altro. Perché è vero che il paradiso è il luogo dell'eterna pace e letizia, ma fino a un certo punto. Sarebbe forse possibile che fossero proprio i giusti a ignorare le sofferenze dell'uomo?

Fu, per i santi, intenti alle loro virtuose dilettazioni, un colpo. Un'ombra passò in quel regno di luce, e i cuori si strinsero. Che cosa avrebbe mai potuto pagare il dolore di quella bambina?

Santo Segretario guardò l'amico Oneto senza parole.

«Che schifo d'un mondo!» disse Santo Oneto e scaraventò giù la sigaretta appena accesa.

La quale, precipitando verso la terra, lasciò una lunga, bizzarra scia. Cosicché qualcuno in basso parlò di dischi volanti.

Schiavo

Non perché avesse avuto speciali precauzioni bensì per puro caso, nell'aprire con la chiave la porta di casa Luigi non fece alcun rumore.

Ne approfittò, per il gusto di fare una sorpresa, procedendo a passi cauti e silenziosi.

Appena entrato, intuì che Clara era in casa. In questo non si sbagliava mai. Chissà come la presenza della donna trasformava l'atmosfera circostante. Ne ebbe un senso di consolazione. La amava tanto che ogni volta, rincasando, per assurda che fosse lo prendeva la paura che nel frattempo lei se ne fosse andata per sempre.

Superò, senza provocare scricchiolii, il parquet dell'anticamera, con minore rischio procedette sulle piastrelle del corridoio. Adagio adagio sporse la testa a esplorare la cucina.

Ecco la Clara. La vedeva di spalle, a meno di due metri. In piedi, senza sospettare la presenza di Luigi, era intenta a preparare qualche cosa sul tavolo. Dall'espressione della nuca egli capì che stava sorridendo. Che cara, che meravigliosa creatura. Doveva trattarsi certamente di uno dei piatti da lui preferiti, e lei era felice pregustando la sua soddisfazione.

A un tratto lei si spostò lateralmente, ora si presentava a Luigi di tre quarti, egli ne scorgeva la curva tesa della guancia, l'estremità delle ciglia, la punta del naso così spiritoso e impertinente, il principio delle labbra; le quali effettivamente erano increspate in un sorriso (oppure era lo sforzo dell'attenzione?).

Dall'adorato volto lo sguardo scese alle sue mani, ora visibili. Luigi poté quindi osservare ciò che Clara stava facendo.

Su di un vassoio ricoperto da un centro ricamato erano geometricamente disposti una dozzina di piccoli dolci di pastafrolla con in mezzo una mezza ciliegia candita: proprio quelli che lui mangiava così volentieri. Si sarebbero detti pronti ormai. Eppure Clara li stava ancora manipolando come per un tocco finale.

Ma che curiosa operazione. Con due dita della mano sinistra Clara distaccava le ciliegie candite, e in quello stesso punto, da una specie di peretta o flaconcino tenuto nella destra lasciava cadere – così almeno gli parve – un pizzico di polvere chiara. Dopodiché rimetteva a posto la ciliegia premendola sulla pastafrolla.

Come gli voleva bene la Clara. Quale altra donna avrebbe mai avuto per lui, uomo già anziano e di aspetto piuttosto squallido, tante amorevoli attenzioni? E che splendida figliola, che tipo chic e interessante, sfido che tutti lo invidiavano.

Meditando sulla propria quasi incredibile fortuna, Luigi stava per rivelare la sua presenza, quando lo colpì l'eccezionale concentrazione di Clara, in cui c'era – solo adesso lo notò – alcunché di furtivo, come chi sta facendo una cosa proibita. E all'improvviso – quasi uno schianto di folgore in una mattinata di sole – fu assalito da un sospetto orrendo: che la polvere della peretta fosse veleno?

Nello stesso istante, per fulminea associazione di idee, gli si riaffacciarono alla mente tanti minuscoli episodi a cui egli non aveva fatto caso ma che, ora ricollegati l'uno all'altro, acquistavano un sapore inquietante. Certe freddezze di lei, certi atti di fastidio, certi sguardi ambigui, certe insistenze insolite affinché a tavola egli mangiasse di più, ripetesse questa o quella pietanza.

Con un moto di indignazione Luigi cerca di respingere il mostruoso pensiero. Come concepire un'assurdità simile? Ma il pensiero subito ritorna con impeto ancora più maligno. Non solo: di colpo i rapporti fra lui e Clara gli si presentano sotto un aspetto nuovo, che non aveva mai considerato. È possibile che una donna come Clara lo ami veramente? Quale motivo, se non l'interesse, la può trattenere al suo fianco? In che cosa consistono le prove del suo affetto? Le moine, i sorrisetti, le attenzioni gastronomiche? È tanto facile, per una donna, simulare. E non è addirittura istintiva, in una situazione come la sua, l'impaziente attesa di una lauta eredità?

In questo preciso momento Luigi ha un sospiro, lei si volge di scatto e per una minima frazione di secondo, ma forse ancora meno, forse non è neanche vero, forse è un gioco della fantasia sovreccitata, l'amato volto ha un'espressione di terrore, ma immediatamente con velocità incredibile si ricompone, riaprendosi al sorriso.

«Dio, mi hai fatto una tale paura!» esclama Clara. «Ma perché fai questi scherzi, tesoro?»

Lui: «Che cosa stavi facendo?».

«Lo vedi, no? I tuoi dolcetti...»

«E che cos'è quella peretta?»

«Peretta?» Clara mostra le mani aperte per far vedere che non ha niente, chissà come il flaconcino è sparito.

«Ma sì, quella polvere che mettevi...»

«Polvere? Che cosa ti sei sognato caro? Mettevo a posto le ciliegie candite... Ma tu dimmi, piuttosto: che cosa ti ha detto il medico?»

«Mah, ho l'impressione che ci capisca poco... gastrite, dice... colicistite... Fatto è che i dolori non mi passano... e ogni giorno mi sento più fiacco.»

«Voi uomini! Basta un bubù da niente e vi lasciate andare... Su, su, coraggio, questi disturbetti li hai avuti anche in passato.»

«Forti come questa volta mai.»

«Oh, caro, se fosse qualcosa di serio, cominceresti a non avere più appetito.»

Lui la scruta, la ascolta. No. È impossibile che menta, è impossibile che faccia la commedia. Ma la peretta, o boccettina che fosse, e lui l'ha vista chiaramente, dove è andata a finire?

Con rapidità da prestigiatore Clara è riuscita a nascondersela addosso? Sul tavolo non c'è, e neppure sugli altri mobili, e neppure per terra, e neppure nel recipiente dei rifiuti.

Ora si chiede: e perché la Clara dovrebbe avvelenarmi? Per ereditare da me? Ma come fa a sapere che l'ho fatta erede universale? Io non le ho mai detto mezza parola. E il testamento non l'ha letto.

Non l'ha letto veramente? Un nuovo dubbio. Luigi si affretta di là nel suo studio, apre un cassetto, dal cassetto toglie una scatola, dalla scatola una busta chiusa con sopra scritto: Testamento.

La busta è chiusa. Ma Luigi l'avvicina alla lampada per vedere meglio. Strano, controluce si nota una sbavatura di gomma in corrispondenza del lembo mobile: come se la busta fosse stata aperta col vapore e poi richiusa con la colla.

Lo prende un'angoscia. Paura di morire? Paura di essere ucciso? No, peggio. È il terrore di perdere la Clara. Perché Luigi capisce che lei lo vuole uccidere. Ed è fatale che lui reagisca in qualche modo. Smascherarla? Denunciarla? Farla arrestare? La loro unione si frantumerà, comunque vadano le cose. Ma senza di lei, Clara, come Luigi potrà vivere?

Il frenetico bisogno di parlarle, di avere una spiegazione. Nello stesso tempo la ostinata speranza di essersi sbagliato, che sia tutta una sua fisima, che il veleno non esista (ma in cuor suo sa benissimo che esiste).

«Clara!» chiamò.

La voce di lei dal tinello: «Su Luigi, vieni, è pronto in tavola».

«Vengo» lui rispose, passò nella sala da pranzo e si sedette. C'era una zuppa di riso al pomodoro.

«Clara» egli disse.

«Cosa c'è?» fece lei con un sorriso.

«Devo dirti una cosa.»

«Come sei misterioso.»

«Poco fa, quando sono entrato, e tu stavi preparando i dolci, e ti ho vista... insomma ho bisogno di dirtelo, un assoluto bisogno...»

Lei lo guardò sempre sorridendo: era innocenza? era paura? era ironia?

«Quando sono entrato» proseguì «ti ho visto che stavi lavorando e tu avevi in mano un coso, una specie di peretta, e mi pareva che con questo coso tu mettessi qualcosa sulle paste.»

«Tu avevi le traveggole» fece lei, tranquillissima.

«Meglio così.»

«Perché meglio così?» Aveva un accento di così assoluta verità ch'egli si chiese se per caso non avesse sognato. Ma l'orgasmo incalzava.

«Senti, Clara, io non starò bene se non ti dico tutto... Quando ti ho visto fare quella roba...»

«Ma si può sapere che roba? Tu sogni...»

«Lasciami dire... Per un attimo... è ridicolo lo so» dentro di sé tremava, avvicinandosi il momento inevitabile, quella era forse l'ultima volta che parlava con Clara, l'ultima volta che la vedeva, e il pensiero lo faceva impazzire; eppure stare zitto era impossibile «... per un attimo... un'idea assurda... non guardarmi così... preferisco essere sincero... mi è venuto il sospetto che tu...»

«Che io cosa?» e il sorriso si mutava in riso aperto.

«C'è da ridere, lo so... il sospetto, figurati, che tu volessi avvelenarmi...»

Fissandolo negli occhi, Clara continuava a ridere ma non era un riso di allegrezza, era gelido, era una tagliente lama di metallo. Poi serrò i denti; e la voce era carica di odio.

«Ah così eh?... A questo siamo?... Questa la tua fiducia... questo il tuo amore... È da un po' di tempo che ti osservo... E io a farti i pasticcini... Adesso sono avvelenati, sono?»

Era già sopraffatto: «Senti Clara non prenderla così, non...».

«Ah, sono avvelenati, sono? Hai paura che ti facciano bua? E sai allora cosa faccio? Vado a sbatterli nella spazzatura!» levatasi da tavola prese il vassoio con le pastefrolle avviandosi alla cucina, e alzava sempre più la voce. «Vado a sbatterli nella spazzatura!... Ma in questa casa un minuto di più non ci rimango! È da un pezzo che ne ho piena l'anima! Io me ne vado me ne vado! Se Dio vuole non ti vedrò mai più!»

Atterrito, Luigi la inseguì: «No Clara, ti supplico, non fare così, scherzavo, ti supplico dammi qui i pasticcini!».

«No» fece lei «adesso non te li do neanche se crepi.»

Per trattenerla la prese per la vita. Lei si fermò, impassibile.

«Sii buona, dammi i pasticcini.»

Clara si volse, tenendo alto il vassoio. Egli allungò una mano.

«Ti ho detto di nooo!... Li butto nella spazzatura... E poi me ne vado, lo capisci?»

Egli si buttò in ginocchio, abbracciandole le gambe: «Clara, ti supplico» gemeva «non puoi andartene non puoi, Clara sii buona, dammi i pasticcini».

«Chiedi perdono» fece lei vittoriosa sempre col vassoio alzato.

«Sì. Clara, perdonami.»

«Dì "perdonami" tre volte.»

«Perdonami, perdonami, perdonami.»

«Te ne darò uno» disse la donna.

«No, li voglio tutti.»

«Su, mangia, allora, ma in ginocchio» e abbassò il vassoio.

Clara era ancora lì, Clara non se ne sarebbe andata, con abbietto sollievo dell'animo, Luigi prese un pasticcino e voracemente lo addentò. Era un paradiso, la morte, perché veniva da lei.

Ragazza che precipita

A diciannove anni, Marta si affacciò dalla sommità del grattacielo e, vedendo di sotto la città risplendere nella sera, fu presa dalle vertigini.

Il grattacielo era d'argento, supremo e felice in quella sera bellissima e pura, mentre il vento stirava sottili filamenti di nubi, qua e là, sullo sfondo di un azzurro assolutamente incredibile. Era infatti l'ora che le città vengono prese dall'ispirazione e chi non è cieco ne resta travolto. Dall'aereo culmine la ragazza vedeva le strade e le masse dei palazzi contorcersi nel lungo spasimo del tramonto e là dove il bianco delle case finiva, cominciava il blu del mare che visto dall'alto sembrava in salita. E siccome dall'oriente avanzavano i velari della notte, la città divenne un dolce abisso brulicante di luci; che palpitava. C'erano dentro gli uomini potenti e le donne ancora di più, le pellicce e i violini, le macchine smaltate d'onice, le insegne fosforescenti dei tabarins, gli androni delle spente regge, le fontane, i diamanti, gli antichi giardini taciturni, le feste, i desideri, gli amori e, sopra tutto, quello struggente incantesimo della sera per cui si fantastica di grandezza e di gloria.

Queste cose vedendo, Marta si sporse perdutamente oltre la balaustra e si lasciò andare. Le parve di librarsi nell'aria, ma precipitava. Data la straordinaria altezza del grattacielo, le strade e le piazze laggiù in fondo erano estremamente lontane, chissà quanto tempo per arrivarci. Ma la ragazza precipitava.

Le terrazze e i balconi degli ultimi piani erano popolati in quell'ora da gente elegante e ricca che prendeva cocktails e faceva sciocche conversazioni. Ne venivano fiotti sparsi e confusi di musiche. Marta vi passò dinanzi e parecchi si affacciarono a guardarla.

Voli di quel genere – nella maggioranza appunto ragazze – non erano rari nel grattacielo e costituivano per gli inquilini un diversivo interessante; anche perciò il prezzo di quegli appartamenti era altissimo.

Il sole, non ancora del tutto disceso, fece del suo meglio per illuminare il vestitino di Marta. Era un modesto abito primaverile comprato-fatto per pochi soldi. Ma la luce lirica del tramonto lo esaltava alquanto, rendendolo chic.

Dai balconi dei miliardari, mani galanti si tendevano verso di lei, offrendo fiori e bicchieri. «Signorina, un piccolo drink?... Gentile farfalla, perché non si ferma un minuto tra noi?»

Lei rideva, svolazzando, felice (ma intanto precipitava): «No, grazie, amici. Non posso. Ho fretta d'arrivare».

«Di arrivare dove?» le chiedevano.

«Ah, non fatemi parlare» rispondeva Marta e agitava le mani in atto di confidenziale saluto.

Un giovanotto, alto, bruno, assai distinto, allungò le braccia per ghermirla. Le piaceva. Eppure Marta si schermì velocemente: «Come si permette, signore?» e fece in tempo a dargli con un dito un colpetto sul naso.

La gente di lusso si occupava dunque di lei e ciò la riempiva di soddisfazione. Si sentiva affascinante, di moda. Sulle fiorite terrazze, tra l'andirivieni di camerieri in bianco e le folate di canzoni esotiche, si parlò per qualche minuto, o forse meno, di quella giovane che stava passando (dall'alto in basso, con rotta verticale). Alcuni la giudicavano bella, altri così così, tutti la trovarono interessante.

«Lei ha tutta la vita davanti» le dicevano «perché si affretta così? Ne ha di tempo disponibile per correre e affannarsi. Si fermi un momento con noi, non è che una modesta festicciola tra amici, intendiamoci, eppure si troverà bene.»

Lei faceva atto di rispondere ma già l'accelerazione di gravità l'aveva portata al piano di sotto, a due, tre, quattro piani di sotto; come si precipita infatti allegramente quando si hanno appena diciannove anni.

Certo la distanza che la separava dal fondo, cioè dal livello delle strade, era immensa; meno di poco fa, certamente, tuttavia sempre considerevole.

Nel frattempo però il sole si era tuffato nel mare, lo si era visto scomparire trasformato in un tremolante fungo rossastro. Non c'erano quindi più i suoi raggi vivificanti a illuminare l'abito della ragazza e a farne una seducente cometa. Meno male che i finestrini e le terrazze del grattacielo erano quasi tutti illuminati e gli intensi riverberi la investivano in pieno via via che passava dinanzi.

Ora nell'interno degli appartamenti Marta non vedeva più soltanto compagnie di gente spensierata, di quando in quando c'erano pure degli uffici dove le impiegate, in grembiali neri o azzurri, sedevano ai tavolini in lunghe file. Parecchie erano giovani come e più di lei e, ormai stanche della giornata, alzavano ogni tanto gli occhi dalle pratiche e dalle macchine per scrivere. Anch'esse così la videro, e alcune corsero alle finestre: «Dove vai? Perché tanta fretta? Chi sei?» le gridavano, nelle voci si indovinava qualcosa di simile all'invidia.

«Mi aspettano laggiù» rispondeva lei. «Non posso fermarmi. Perdonatemi.» E ancora rideva, fluttuando sul precipizio, ma non erano più le risate di prima. La notte era subdolamente discesa e Marta cominciava a sentir freddo.

In quel mentre, guardando in basso, vide all'ingresso di un palazzo un vivo alone di luci. Qui lunghe automobili nere si fermavano (per la distanza grandi come formiche), e ne scendevano uomini e donne, ansiosi di entrare. Le parve di distinguere, in quel formicolio, lo scintillare dei gioielli. Sopra l'entrata sventolavano bandiere.

Davano una grande festa, evidentemente, proprio quella che lei, Marta, sognava da quando era bambina. Guai se fosse mancata. Laggiù l'aspettava l'occasione, la fatalità, il romanzo, la vera inaugurazione della vita. Sarebbe arrivata in tempo?

Con dispetto si accorse che una trentina di metri più in là

331

un'altra ragazza stava precipitando. Era decisamente più bella di lei e indossava un vestito da mezza sera, abbastanza di classe. Chissà come, veniva giù a velocità molto superiore alla sua, tanto che in pochi istanti la sopravanzò e sparì in basso, sebbene Marta la chiamasse. Senza dubbio sarebbe giunta alla festa prima di lei, poteva darsi che fosse tutto un piano calcolato per soppiantarla.

Poi si rese conto che a precipitare non erano loro due sole. Lungo i fianchi del grattacielo varie altre donne giovanissime stavano piombando in basso, i volti tesi nell'eccitazione del volo, le mani festosamente agitate come per dire: eccoci, siamo qui, è la nostra ora, fateci festa, il mondo non è forse nostro?

Era una gara, dunque. E lei aveva soltanto un misero abitino, mentre quelle altre sfoggiavano modelli di gran taglio e qualcuna perfino si stringeva, sulle spalle nude, ampie stole di visone. Così sicura di sé quando aveva spiccato il volo, adesso Marta sentiva un tremito crescerle dentro, forse era semplicemente il freddo ma forse era anche paura, la paura di aver fatto uno sbaglio senza rimedio.

Sembrava notte profonda ormai. Le finestre si spegnevano una dopo l'altra, gli echi di musica divennero più rari, gli uffici erano vuoti, nessun giovanotto si sporgeva più dai davanzali tendendo le mani. Che ora era? All'ingresso del palazzo laggiù – che nel frattempo si era fatto più grande, e se ne potevano distinguere ormai tutti i particolari architettonici – permaneva intatta la luminaria, ma l'andirivieni delle automobili era cessato. Di quando in quando, anzi, piccoli gruppetti uscivano dal portone allontanandosi con passo stanco. Poi anche le lampade dell'ingresso si spensero.

Marta sentì stringersi il cuore. Ahimè, alla festa, non sarebbe più giunta in tempo. Gettando un'occhiata all'insù, vide il pinnacolo del grattacielo in tutta la sua potenza crudele. Era quasi tutto buio, rare e sparse finestre ancora accese agli ultimi piani. E sopra la cima si spandeva lentamente il primo barlume dell'alba.

In un tinello del ventottesimo piano un uomo sui quarant'anni stava prendendo il caffè del mattino e intanto leggeva il giornale, mentre la moglie rigovernava la stanza. Un orologio sulla credenza segnava le nove meno un quarto. Un'ombra passò repentina dinanzi alla finestra.

«Alberto» gridò la moglie «hai visto? È passata una donna.»

«Com'era?» fece lui senza alzare gli occhi dal giornale.

«Una vecchia» rispose la moglie. «Una vecchia decrepita. Sembrava spaventata.»

«Sempre così» l'uomo brontolò. «A questi piani bassi non passano che vecchie cadenti. Belle ragazze si vedono dal cinquecentesimo piano in su. Mica per niente quegli appartamenti costano così cari.»

«C'è il vantaggio» osservò la moglie «che quaggiù almeno si può sentire il tonfo, quando toccano terra.»

«Stavolta, neanche quello» disse lui, scuotendo il capo, dopo essere rimasto alcuni istanti in ascolto. E bevve un altro sorso di caffè.

Le gobbe nel giardino

Quando è scesa la notte a me piace fare una passeggiata nel giardino. Non crediate io sia ricco. Un giardino come il mio lo avete tutti. E più tardi capirete il perché.

Nel buio, ma non è proprio completamente buio perché dalle finestre accese della casa un vago riverbero viene, nel buio io cammino sul prato, le scarpe un poco affondando nell'erba, e intanto penso, e pensando alzo gli occhi a guardare il cielo se è sereno e, se ci sono le stelle, le osservo domandandomi tante cose. Però certe notti non mi faccio domande, le stelle se ne stanno lassù sopra di me stupidissime e non mi dicono niente.

Ero un ragazzo quando facendo la mia passeggiata notturna inciampai in un ostacolo. Non vedendo, accesi un fiammifero. Sulla liscia superficie del prato c'era una protuberanza e la cosa era strana. Forse il giardiniere avrà fatto un lavoro, pensai, gliene chiederò ragione domani mattina.

All'indomani chiamai il giardiniere, il suo nome era Giacomo. Gli dissi: «Che cosa hai fatto in giardino, nel prato c'è come una gobba, ieri sera ci sono incespicato e questa mattina appena si è fatta luce l'ho vista. È una gobba stretta e oblunga, assomiglia a un tumulo mortuario. Mi vuoi dire che cosa succede?».

«Non è che assomiglia, signore» disse il giardiniere Giacomo «è proprio un tumulo mortuario. Perché ieri, signore, è morto un suo amico.»

Era vero. Il mio carissimo amico Sandro Bartoli di ventun anni era morto in montagna col cranio sfracellato.

«E tu vuoi dire» dissi a Giacomo «che il mio amico è stato sepolto qui?»

«No» lui rispose «il suo amico signor Bartoli» egli disse così perché era delle vecchie generazioni e perciò ancor rispettoso «è stato sepolto ai piedi delle montagne che lei sa. Ma qui nel giardino il prato si è sollevato da solo, perché questo è il suo giardino, signore, e tutto ciò che succede nella sua vita, signore, avrà un seguito precisamente qui.»

«Va', va', ti prego, queste sono superstizioni assurde» gli dissi «ti prego di spianare quella gobba.»

«Non posso signore» egli rispose «neppure mille giardinieri come me riuscirebbero a spianare quella gobba.»

Dopodiché non se ne fece nulla e la gobba rimase e io continuai alla sera, dopo che era scesa la notte, a passeggiare in giardino e ogni tanto mi capitava di incespicare nella gobba ma non tanto spesso dato che il giardino è abbastanza grande, era una gobba larga settanta centimetri e lunga un metro e novanta e sopra vi cresceva l'erba e l'altezza dal livello del prato sarà stata di venticinque centimetri. Naturalmente ogni volta che inciampavo nella gobba pensavo a lui, al caro amico perduto. Ma poteva anche darsi che fosse il viceversa. Vale a dire che andassi a sbattere nella gobba perché in quel momento stavo pensando all'amico. Ma questa faccenda è piuttosto difficile da capire.

Passavano per esempio due o tre mesi senza che io nel buio, durante la passeggiata notturna, mi imbattessi in quel piccolo rilievo. In questo caso il ricordo di lui mi ritornava, allora mi fermavo e nel silenzio della notte a voce alta chiedevo: Dormi?

Ma lui non rispondeva.

Lui effettivamente dormiva, però lontano, sotto le crode, in un cimitero di montagna, e con gli anni nessuno si ricordava più di lui, nessuno gli portava fiori.

Tuttavia molti anni passarono ed ecco che una sera, nel corso della passeggiata, proprio nell'angolo opposto del giardino, inciampai in un'altra gobba.

Per poco non andai lungo disteso. Era passata mezzanotte, tutti erano andati a dormire ma tale era la mia irritazione che mi misi a chiamare: Giacomo, Giacomo, proprio allo scopo di svegliarlo. Si accese infatti una finestra, Giacomo si affacciò al davanzale.

«Cosa diavolo è questa gobba?» gridavo. «Hai fatto qualche scavo?»

«Nossignore. Solo che nel frattempo se ne è andato un suo caro compagno di lavoro» egli disse. «Il nome è Cornali.»

Senonché qualche tempo dopo urtai in una terza gobba e benché fosse notte fonda anche stavolta chiamai Giacomo che stava dormendo. Sapevo benissimo oramai che significato aveva quella gobba ma brutte notizie quel giorno non mi erano arrivate, perciò ero ansioso di sapere. Lui Giacomo, paziente, comparve alla finestra. «Chi è?» chiesi. «È morto qualcuno?» «Sissignore» egli disse. «Si chiamava Giuseppe Patanè.»

Passarono quindi alcuni anni abbastanza tranquilli ma a un certo punto la moltiplicazione delle gobbe riprese nel prato del giardino. Ce ne erano di piccole ma ne erano venute su anche di gigantesche che non si potevano scavalcare con un passo ma bisognava veramente salire da una parte e poi scendere dall'altra come se fossero delle collinette. Di questa importanza ne crebbero due a breve distanza l'una dall'altra e non ci fu bisogno di chiedere a Giacomo che cosa fosse successo. Là sotto, in quei due cumuli alti come un bisonte, stavano chiusi cari pezzi della mia vita strappati crudelmente via.

Perciò ogni qualvolta nel buio mi scontravo con questi due terribili monticoli, molte faccende dolorose mi si rimescolavano dentro e io restavo là come un bambino spaventato, e chiamavo gli amici per nome. Cornali chiamavo, Patanè, Rebizzi, Longanesi, Mauri chiamavo, quelli che erano cresciuti con me, che per molti anni avevano lavorato con me. E poi a voce più alta: Negro! Vergani! Era come fare l'appello. Ma nessuno rispondeva.

A poco a poco il mio giardino, dunque, che un tempo era liscio e agevole al passo, si è trasformato in campo di battaglia, l'erba c'è ancora ma il prato sale e scende in un labirinto di monticelli, gobbe, protuberanze, rilievi e ognuna di queste escrescenze corrisponde a un nome, ogni nome corrisponde a un amico, ogni amico corrisponde a una tomba lontana e a un vuoto dentro di me.

Quest'estate poi ne venne su una così alta che quando fui vicino il suo profilo cancellò la vista delle stelle, era grande come un elefante, come una casetta, era qualcosa di spaventoso salirvi, una specie di arrampicata, assolutamente conveniva evitarla girandovi intorno.

Quel giorno non mi era giunta nessuna brutta notizia, perciò quella novità nel giardino mi stupiva moltissimo. Ma anche stavolta subito seppi: era il mio più caro amico della giovinezza che se n'era andato, fra lui e me c'erano state tante verità, insieme avevamo scoperto il mondo, la vita e le cose più belle, insieme avevamo esplorato la poesia i quadri la musica le montagne ed era logico che per contenere tutto questo sterminato materiale, sia pure riassunto e sintetizzato nei minimi termini, occorreva una montagnola vera e propria.

Ebbi a questo punto un moto di ribellione. No, non poteva essere, mi dissi spaventato. E ancora una volta chiamai gli amici per nome. Cornali Patanè Rebizzi Longanesi chiamavo Mauri Negro Vergani Segàla Orlandi Chiarelli Brambilla. A questo punto ci fu una specie di soffio nella notte che mi rispondeva di sì, giurerei che una specie di voce mi diceva di sì e veniva da altri mondi, ma forse era soltanto la voce di un uccello notturno perché agli uccelli notturni piace il mio giardino.

Ora non ditemi, vi prego: perché vai discorrendo di queste orribili tristezze, la vita è già così breve e difficile per se stessa, amareggiarci di proposito è cretino; in fin dei conti queste tristezze non ci riguardano, riguardano solo te. No, io rispondo, purtroppo riguardano anche voi, sarebbe bello, lo so, che non vi riguardassero. Perché questa faccenda delle gobbe del prato accade a tutti, e ciascuno di noi, mi sono spiegato finalmente, è proprietario di un giardino dove succedono quei dolorosi fenomeni. È un'antica storia che si è ripetuta dal principio dei secoli, anche per voi si ripeterà. E non è uno scherzetto letterario, le cose stanno proprio così.

Naturalmente mi domando anche se in qualche giardino sorgerà un giorno una gobba che mi riguarda, magari una gobbettina di secondo o terzo ordine, appena un'increspatura del prato che di giorno, quando il sole batte dall'alto, manco si riuscirà a vedere. Comunque, una persona al mondo, almeno una, vi incespicherà.

Può darsi che, per colpa del mio dannato carattere, io muoia solo come un cane in fondo a un vecchio e deserto corridoio. Eppure una persona quella sera inciamperà nella gobbetta cresciuta nel giardino e inciamperà anche la notte successiva e ogni volta penserà, perdonate la mia speranza, con un filo di rimpianto penserà a un certo tipo che si chiamava Dino Buzzati.

Equivalenza

A un certo punto il famoso clinico, nella camera del malato, fece un minuscolo cenno alla moglie del malato e con un dolce sorriso si avviò alla porta. La signora intuì.

Come furono nel corridoio, il clinico assunse un volto di assoluta circostanza, profondamente umano e comprensivo. Si schiarì la voce:

«Signora,» disse «è mio imprescindibile dovere, ahimè, farle presente... suo marito...»

«È grave?»

«Signora,» disse lui «purtroppo... la situazione è tale... Conviene rendersi conto che...»

«No, non mi dica!... Lei vuol intendere che...»

«Affatto, signora... Non bisogna, non bisogna assolutamente precipitare le cose... ma diciamo... diciamo... entro tre mesi... sì, sì, possiamo dire tre mesi...»

«Condannato?»

«Limiti alla Provvidenza non ci sono, cara signora. Ma per quello che la nostra povera scienza può dirci... le ripeto... tre mesi al massimo... tre mesi...»

Un groppo violentissimo la colse. Parve accartocciarsi su se stessa. Si nascose la faccia tra le mani. Selvaggi singhiozzi la scuotevano: «Dio, Dio, il mio povero Giulio!».

Quand'ecco il luminare, che stava al capezzale del malato, con un minuscolo ammicco invitò la moglie del degente a uscire. E lei capì.

Una volta usciti, il medico chiuse lentamente la porta della camera. Poi si rivolse alla donna con la voce vellutata delle grandi occasioni:

«Signora,» disse «per un medico questi sono compiti estremamente ingrati. Tuttavia devo essere franco... suo marito...»

«Sta molto male?»

«Signora,» fece l'altro abbassando ancora più il tono «è motivo per me di profondo disagio... ma è pure indispensabile che lei...»

«Allora, mi sembra di dover capire...»

«Intendiamoci: sarebbe assolutamente fuori luogo anticipare gli eventi... Ci rimane, suppongo, un certo respiro... ecco... un anno... un anno almeno...»

«Inguaribile, dunque?»

«Non c'è nulla di impossibile, signora, neanche i miracoli. Ma per quello che la scienza mi consente di capire... direi proprio un anno...»

La poveretta ebbe un sussulto, piegò la testa, si coperse gli occhi con le mani scoppiando in un pianto disperato: «Oh, povero il mio cocco!».

Ma ci fu un momento che gli sguardi del grande clinico e quelli della moglie del malato si incontrarono. E lei capì che l'uomo la invitava a uscire.

Lasciarono così il malato solo. Di fuori, dopo avere chiuso la porta, il professore, con accento grave e insieme denso di partecipazione affettiva, mormorò:

«Triste, mi creda, è per un medico assolvere certi indesiderabili doveri... Ecco, signora, sono costretto a farle sapere che... suo marito...»

«È in pericolo?»

Rispose il dotto terapeuta:

«Una menzogna in questi casi, signora, sarebbe una cattiva azione.... non posso nasconderle che...»

«Professore, professore, mi parli pure con il cuore in mano, mi dica tutto...»

«Qui bisogna intenderci, signora... guai a mettere il carro davanti ai buoi... Non è imminente... non posso neppure essere preciso... però come minimo... ancora una tregua di tre anni...»

«Così, non c'è più niente da sperare?»

«Sarebbe leggerezza da parte mia offrirle inutili illusioni.. malauguratamente la situazione è chiara... entro tre anni ..»

La sciagurata non seppe dominarsi. Mandò un penoso gemito, quindi si sciolse in lacrime gridando:

«Ah, mio marito... il mio povero marito!»

Senonché nella camera dell'infermo si fece un silenzio. E allora, quasi per trasmissione telepatica, la moglie seppe che il celebre medico desiderava uscire dalla stanza insieme con lei.

Uscirono infatti. E quando fu certo che il malato non poteva udirlo, il patologo, chinatosi verso la signora, le sussurrò in un orecchio:

«Ahimè, signora, è questo per me un momento assai penoso... non posso fare a meno d'avvertirla... suo marito...»

«Non ci sono più speranze?»

«Signora,» disse l'uomo «sarebbe sciocco e disonesto se io con eufemismi tentassi di...»

«Povera me... e dire che mi ero illusa... povera me!»

«Eh no, signora, proprio perché io non intendo tacerle nulla, non voglio neppure che adesso lei faccia tragedie premature... Vedo avvicinarsi sì il termine fatale... ma non prima... non prima di vent'anni...»

«Dannato senza remissione?»

«In un certo senso sì... Non posso dissimularle, signora, l'amara verità, al massimo vent'anni... più di venti anni non posso garantire...»

Fu più forte di lei. Per non cadere dovette appoggiarsi a una parete, singhiozzando. E mugolava: «No, no, non posso crederci, il mio povero Giulio!».

Tossicchiò allora con diplomazia il dottore guardando in un certo modo la moglie del cliente, che stava a lui di fronte, di là del letto: era evidentemente un invito a uscire con lui.

Appena nel vestibolo, la signora afferrò per un braccio il famoso oracolo, chiedendogli, apprensiva: «E allora?».

Al che lui rispose con voce da giudizio universale: «Allora è mio dovere essere franco... Signora, suo marito...».

«Mi devo rassegnare?»

Fece il medico:

«Le do la mia parola che se appena si prospettasse una vaga possibilità... ma invece...»

«Mio Dio, è terribile... mio Dio!»

«La capisco, signora... e mi creda partecipe al suo dolore.. D'altra parte non si tratta di una forma galoppante. Penso che, a compiersi, la funesta parabola impiegherà... impiegherà circa cinquant'anni.»

«Come? Non c'è più scampo?»

«No, signora, no... e glielo dico col cuore stretto, mi creda.. C'è un margine, ma non più di cinquant'anni...»

Ci fu una pausa. Poi il grido straziante di lei, come se un carbone acceso le fosse penetrato nelle viscere: «Uhhhh! uhhhh!... No e poi no!... il mio uomo!... il mio tesoro benedetto!».

All'improvviso si riscosse. Guardò fissa il luminare negli occhi. Gli strinse un polso.

«Professore, dico, ma allora... Ho saputo da lei una cosa terribile. Ma, dico, tra cinquant'anni, dico... mezzo secolo... tra cinquant'anni anch'io... anche lei... In fondo, allora è una condanna di tutti, no?»

«Proprio così, signora. Tra cinquant'anni noi tutti saremo sotto terra, per lo meno è probabile. Ma c'è una differenza, la differenza che ci salva, noi due, e invece condanna suo marito... Per noi due, almeno che si sappia, nulla ancora è stabilito... Noi possiamo vivere ancora, in beata stoltezza forse, come quando avevamo dieci anni dodici anni. Noi potremo morire tra un'ora, tra dieci giorni, tra un mese, non ha importanza, è un'altra cosa. Lui no. Per lui la sentenza esiste già. La morte, in sé, non è poi una cosa così orribile, forse. Tutti la avremo. Guai però se sappiamo, fosse anche tra un secolo, due secoli, il tempo preciso che verrà.»

Indice

«Il meglio dei racconti»
di Dino Buzzati
Oscar scrittori del Novecento
Arnoldo Mondadori Editore

Questo volume è stato stampato
presso Mondadori Printing S.p.A.
Stabilimento NSM - Cles (TN)
Stampato in Italia - Printed in Italy